公共管理与政府创新系列教材
南京师范大学国家级一流本科专业“行政管理”建设点教材建设成果

当代中国政府

邱　实　编著

南京师范大学出版社

图书在版编目（CIP）数据

当代中国政府 / 邱实编著 . — 南京：南京师范大学出版社，2023.1
公共管理与政府创新系列教材
ISBN 978-7-5651-5571-0

Ⅰ. ①当…　Ⅱ. ①邱…　Ⅲ. ①国家行政机关－行政管理－中国－高等学校－教材　Ⅳ. ① D630.1

中国版本图书馆 CIP 数据核字（2022）第 238584 号

丛 书 名　公共管理与政府创新系列教材
书　　名　当代中国政府
编　　著　邱　实
策划编辑　张　春
责任编辑　应璐燕
出版发行　南京师范大学出版社
地　　址　江苏省南京市玄武区后宰门西村 9 号（邮编：210016）
电　　话　（025）83598919（总编办）　83598412（营销部）　83373872（邮购部）
网　　址　http://press.njnu.edu.cn
电子信箱　nspzbb@njnu.edu.cn
照　　排　南京凯建文化发展有限公司
印　　刷　江苏凤凰数码印务有限公司
开　　本　710 毫米 ×1000 毫米　1/16
印　　张　15.5
字　　数　254 千
版　　次　2023 年 1 月第 1 版　2023 年 1 月第 1 次印刷
书　　号　ISBN 978-7-5651-5571-0
定　　价　49.00 元

出 版 人　张　鹏

自 序

P — R — E — F — A — C — E

政府是人类社会发展的产物，在现代社会中具有重要的作用。党的二十大明确提出要“以中国式现代化全面推进中华民族伟大复兴”，我国政府是在党的领导下主导中国式现代化发展的核心主体，对其结构和运行等方面进行学习，有助于深刻理解中国特色社会主义制度的优越性。《当代中国政府》是一本较为全面地介绍当代中国政府结构、体制和关系的通识性教材，其聚焦狭义层面的政府，即国家行政机关。但它又并不是孤立地描述国家行政机关的概况，而是从当代中国政府的现实背景出发，基于党政关系的视角对国家行政机关的体制和运行进行系统的概述，力求对我国行政机关进行全景描绘。因此，本教材主要从政府的结构、职能、机构、制度、法制、监督、关系、改革这八个方面，展现当代中国政府的全貌。

本教材在编写过程中坚持以下三个原则：

一是坚持静态结构与动态过程相结合。静态结构主要是指《中华人民共和国宪法》和《中华人民共和国地方各级人民代表大会和地方各级人民政府组织法》等法律法规和规范性文件中所确定的国家行政机关的结构关系和运行制度。动态过程则是指国家行政机关运行过程中的行政方式及各类关系。本教材通过对政府静态结构进行系统描述，展现政府动态的运行过程，特别是描述蕴含于运行过程之中并影响政府发展的决策执行过程、政府间关系发展、行政体制改革等，力图在阐释基本理论的基础上使读者对当代中国政府的动态运行过程有一个深刻的感知。

二是坚持历史梳理和现实发展相结合。中国政府的发展进程是中国共产党带领全国人民不断探索中国特色社会主义的具体反映，回顾并梳理政府发展历史具有重要指导意义。任何事物都不是凭空出现的，都会经历一定的发展历程而逐步形成当前的形态。当代中国政府的结构、体系、制度、关系等都是历史发展的产物，必须在充分分析其历史发展的基础上才能正确认识其当前的形态，从而更好地展望未来。中国政府研究中历史梳理与现实发展是一对不可分割的重要关系，必须辩证对待才能正确推进关于中国政府现代化的学习与研究。

三是坚持应然与实然相结合。本教材注重将政府“应该怎么样”和“实际怎么样”相结合，客观合理地阐释当代中国政府的机构及其运行。任何国家的政府在理论上和实践中都不会是完全一致的，这并不代表政府出现了问题，而恰是现代政府运行的基本特点。同时，经济社会的发展也会使政府的现实运行与理论设计存在一定差异，这正是政府需要不断改革调整的原因。本教材力求使青年学生在充分了解我国政府基本理论的基础上，能够充分认识政府现实运行的内容，能够独立、客观、自主地分析问题，在充分了解中国实际情况的基础上充分把握政府现代化的发展趋势。

本教材的主体部分由笔者编写完成，是多年相关研究成果的总结。“政府监督”这一章节由方帅博士编写，非常感谢方老师的辛勤劳动。同时，本书在编写和出版过程中，获得南京师范大学公共管理学院在经费、人员等方面的大力支持，特别感谢赵晖教授对于本系列教材的关心与支持。书中不足之处期望学界前辈与各位同行批评指正，提供宝贵意见。

邱　实
2022 年 12 月于南京师范大学

目 录

C — O — N — T — E — N — T — S

CHAPTER ONE

第一章 政府结构

政府结构是国家为保证行政管理的有效实施而对政府的行政区域、行政层级、管理方式等进行的结构化设置。不同国家的政府结构各不相同，这主要受各国相异的历史发展、政治体制、社会文化、经济条件等因素影响。当代中国政府结构体现在区划结构、层级结构和“条块”结构三大方面。这三个方面相互协同、互相影响，共同构成我国政府的基本结构体系。

第一节　政府的区划结构

行政区划是行政区域划分的简称，又被称为“行政区”或“政区”。行政区划是国家为保证政权稳定和行政有效，根据宪法和法律的规定，依托特定条件和规范，在尊重经济发展、地理条件、历史传统、风俗习惯、人口分布、民族构成等因素基础上，将享有主权的领土划分为大小不一、层级不同的若干区域，并建立国家机关来实施管理的区域结构。行政区划是国家行使主权的重要表现，也是政府行政的基础框架。行政区划是国家行政权力的一种分配，也体现着社会文化与生活的空间定位。

一、行政区划的属性与要素

（一）行政区划的属性

1. 政治性

政治性是行政区划的根本属性，也是行政区划运行的基础。行政区划的设置是一个国家治理理念的体现，也是国家政治、经济、社会、军事等制度要素的客观反映。行政区划的划分及发展关系到国家政权建设的稳定性和行政管理体制运行的有效性，关系到国家治理的整体性和区域发展的平衡性。同时，行政区划还是中央政府与地方政府、地方政府与地方政府之间联系的重要依托，直接关系到中央政府能否对地方政府产生有效的领导和监督。我国行政区划的政治性主要体现为：一是在单一制国家结构形式下，中央政府是国家最高行政机关，因而行政区划由中央政府统一设置与调整；二是根据经济社会的发展，行政区划会进行适当的调整，这是国家治理整体性的体现；三是行政区划反映我国是多民族国家的现实，党的民族政策在行政区划上具有重要的体现；四是充分考虑不同地区的现实发展，行政区划的设置用于进行区域平衡和协调。

2. 地域性

行政区划实际上是对国土空间的行政性规划，国土的地域空间是基础，因此地域性也必然是行政区划的基本属性之一。我国国土面积辽阔，人口众多且民族组成复杂，同时各地区之间的发展具有较大的不平衡性。因此，我国行政区划的设置和调整必须充分尊重地域性的要素，进而保证地域空间行政划分的合理性。具体来说，一是要充分尊重我国地域的特殊性和差异性，行政区划既要符合经济社会发展的要求，也要充分兼顾不同地域的自然条件和发展现实；二是行政区划要充分考虑地域发展的便利性与平衡性，合理规划功能区和分配发展资源，从整体性的角度优化行政区划体系；三是行政区划的设置和调整要以维护国家的统一性和稳定性为宗旨。

3. 传承性

行政区划作为政府结构体系的基本组成部分，是历史演进的结果，[①] 因而必然具有传承性。行政区划的传承性是一个国家政权建设与社会发展的综合展现，也能反映地理条件与人文因素对行政区划的影响。我国历史悠久，行政区划的传承性更加明显。如作为我国地方行政区划的“省”，其自元朝作为一种地方管理制度出现，在明清转变成为地方最高行政区划，至今我国部分省的区划范围也没有太大的变化。“县”作为我国历史最为悠久的行政区划，自秦朝开始历经 2 000 余年一直沿用至今，很多县的名称都未改变。

① 赵聚军：《中国行政区划改革研究：政府发展模式转型与研究范式转换》，天津人民出版社 2012 年版，第 43 页。

4. 稳定性

行政区划作为国家治理的重要单元，其必然需要具有较强的稳定性。行政区划的稳定性主要依赖于政权性质和政府管理。一方面，行政区划的稳定性首要体现在保证国家政权的稳定性，这是行政区划设置的根本宗旨之一。同时，行政区划的稳定性还与政府管理的实际需要密切相连。另一方面，行政区划的稳定性还受到地理条件、风俗习惯、历史传统等不同因素的影响和制约。

（二）行政区划的要素

1. 地域空间

地域空间是行政区划的基础要素。行政区划的地域空间是固定的，且有明确的边界，同级行政区划在地域空间上是不重叠的，通常一个国家中也不存在未在任何行政区划范围内的地域空间。行政区划除了传统土地概念外，也包含河流、湖泊、山林等，相应的空域也受行政区划的规制。行政区划在现实中有特定的划分标识，如省界、市界等，其经相关法律法规确定，具有较强的法定性。

2. 居住人口

居住人口是行政区划设置和调整的重要参考因素，无论是常住人口还是流动人口，对于行政区划都具有重要的影响作用。居住人口一般情况下与行政区划的大小是成反比的，即行政区划会在居住人口增加到一定限度时进行再划分或再调整，而当居住人口过少时，则会整合周边政区。所以，无论哪一层级的行政区划，即使区划面积再小、层级再低，也会拥有一定数量的居住人口。

3. 国家机关

行政区都设置相应的国家机关，用以负责行政区内立法、行政、司法等方面的工作。我国每一级行政区划所设置的国家机关大致相同，如有党委、人民代表大会、地方政府、法院、检察院等机关，还有工会、妇联等组织。但是，不同层级的行政区中设置的国家机关还是有所差异的，如人大常委会只设置到县级政区，作为市辖区派出机关的街道一般设置党工委而不是党委。行政区与国家机关是共存的，如果没有了国家机关则不能称之为“行政区”。

4. 行政建制

行政建制主要有两个作用：一是确定行政区的类型和通用名，二是明确各行政区之间的隶属关系。我国行政区划建制主要有三大类型：一般性行政区划建制、民族地方自治性行政区划建制和特殊性行政区划建制。一般性行政区划建制主要分为普通型和城市型两种，普通型即为省、地区、县、镇（乡）等，城市型则是直辖市、市（地级市、县级市）、市辖区等。民族地方自治性行政区划建制主要是实行民族区域自治的地方政区，如自治区、自治州、自治县、自治乡等。特殊性行政区划建制主要是为实践“一国两制”政策而设立的特别行政区，即香港特别行政区和澳门特别行政区。在此基础上，行政区划建制明确不同政区的行政层级，进而也确定相互之间的隶属关系，如“省管市”“市管县”等。

5. 行政级别

行政级别是指行政区划在行政层级中的地位，这与行政建制规定的各行政区划间的隶属关系是互通的。行政级别是行政建制及各行政区划隶属关系的具体表现。我国行政区划的行政级别大致可以分为四个层级：一是省级，即省、自治区、直辖市；二是市级，如地级市、自治州，直辖市下设的市辖区等；三是县级，如县、县级市，地级市下设的市辖区等；四是基层，一般指乡镇和街道。除此之外，我国还有部分行政区划，如特别行政区，因为其特殊性一般不被纳入常规的行政区划级别体系中。

6. 区划名称

行政区划的名称就是其专名，即每个行政区划的名称代号。行政区划的名称是国家依据不同地区的历史传承、现实发展、人文特征、地理位置、对外交往等因素，以正式文件的规范形式，赋予各行政区划一个专门的名称代号。区划名称是一个行政区划的识别标志，并非一成不变，会随着经济社会发展或区域建设等的需要而进行调整。区划名称对于一个行政区划的文化传承和价值认同具有重要的作用。

7. 行政中心

每个行政区必须且只能有一个行政中心。行政中心是一个行政区的政治中心，是行政区的国家机关及主要公共性机构的驻地。一般情况下，行政中心都设在行政区的城镇之中，且该城镇一般是行政区的经济、文化中心或交通枢纽。不过也有极少数行政中心设在行政区之外，这主要是各种特殊的原因造成的，并不是普遍现象。行政中心可依据法定程序进行调整变更，但这并非能够由行政区独立决定，而需要上报民政部相关部门审核并由国务院进行批复。

二、行政区划的设置依据

行政区划的设置，需要依据政治稳定、经济发展、自然条件、历史文化、区域合作、风俗习惯、民族分布等多方面因素。我国人口众多、民族多样、幅员辽阔、历史悠久，因此行政区划的设置依据以实际的国情和政府治理的现实需要为基础。我国行政区划的设置依据主要体现在国家稳定、行政效能、经济发展、历史文化、自然条件和民族团结这六个方面。

（一）国家稳定

行政区划设置的首要目标是要有利于国家的稳定。首先，行政区划的设置要保证国家内部的政治稳定。我国幅员辽阔，不同地区之间的自然条件、风俗文化差异较大，所以我国自古以来都以“山川形便”和“犬牙相入”作为行政区划设置的基本原则，其主要目的就是通过行政区划边界的设定来保证国家内部的稳定。所谓“山川形便”就是以天然山川作为行政区划的边界，使行政区划与自然地理区划相一致。[①] 这是我国行政区划设置的主要原则和依据，我国众多行政区的名称都能够体现出这一原则，如湖南、山东等。而“犬牙相入”则是在“山川形便”的基础上对行政区划进行适当的“拆分”及“重组”，使其无法形成相对封闭的行政空间，防止出现地方割据，不受中央辖制的情况。“犬牙相入”原则是依托行政区划维护国家稳定的重要体现。“山川形便”与“犬牙相入”在行政区划设置和调整中是共同作用的，最为典型的案例就是将“汉中”划入陕西省的区划中。汉中地区在经济、文化、语言方面都与四川省较为接近，从地理条件方面来看，它也与四川省交通运输更为便捷。将其纳入陕西省的行政区划就是在保持“山川形便”的基础上进行“犬牙相入”，使四川盆地无法形成较为独立的空间。同样，浙江省浙东、浙西地区的合并，使钱塘江无法成为特定地区的“屏障”。其次，行政区划的设置要有利于地方发展。行政区划的设置要着眼于地方发展需要，保证各级行政区设置的合理性和科学性，保障经济社会秩序的安定，并根据经济社会和不同地区的发展现实进行适时调整。如根据我国基层治理和城乡发展的现实，对乡镇政区进行更加合理的调整，使其符合基层政权建设、城市化发展及乡村振兴的现实需求。再次，行政区划设置要重视主权捍卫和国家安全维护。如民族自治地方设置的主要目的之一就是为了保证民族地区和边疆地区的稳

---

① 周振鹤:《体国经野之道》，上海人民出版社 2019 年版，第 80—81 页。

定，保证国家主权的统一。如南海三沙市的设置就是为了加强国家对南海的有效控制和军事防御，捍卫国家海疆的主权。

（二）行政效能

行政区划的设置要有利于提升政府行政管理效能。行政区划设置的根本目的就是在国家领土范围内划分若干部分和若干层次的行政管理单位，提升国家管理的有效性。因此，行政区划设置与调整是否合理，直接关系到国家行政管理的体系稳定性和运行流畅性。同时，行政区划设置的科学性也将在很大程度上决定政府行政决策和执行的有效性，地方政府发展与创新的积极性，人民群众对美好生活诉求的回应性等，这些是政府行政效能的具体体现。我国行政区划的设置优化是行政效能提升的关键，因为层级越低的行政区划愈加直接地面对基层需求，特别是县级区划和乡镇区划，大部分的基础性公共服务都是由其负责配置且直接面向人民群众。所以，行政区划的设置要注重行政管理的幅度、层级和范畴的规划，保证政府行政管理效能最大化。当前我国各行政区划的面积、人口和管理范畴都有较大差异，这主要从我国领土面积大、人口总量多的现实国情出发，是为提升行政管理效能而设置行政区划的直接体现。

（三）经济发展

行政区划的设置与调整要有利于地区经济的发展。行政区划的设置要充分尊重不同地区的经济特点，尽可能实现区域协调，保证区域经济运行的稳定性和生产力布局的合理性，促进经济发展。[①] 因此，行政区划的设置及调整需要从经济发展的角度进行综合考量。改革开放后，我国行政区划进行了不同程度的调整，其中撤地设市、撤县设区、地市合并等行政区划改革都是在充分考量地区经济发展的背景下开展的，其主要目的就是顺应城市化发展需要，充分遵循地区发展的客观规律，对相关行政区划进行适应性调整。如江苏苏南地区已经没有传统“县”的区划建制，都逐步改为“区”或“市”的区划建制，这在一定程度上体现行政区划顺应经济发展进行调整的趋势。同时，经济发展也会对行政区划的调整产生影响。经济资源配置、经济发展规划、经济产业布局等因素都是行政区划设置和调整需要综合考虑的因素，即行政区划的设置与调整必须与地区的经济发展水平相适应。如城市化进程加快，农村人口和产业结构发生变化，会促

① 潘小娟：《中国政府体制：结构与运行》，中国言实出版社 2021 年版，第 34 页。

使基层行政区划进行调整，撤乡改镇、合并建市等都是具体的体现。总的来说，经济发展与行政区划设置及调整是相互影响、相互作用的。

（四）历史文化

中国具有悠久的历史文化传承，这是中华民族的内在灵魂。当代中国行政区划的设置无法绕过历史文化的因素，既要尊重历史文化的发展情境，也要充分考虑不同地区之间的文化差异，在确保历史文化有序发展的基础上建构合适的行政区划体系。同时，我国行政区划也有内在的历史文化传承性，很多行政区划的范围及名称都没有太大变化。如北宋时期所设的广南东路和广南西路，简称为“广东路”和“广西路”，其名称沿用至今，且与现今广东省和广西壮族自治区的行政边界大体一致。而“省”直到今天还是我国重要的一级区划，且自元朝以来其大致的区划边界也较为稳定。在一定程度上，行政区划承载了我国历史文化发展的轨迹，因而我国行政区划的设置并非完全的主观性行政调整行为，其中也包含了很多客观的历史文化因素，需要充分考虑历史文化发展中不同地区的现实情况，做到行政规划与历史传承的有机融合。

（五）自然条件

自然条件是行政区划设置与调整无法跳过的要件。我国的行政区划设置及变更所依据的自然条件主要分为三个方面：一是依据自然形成的湖泊、河流、山川、盆地等设置行政区划，这就是前文所述的“山川形便”原则。我国地形地貌差异较大，不同地区行政区划的设置必然需要根据特定的地理条件。如秦朝时期划分的三十六郡和北宋“路”的设置大多以地形地貌的现实条件为基础依据。这种划分方法一般用于一级地方政区，当前我国的省级区划设置多沿用这一方法，无论从区划范围还是区划名称都能得以体现。二是依据人口的自然分布进行行政区划设置和变更。我国人口众多且分布极不平衡，这就造成我国行政区划设置具有较大差异性。自古以来，人口分布密度都是我国行政区划设置的客观依据：人口稠密的地区行政区划相对较多；而面积偏小、人口稀疏的地区的行政区划相对较少，行政区面积偏大。因而在我国人口分布东稠西疏的客观现实下，西部省市的行政区面积一般偏大，而东部省市的行政区面积则相对较小。人口条件一般对市县区划的影响较大。三是受自然条件影响的人文风俗也是行政区划设置的重要依据。尊重不同地区的人文风俗，将其纳入行政区划设置的依据之中，可以增加相关政区行政管理的便捷性，较好地实现地区融合。

（六）民族团结

我国民族众多且分布广泛，并形成了“大杂居、小聚居”的格局。民族团结、民族发展和各民族共同繁荣是我国的民族政策和现实要求，因此行政区划的设置和变更就必然要以民族团结为重要依据。我国行政区划的设置要根据各少数民族的分布状况、习俗传统、文化传统，充分结合少数民族地区的现实情况，充分保障少数民族的利益。具体而言，相关行政区划的设置要在中央统一领导的基础上，充分满足少数民族的各项利益，使其能够自主管理民族事务，促进民族团结发展和民族共同繁荣。基于此，我国建立了民族区域自治型区划。值得注意的是，我国少数民族集中分布地区一般是我国边疆地区，民族自治地方行政区划的设置也大多在边疆地区，这对于维护我国主权与领土的完整具有重要的意义。

三、行政区划设立与变更的审批权限

行政区划是一个国家稳定、运转和发展的要素，因此其设置与变更的审批均有严格的程序。我国享有行政区划审批权的主体主要有三个：全国人民代表大会、国务院和省级政府（省、自治区、直辖市的人民政府）。行政区划审批权限由《中华人民共和国宪法》《中华人民共和国国务院组织法》《中华人民共和国地方各级人民代表大会和地方各级人民政府组织法》《中华人民共和国民族区域自治法》《行政区划管理条例》等法律法规赋予。

（一）全国人民代表大会的相关审批权限

全国人民代表大会所享有的行政区划审批权限主要体现在两个方面：① 批准省、自治区、直辖市的建制，审议和批准省、自治区、直辖市的设立、撤销及更名等；② 决定特别行政区的设立及其制度。全国人大在行政区划方面的审批权主要集中于省级行政区划和特殊型行政区划层面。

（二）国务院的相关审批权限

国务院在行政区划方面的审批权限主要体现在四个方面：① 省、自治区、直辖市的行政区域界线的变更，人民政府驻地的迁移，行政区划简称及排列顺序的变更；② 自治州、县、自治县、市、市辖区的设立、撤销、更名和隶属关系的变更以及自治州、自治县、设区的市人民政府驻地的迁移；③ 自治州、自治县的行政区域界线的变更，县、市、市辖区的行政区域界线的重大变更；④ 凡涉及海岸线、海岛、边疆要地、湖泊、重要资源地区以及特殊情况地区的隶属关系或者行政区域界线的变更。

（三）省级政府的相关审批权限

省级政府在行政区划审批方面的权限主要是：① 经国务院授权，审批县、市、市辖区的部分行政区划界限的变更，县、不设区的市、市辖区人民政府驻地的迁移，在批准变更时须报国务院备案；② 审批乡、民族乡、镇的设立、撤销、更名，行政区划界限的变更，人民政府驻地的迁移。

值得注意的是，《中华人民共和国民族区域自治法》规定：民族自治地方的建立、区域界线的划分、名称的组成，由上级国家机关会同有关地方的国家机关，和有关民族的代表充分协商拟定，按照法律规定的程序报请批准。由此可见，民族自治地方的行政区划相关事宜需要增加与有关民族代表进行协商的环节，且对行政区划变更和调整权限的规定更加严格。

四、行政区划的类型

我国行政区划可以分为一般型行政区划、民族区域自治型行政区划和特殊型行政区划，其中一般型行政区划又可以分为城镇类行政区划和非城镇类行政区划。为方便对行政区划的类型进行阐释，在一般型行政区划中不对城镇类和非城镇类的行政区划进行过细的论述，主要从大的类型角度进行介绍。

（一）一般型行政区划

一般型行政区划是指国家在各地区设置的常规性行政区划，没有特别的要求和突出的差异性特征。其之所以称之为“一般型”，主要是为了与其他类型行政区划区分开来。我国大部分的行政区划都是一般型行政区划，主要包括省、市、市辖区、县、镇、乡。

1. 省

省一级的行政区划由元朝时期的行省制度发展而来。所谓“行省”，即“行中书省”的简称，是元朝政府为加强对广阔疆域的有效管控而创设的地方管理制度。具体而言，“行省”可以理解为中枢机构中书省向各地区派出机关，代表朝廷（中央政府）管理地方的民政和军政事务。后来“行省”逐步演变成为我国的重要行政区划“省”并保留至今。目前，省是我国地方最高行政区划，直属中央。我国当前共有 23 个省，分别为河北省、山西省、辽宁省、吉林省、黑龙江省、江苏省、浙江省、安徽省、福建省、江西省、山东省、河南省、湖北省、湖南省、广东省、海南省、四川省、贵州省、云南省、陕西省、甘肃省、青海省和台湾省。省是我国中央政府和地方政府重要的“衔接性”区划。省的设置和调整均由中央根据国家发展的现实需要而决定。

2. 市

我国自古以来长期实行城乡合治，地方政府统一管理城市和农村。市在我国的行政区划中算是比较“年轻”的。1908 年，清政府颁布的城镇乡地方自治章程标志着市作为行政建制在我国行政区划中出现。民国政府颁布的市自治制及《市自治制施行细则》，以及其后陆续颁布及更新的市组织法和特别市组织法等都对市的行政区划及其建制进行了完善。1943 年，陕甘宁边区政府颁布《修正陕甘宁边区乡（市）政府组织暂行条例草案》等规范性文件，进一步细化了市作为行政区划的一些规范。这些对于中华人民共和国成立后市作为行政区划的发展具有基础性作用。

当前，我国的市主要分为直辖市、副省级市、地级市和县级市四个类型。

直辖市是由中央政府直接管辖的，其地位等同于省级行政区划。直辖市一般都是经济发达、人口集中、建成区规模较大的超大型城市，并且是区域经济文化中心和交通枢纽，在国家发展中具有重要作用。因此，直辖市一般都具有较强的地区主导功能，能够吸纳各类资源并辐射周边地区。因为直辖市的重要性，直辖市的市委书记一般都由中共中央政治局委员兼任。目前，我国共有 4 个直辖市，分别为北京市、天津市、上海市和重庆市。

副省级市是省辖市，因其行政级别为副省级，所以称之为副省级市。副省级市的前身是计划单列市，1994 年正式施行副省级的行政级别。副省级市一般是所在区域的中心城市，其经济、文化、教育、科技、交通等方面在区域中较为重要，并且集中了较多的发展资源。副省级市享有部分省级政府的经济管理权限，在经济发展规划等重大事项方面均接受中央政府的调控和管理，在投资、物资、信贷计划等方面的审批均由中央政府相关部门统筹。目前，我国共有 15 个副省级市，即广州、哈尔滨、沈阳、济南、武汉、南京、西安、长春、成都、杭州、青岛、厦门、宁波、深圳、大连。

地级市是省辖市，由其所在省或自治区领导。绝大部分地级市下设市辖区，且可以代管县或县级市。1983年，《关于地市州党政机关机构改革若干问题的通知》下发，地级市数量开始增长。当前，地级市的产生来源主要为：一是原有的设区市，如各省会城市；二是“地市合并”，即原地区和所辖市合并而形成的地级市；三是“撤地设市”，即撤销原地区后设立的地级市；四是县经过整合升格而成的地级市。地级市的设置具有相对统一的标准，根据1993年《国务院批转民政部关于调整设市标准报告的通知》中的规定，设立地级市需要达到的标准为：市区从事非农产业的人口25万人以上，其中市政府驻地具有非农业户口的从事非农产业的人口20万人以上；工农业总产值30亿元以上，其中工业产值占80%以上；国内生产总值在25亿元以上；第三产业发达，产值超过第一产业，在国内生产总值中的比例达35%以上；地方本级预算内财政收入2亿元以上，已成为若干市县范围内中心城市的县级市，方可升格为地级市。根据《中国统计年鉴2021》，截至2020年底，我国共有293个地级市（不含香港、澳门、台湾地区）。

县级市是我国重要的县级行政区，由省、自治区直接管辖，也可由地级市、自治州、地区和盟代管。县级市是城市化发展的产物，其形成主要有以下几个途径：一是切块设立，即将县（自治县、旗、市）的部分行政区域设置为县级市；[①] 二是撤县设立，即将完整的县改设为县级市；三是边界重组，县级市通过整合周边的乡镇、街道等各类行政区划来优化县级市行政区。县级市也有其设置的标准，其中每平方千米的人口密度成为县级市设立的基础指标。其分为三个等级，即人口密度每平方千米分别为大于400人、100—400人、不足100人。其次，基于三个人口密度标准分别从非农人口数量及比例、工业产值、人均预算财政收入、城区公共基础设施建设等几个方面来设置具体标准，具体可参见上述《国务院批转民政部关于调整设市标准报告的通知》。但也有学者通过归纳中央政府内部执行的《设立县级市标准》和《设立县级市申报审核程序》，总结了县级市设立标准：一是城区常住人口不低于15万人；二是人均地区生产总值或人均地方一般公共财政预算收入连续2年位居本省所辖县前40%，第二、第三产值增加值占地区生产总值的比重不低于80%；三是公共供水普及率高于

① 浦善新：《中国行政区划改革研究》，商务印书馆2006年版，第95页。

95%，污水处理率不低于90%，建成区绿地率高于33%，家庭宽带带宽不低于10 MB/s；四是城镇常住人口中低收入家庭住房保障率100%，城镇常住人口基本公共就业服务全覆盖，高中阶段毛入学率高于90%，每千常住人口医疗卫生机构床位数高于3.5张，每千常住人口职业医师数不低于1.8人，建有符合国家标准的公共图书馆、文化馆，体育健身设施设区全覆盖等。[①]由此可见，我国县级市的设立标准随着我国经济社会发展及城市化率的提升也在相应提高和细化。据《中国统计年鉴2021》，截至2020年底，我国共有388个县级市（不含香港、澳门、台湾地区）。

3. 市辖区

市辖区是由市管辖的一级行政区划，其级别相当于县、县级市，是现代城市管理中的重要行政建制。市辖区是城市发展的产物，其设置的目的是为满足城市规模拓展中公共服务供给、基础设施建设和城市基本管理的有效性需求，因此市辖区具有一定的"分治"属性。目前，我国市辖区建制大致可以分为四个类型：一是设在城市建成区的市辖区，即"市区"，这类市辖区的"分治"属性最为明显，是市辖区的主流类型；二是由原城市管辖的县或县级市改设的市辖区，即"郊区"，随着城市化的发展，这一类型的市辖区逐步成为一定时期内我国市辖区建制的主流；三是设置在城市管辖范围内，但并未与城市直接联系的市辖区，即"独立"型市辖区；四是设置在城市行政区划之外的市辖区，即"飞地"型市辖区。[②]我国市辖区产生路径大致有五种：一是原有市辖区，即长期存在的市辖区；二是通过撤县（市）设区建立的市辖区，即直辖市或地级市将其所辖的县或县级市改设为市辖区；三是切块设区形成的市辖区，即将城市或地区中经济较为发达、城市化水平较高或具有突出产业特色的区域划出设置为市辖区；四是通过区县（市）合并设置的市辖区，即市辖区与其他相邻或相近的县、区或县级市进行整合而成的市辖区；五是经过区界重组而形成的新的市辖区。

我国市辖区设置的标准几经变动，目前遵循的标准是2014年10月民政部出台的《市辖区设置标准（征求意见稿）》，其从六个方面明确市辖区的设置标准：① 直辖市和地级市可以设立市辖区。② 市区总人

① 吴金群、廖超超等：《尺度重组与地域重构：中国城市行政区划调整40年》，上海交通大学出版社2018年版，第214—215页。

② 朱光磊、王雪丽：《市辖区体制改革初探》，《南开学报（哲学社会科学版）》2013年第4期。

口 100 万人以下的市，平均每 40 万人可以设立 1 个市辖区；市区总人口 100 万—300 万人的市，平均每 50 万人可设立 1 个市辖区；市区总人口 300 万人以上的市，平均每 60 万人可设立 1 个市辖区。最小的市辖区人口不得少于 25 万人，其中非农业人口不得少于 10 万人。③ 与市区连片的工矿区、林区、旅游风景区、港口区、开发区及其他自成一体的地域，可单独设立市辖区，但其总人口及非农业人口不得低于最小市辖区标准，且经济发达、公共基础设施较为完善。④ 市辖区的设置要规模适度，布局合理。⑤ 中心城市郊县（县级市）改设市辖区，需达到特定标准，如县（市）域与城区的基础设施建设和国土开发利用连为一体，部分区域已纳入城市总体规划的市区规划范围。全县（市）就业人口中从事非农产业的人口不低于 70%；第二产业、第三产业产值在国内生产总值中的比重达到 75% 以上。改设市辖区的县（市），全县（市）国内生产总值、财政收入不低于上一年本市市辖区的平均水平或人均国内生产总值，人均财政收入不低于上一年本市市辖区的平均水平。⑥ 市辖区的设立、撤销、更名、政府驻地迁移等重大调整事项，按照国务院关于行政区划管理的有关规定办理。据《中国统计年鉴 2021》，截至 2020 年底，我国共有 973 个市辖区（不含香港、澳门、台湾地区）。

4. 县

县是我国历史最为悠久且最为稳定的行政区划。公元前 221 年，秦统一六国后设立“郡县制”，正式确立了县的行政建制，传承至今已经有 2 000 多年的历史。在 2 000 多年中，县是我国一直存在的行政区划，且很多县的治理区域和区划名称都未发生较大变化。这充分体现出县的设置的稳定性和重要性。目前，我国的县由省、自治区领导，也可以由地级市、自治州管理，县下辖镇、乡（民族乡）。县在我国行政区划和行政体系中处于非常重要和关键的位置，其在执行上级政府行政决策的同时还要负责基层治理的事务，具有承上启下的行政枢纽作用，因而有“郡县治，天下安”的俗语。据《中国统计年鉴 2021》，截至 2020 年底，我国共有 1 312 个县（不含香港、澳门、台湾地区）。

5. 镇

镇，即建制镇，是我国重要的基层行政区划。镇最初是军事建制，1908 年清政府颁布的城镇乡地方自治章程将镇确立为基层行政建制。镇隶属于县（自治县）和县级市，与乡同级，是设在经济相对发达，人口集中且非农人口比例较大地区的基层行政区划。通常，县政府所驻的镇一般被通称为“城关镇”。1984 年，《国务院批转民政部关于调整建镇标准的报告的通知》，确立了建镇的基本标准。它具体体现在四个方面：一是凡县级地方国家机关所在地，均应设置镇的建制。二是总人口在 20 000 人以下的乡，乡镇府驻地非农业人口超过 2 000 人的，可以建镇；总人口在 20 000 人以上的乡，乡镇府驻地非农业人口占全乡人口 10% 以上的，也可以建镇。三是少数民族地区，人口稀少的边远地区、山区和小型矿区、小港口、风景旅游、边境口岸等地，非农业人口虽不足 2 000 人，如确有必要，也可以设置镇的建制。四是凡具备建镇条件的乡，撤乡建镇后，实行镇管村的体制；暂时不具备设镇条件的集镇，应在乡人民政府中配备专人加以管理。随着经济社会发展和城镇化进程的推进，2002 年建制镇的原设置标准的施行暂停，新的标准也并未制定，镇的设置标准的制定权被下放到省级政府层面。2018 年 10 月发布的《行政区划管理条例》就明确镇的设置标准由省、自治区、直辖市人民政府民政部门会同本级人民政府其他有关部门拟订，报省、自治区、直辖市人民政府批准；批准设立标准时，同时报送国务院备案。据《中国统计年鉴 2021》，截至 2020 年底，我国共有 21 157 个镇（不含香港、澳门、台湾地区）。

6. 乡

乡是我国重要的农村基层行政区划，由县、自治县管辖，乡可以分为乡与民族乡。乡作为行政建制发轫于春秋，形成于秦汉，与“亭”和“里”一起作为当时的基层行政建制。中华人民共和国成立后，我国在农村普遍设立乡的建制，在“人民公社化运动”中被人民公社短暂取代后于 1982 年重新恢复，成为我国重要的农村基层行政区划。乡与镇同级，但乡相较于镇，其区划面积和人口规模都相对偏小，经济发达程度也偏弱。值得注意的是，我国的乡可分为乡和民族乡，民族乡不能算民族自治地方，主要因为一般情况下乡级行政区划管辖范围内有关面积、人口、经济、文化等的相关标准，都不能达到行使宪法和民族区域自治法中规定的各类权利的程度。有些少数民族聚居地区，因地域面积太小、人口太少，不宜建立自治地方和设立自治机关，因此就在这些地区设立民族乡，这使这些地区的少数民族也能行使当家作主的权利。民族乡是我国特有的、少数民族自己管理自己内部事务、依法行使当家作主权利的一种基层政权形式，是管理我国少数民族的一种较好的行政区划制度，是民族区域自治制度的一种必要补充。据《中国统计年鉴 2021》，截至 2020 年底，我国共有 8 809 个乡（民族乡）（不含香港、澳门、台湾地区）。

（二）民族区域自治型行政区划

民族区域自治型行政区划是指在少数民族聚居地方实行区域自治的行政区划，也被称为民族自治地方。根据《中华人民共和国宪法》《中华人民共和国地方各级人民代表大会和地方各级人民政府组织法》和《中华人民共和国民族区域自治法》的规定，我国民族自治地方分为自治区、自治州、自治县（自治旗）三级，即三类民族区域自治型行政区划。

1. 自治区

自治区是我国的省级行政区划，是以一个区域人口比重较大的少数民族为基础，具有较大自治权限的行政区划。自治区依据宪法和法律建立相应的自治机关。自治区内的少数民族依法管理民族自治地方的事务，并享有宪法和法律赋予的各项自治权。自治区的行政负责人为自治区政府主席，其一般由该自治区的少数民族成员担任。自治区虽然在其区划范围内拥有一定的自治权，但其仍是中华人民共和国的行政区划，受中央政府统一领导。目前，我国共有 5 个自治区，分别是内蒙古自治区（1947 年成立）、新疆维吾尔自治区（1955 年成立）、广西壮族自治区（1958 年成立）、宁夏回族自治区（1958 年成立）、西藏自治区（1965 年成立）。

2. 自治州

自治州的行政级别相当于地级市，自治州可以设置在自治区内由自治区政府管辖，也可以设置在省内由省政府管辖，如阿坝藏族羌族自治州就由四川省人民政府管辖。自治州也是我国典型的民族区域自治型政区，根据《中华人民共和国宪法》和《中华人民共和国民族区域自治法》的规定，自治州也享有自我管理的权利，设置自治机关行使自治权。自治州的自治机关就是自治州人民代表大会和自治州人民政府，自治州州长主持行政工作。通常自治州的州长由区域内主体少数民族公民担任。自治州可以由一个少数民族聚居区为区域设立，如西双版纳傣族自治州；也可以由多个少数民族联合建立，如前文所述的阿坝藏族羌族自治州和德宏傣族景颇族自治州等。自治州在下辖自治县的同时，也可以管辖县、县级市等一般型县级行政区。据《中国统计年鉴 2021》，截至 2020 年底，我国共有 30 个自治州（不含香港、澳门、台湾地区）。

3. 自治县（自治旗）

自治县是我国的县级行政区划，其行政级别与市辖区、县级市、县等相同。自治县通常由直辖市、地级市、自治州等管辖，或由省、自治区直接管辖。自治县管辖乡镇级政区，是中国在少数民族聚居地区设立的县级民族自治地方，是较为基层的民族区域自治型行政区划。自治县具有县级行政区一切要件的同时，也依法享有一定的自治权限。据《中国统计年鉴2021》，截至2020年底，我国共有117个自治县（不含香港、澳门、台湾地区）。值得注意的是，自治旗也是自治县的一种形式，是内蒙古自治区特有的民族自治地方。自治旗属于县级行政区划，且依法享有一定的自治权限。当前我国共有3个自治旗，分别是鄂伦春自治旗、鄂温克族自治旗和莫力达瓦达斡尔族自治旗，现均由内蒙古自治区呼伦贝尔市管辖。

（三）特殊型行政区划

特殊型行政区划是为了保证特定地区的稳定和发展而建立的特殊行政区划类别。特殊型行政区划的形成与发展受到历史因素、社会因素、经济因素、地理因素等各方面的影响，我国最为典型的特殊型行政区划就是特别行政区。此外，还有诸如县辖区、旗等在形态或名称上较为特殊的行政区划。

1. 特别行政区

特别行政区是具有中国特色的行政区划，其既不同于国外的自治型行政区划，也相异于民族自治地方，特别行政区是依照“一国两制”构想建立的特殊型行政区划。1981年9月，全国人大常委会委员长叶剑英就实现祖国和平统一问题提出九条方针政策，其中包括“国家实现统一后，台湾可作为特别行政区”，由此正式提出“特别行政区”概念。1982年，邓小平对“特别行政区”进一步阐述，将其与“一国两制”构想正式结合。1982年宪法明确国家在必要时得设立特别行政区。至此，特别行政区正式成为我国“一国两制”构想下的特殊型政区。虽然，“特别行政区”是在对台统一工作中提出的，它却先实践于香港和澳门地区。1984年12月，中英签订关于香港问题的联合声明，明确中华人民共和国政府于1997年7月1日对香港恢复行使主权，并设立香港特别行政区。1987年3月，中葡签订关于澳门问题的联合声明，明确中华人民共和国政府在1999年12月20日对澳门恢复行使主权之后，在澳门设立特别行政区。香港特别行政区与澳门特别行政区设立及运行的依据是《中华人民共和国宪法》和《中华人民共和国香港特别行政区基本法》《中华人民共和国澳门特别行政区基本法》。

特别行政区是“一国两制”伟大构想的实践，其具有两个突出的特点：一是特别行政区具有独特性。根据《中华人民共和国宪法》《中华人民共和国香港特别行政区基本法》《中华人民共和国澳门特别行政区基本法》，以及相关国家政策，特别行政区不实行社会主义制度，保持原有的资本主义制度和生活方式。这在当今世界是一个具有开创性意义的制度创新，既保证了国家主权和领土的完整性，也促进了港澳和内地的共同发展、共同繁荣。二是特别行政区具有自治性。特别行政区享有高度的自治权。这是不同于国外联邦制国家的一种自治制度。同时，这与我国民族自治地方的自治也有本质不同。

设立特别行政区的意义在于实现以和平的方式解决历史遗留问题，确保国家统一和领土完整，并保持香港、澳门地区的繁荣发展，同时也为最终解决台湾问题提供宝贵的实践经验。特别行政区是单一制国家结构形式下行政区划的创新形式，丰富了我国国家结构形式，也是我国社会主义行政体制优越性的体现。

2. 其他特殊型行政区划

在我国行政区划漫长的发展历程中，因为文化传统、风俗习惯、历史传承等诸多因素的影响，我国出现了其他一些特殊型行政区划。

（1）盟、旗和苏木

盟是内蒙古自治区的行政区划，行政级别与地级市、地区、自治州相同，属地级行政区。盟的管理机构为盟行政公署，是内蒙古自治区人民政府的派出机关，管辖县、旗、县级市。内蒙古自治区现有 3 个盟，分别是锡林郭勒盟、阿拉善盟和兴安盟。

旗并非民族自治型行政区划，而是我国内蒙古自治区特有的行政区划，其行政级别与市辖区、县级市、县、自治县、自治旗、林区、特区相同，属县级行政区，由地级市、盟管辖。旗为清代初年，仿照满洲的八旗制度在蒙古地区设立的基层行政区，沿用至今。据《中国统计年鉴 2021》，截至 2020 年底，我国共有 49 个旗（不含香港、澳门、台湾地区）。

苏木分为苏木和民族苏木，也是我国内蒙古自治区特有的行政区划，其行政级别与街道、镇、乡、民族乡、县辖区相同，由市辖区、县级市、县、旗、自治旗管辖，它作为我国内蒙古自治区特有的乡级行政区，主要分布于内蒙古自治区的牧业地区。苏木和农业地区的乡镇一样，也存在合并与撤销的区划调整情况。除我国外，图瓦共和国、布里亚特共和国也设有苏木。据《中国统计年鉴2021》，截至2020年底，我国共有153个苏木和1个民族苏木（不含香港、澳门、台湾地区）。

（2）县辖区

县辖区是我国的特殊型行政区划之一，其行政级别与街道、镇、乡、民族乡、苏木、民族苏木相同，属乡级行政区，由县、自治县管辖。县辖区的管理机构为区公所，是县、自治县人民政府的派出机关。中华人民共和国成立后，国家继续设立县辖区用以承担县、乡之间的诸多非常规行政事务。20世纪90年代，全国推进撤区并乡建镇工作，撤销区公所，并乡建镇，扩大乡镇领辖范围，减少行政管理单位。至此，大部分县辖区逐渐被撤销。据《中国统计年鉴2021》，截至2020年底，我国仅有2个县辖区（不含香港、澳门、台湾地区），分别为河北省张家口市涿鹿县赵家蓬区、新疆维吾尔自治区喀什地区泽普县奎依巴格区。

（3）林区和特区

林区是我国特有的行政区划，其行政级别与市辖区、县级市、县、自治县、旗、自治旗、特区相同，属县级行政区，但其由省级行政区划直接管辖。据《中国统计年鉴2021》，截至2020年底，我国现仅有1个林区（不含香港、澳门、台湾地区），即湖北省神农架林区。

特区也是特殊型行政区划之一，其行政级别与市辖区、县级市、县、自治县、旗、自治旗、林区相同，属县级行政区。据《中国统计年鉴2021》，截至2020年底，我国的特区也仅有1个（不含香港、澳门、台湾地区），即贵州省六盘水市的六枝特区。

第二节　政府的层级结构

我国政府的层级结构主要是指根据行政级别而划分的纵向政府体系。当前，我国政府层级结构呈现为五级形态，即中央政府、省级政府、市级政府、县级政府和基层政府。省级政府包括省、自治区、直辖市的政府；市级政府以地级市政府为主，同时也包括地区、盟、自治州等的政府；县级政府包括县、县级市、市辖区等的政府；基层政府主要是乡镇政府。特别行政区政府在第三章进行详细论述，此章不赘述。

《中华人民共和国宪法》第三十条规定，全国分为省、自治区、直辖市；省、自治区、直辖市分为自治州、县、自治县、市；县、自治县分为乡、民族乡、镇。直辖市和较大的市分为区、县。自治州分为县、自治县、市。我国地方行政层级为三级，但是目前实行“市管县”体制，所以从现实情况来看，我国地方政府层级结构是“三级—四级”混合体制。通常，地方政府分为四个层级，即“省—市—县（区）—乡镇”四级，而直辖市则为“市—市辖区—乡镇（街道）”三级政府层级体系。此外，个别地区因为特殊原因实行二级管理体制，如海南省三沙市下辖 4 个行政区（市政府派出机构）和 10 个社区。但总体来看，“四级”体系依然是我国地方政府层级的主流形态。基于此，介绍我国政府层级结构时，主要以常规的“四级”结构作为基本框架。

一、政府层级的变迁

我国政府层级并非一成不变，而是随着经济社会发展和行政体制改革不断变化。因为中央政府的唯一性，政府层级的变迁主要发生在地方政府层面。中华人民共和国成立以来，我国地方政府层级的变迁主要是在“三级”和“四级”体系间徘徊。具体的变迁大致可以分为以下几个阶段。

（一）“大区”制下的地方政府层级结构变动阶段（1949—1953 年）

中华人民共和国成立初期，因为全国各地解放时间不一，为保证新生政权的稳定和领导的统一，中央综合各地区实际情况，先后建立东北、华北、西北、华东、中南、西南六大行政区，直属中央人民政府政务院领导。1949 年颁布的《大行政区人民政府委员会组织通则》中规定，大行政区是比所辖（省）市高一级的地方政权机关，并为中央人民政府政务院领导地方政府工作的代表机关。这表明大行政区既是中央人民政府的派出机关，也是当时地方最高行政机关。从这个层面来说，大行政区是一级实体的行政建制。大行政区下设省、县、乡三级地方政府。在不设大行政区人民政府的地区，省人民政府受中央人民政府政务院直接领导。因此，这一时期形成了四级实体的地方政府建制。由于在省、县下还分别设置专员公署、区公所作为相应政府的派出机关，因而这一时期的地方政府层级结构形态为“四实二虚”。

1952 年底，国家政权基本稳定，经济社会秩序逐步恢复，国家开始进入有计划的经济建设阶段，并着手准备进行社会主义改造。为了保障建设目标的顺利推进，中央决定加强对地方的统一领导，将大行政区人民政府（军政委员会）全部改为行政委员会，代表中央政府领导和监督地方行政机关。这表明“大区”从实体行政建制逐步转为虚体的派出机关。因此，地方政府层级结构形态也相应变为“三实三虚”。

（二）地方政府层级结构的探索调整阶段（1954—1966年）

1954年，第一届全国人民代表大会召开，通过中华人民共和国第一部宪法。该部宪法规定，全国分为省、自治区、直辖市；省、自治区分为自治州、县、自治县、市；县、自治县分为乡、民族乡、镇。直辖市和较大的市分为区。自治州分为县、自治县、市。自治区、自治州、自治县都是民族自治地方。这表明地方政府层级结构划分从宪法的高度得到确定，具有较为稳定的法制保障。同时，省和县下可以继续根据实际需要设置地区专员公署和区公所两级派出机关，这样我国就形成稳定的“三实二虚”的地方政府层级结构形态。值得注意的是，这一时期，我国尝试推行了“市领导县”体制。1959年，二届全国人大九次会议通过关于直辖市和较大的市可以领导县、自治县的决定，对“市领导县”体制作出了法律上的规定，直接推动了“市领导县”体制的发展。1961年，随着政治社会发展的现实需要，逐步控制“市领导县”规模，大部分县重新划归省领导。“市领导县”虽然进行了短暂的推行，但是并未成为这一时期的主流，也未影响到地方政府层级的稳定化和规范化。

1958年的“人民公社化运动”中，人民公社取代乡的建制，建立了政社合一的组织。1962年《农村人民公社工作条例》规定人民公社的基本性质，基层政权机关与集体经济组织融合成人民公社。从地方政府行政层级来看，人民公社依然保持“一乡一社”的规模，还是我国重要的基层单位。因此，这一时期地方政府的层级结构形态并未发生本质变化。

（三）地方政府层级结构的失范阶段（1966—1982年）

1966年，“文化大革命”爆发，国家行政体制受到严重冲击，地方各级人民政府被革命委员会取代，而作为省政府派出机关的“地区”也成立了地区革命委员会，成为一级实体政权组织。1975年，四届全国人大一次会议通过的宪法中规定地方各级革命委员会是地方各级人民代表大会的常设机关，同时又是地方各级人民政府。从行政层级的角度来看，这使“地区”完全转变为实体的行政建制，在我国地方政府行政层级中增加了一级。因此，这一时期，我国地方政府行政层级呈现为“省、直辖市—地区（市）—县（市）—人民公社、镇”四级实体行政建制，加上“区革命领导小组”，形成“四实一虚”的层级结构形态。1978 年 3 月，五届全国人大一次会议通过的宪法明确了省革命委员会可以按照地区设立行政公署，作为自己的派出机构。因此，“地区”再次从实体的行政建制转向虚体的行政建制。地方政府行政层级结构形态转变为“三实二虚”。

（四）地方政府层级结构的稳定阶段（1982 年至今）

1982 年，五届人大五次会议通过我国第四部宪法，即我国现行宪法。1982 年宪法取消人民公社并恢复乡的建制，理顺地方政府间行政关系，重新建构了我国政府层级结构。根据宪法制定的《中华人民共和国地方各级人民代表大会和地方各级人民政府组织法》进一步细化了我国政府的层级结构，明确地方政府的三级结构形态，确定行政公署和区公所的派出机关身份。随着经济社会发展的需要，“市领导县”体制的推进加速了撤地设市和地市合并等区划调整，“地区”逐步改设为地级市，成为一级实体的政权机关。地方政府行政层级结构形态由“三实两虚”变为“四实两虚”。时至今日，“地区”和区公所几乎退出我国政府行政层级体系，我国地方政府行政层级结构稳定为四级实体行政建制的形态。

二、中央政府

中华人民共和国中央人民政府即国务院，是我国的中央政府。《中华人民共和国宪法》规定，中央政府是“最高国家权力机关的执行机关，是最高国家行政机关”。

（一）中央政府的地位

中央政府的地位是宪法赋予的，作为最高国家权力机关的执行机关和国家最高行政机关，在中国政府体系中位居最高领导位置，统领中央政府的国家行政机构和全国地方各级国家行政机关的工作，领导全国行政事务。根据《中华人民共和国宪法》《中华人民共和国国务院组织法》和《中华人民共和国地方各级人民代表大会和各级人民政府组织法》的规定，中央人民政府的地位具体体现在：

第一，中央政府是由全国人大选举产生，是法定的最高行政机关，领导全国所有的行政工作。中央政府只对全国人大负责，无须对其他行政机关负责或解释特定事务。

第二，中央政府规定各部委的职责和任务，领导各部委的全部行政工作。中央政府有权撤销各部委发布的各项命令、指示、规章。各部委工作中的方针、政策、规划及重大行政措施都需要向中央政府请示报告，经中央政府批准方可执行实施。

第三，中央政府有权规定地方各级政府及其行政机构的职权范围，统一领导全国地方各级国家行政机关的工作。中央政府有权改变或撤销地方各级政府及行政机构发布的各项被认为不适当的决定和命令。地方各级政府的重大决策和重要决定都须报中央政府批准后方可施行。

第四，中央政府根据宪法和法律发布的命令和决定，制定颁布的行政法规，实施的各项决策和措施，对中央政府各部委和地方各级政府都具有普遍约束力，其必须遵照中央政府的决策和指示。拥有行政立法权的中央政府部门和地方各级政府所出台的行政规章不得与中央政府制定颁布的行政法规相违背。

（二）中央政府的职权

根据《中华人民共和国宪法》第八十九条的规定，我国国务院的职权具体有以下内容：① 根据宪法和法律，规定行政措施，制定行政法规，发布决定和命令；② 向全国人民代表大会或者全国人民代表大会常务委员会提出议案；③ 规定各部和各委员会的任务和职责，统一领导各部和各委员会的工作，并且领导不属于各部和各委员会的全国性的行政工作；④ 统一领导全国地方各级国家行政机关的工作，规定中央和省、自治区、直辖市的国家行政机关的职权的具体划分；⑤ 编制和执行国民经济和社会发展计划和国家预算；⑥ 领导和管理经济工作和城乡建设、生态文明建设；⑦ 领导和管理教育、科学、文化、卫生、体育和计划生育工作；⑧ 领导和管理民政、公安、司法行政等工作；⑨ 管理对外事务，同外国缔结条约和协定；⑩ 领导和管理国防建设事业；⑪ 领导和管理民族事务，保障少数民族的平等权利和民族自治地方的自治权利；⑫ 保护华侨的正当的权利和利益，保护归侨和侨眷的合法的权利和利益；⑬ 改变或者撤销各部、各委员会发布的不适当的命令、指示和规章；⑭ 改变或者撤销地方各级国家行政机关的不适当的决定和命令；⑮ 批准省、自治区、直辖市的区域划分，批准自治州、县、自治县、市的建制和区域划分；⑯ 依照法律规定决定省、自治区、直辖市的范围内部分地区进入紧急状态；⑰ 审定行政机构的编制，依照法律规定任免、培训、考核和奖惩行政人员；⑱ 全国人民代表大会和全国人民代表大会常务委员会授予的其他职权。

（三）中央政府的组成

中央政府的组成可以从组成人员、任免方式与任职期限三个方面来理解。

1. 中央政府的组成人员

根据《中华人民共和国宪法》第八十六条的规定，国务院组成人员有：总理、副总理、国务委员、各部部长、各委员会主任、审计长、秘书长。根据《中华人民共和国宪法》第八十八条规定，总理、副总理、国务委员和秘书长组成国务院常务会议。

（1）总理

国务院总理是中央政府的行政首长，也是中华人民共和国的政府首脑。根据宪法和相关法律规定，总理拥有如下职权：领导中央政府工作；召集和主持国务院常务会议和全体会议；代表中央政府向全国人大负责；向全国人大提名副总理、各部部长、各委员会主任、秘书长、审计长等国务院组成人员；向全国人大及其常委会提出议案和人员任免建议；签署以中央政府名义发布的决定、命令和行政法规。总理在中央政府的日常工作和重大决策中拥有最终决定权。国务院总理担任中央政府行政首长的同时，也是中共中央政治局常委，是党和国家的重要领导人。

（2）副总理

国务院副总理是中央政府重要组成人员，其职责主要是协助总理工作，并根据分工分管中央政府的业务工作。副总理是国务院常务会议和全体会议的组成人员，受总理委托负责特定方面的工作或完成专项任务，并可代表中央政府参加外事活动。目前，我国宪法及相关法律并未对副总理人数做明确限定，不同时期的副总理数量不定，从中华人民共和国成立至今最多时有 16 位副总理，最少时为 4 位副总理。1982 年后，我国开始设置国务委员，副总理人数大幅下降，目前稳定保持为 4 位副总理。通常，4 位副总理中，有 1 位为中共中央政治局常委，3 位为中共中央政治局委员。

（3）国务委员

根据《中华人民共和国宪法》和《中华人民共和国国务院组织法》的规定，国务院设国务委员若干人，协助总理工作，并按照业务分工或受总理及国务院常务会议的委托，负责某方面的工作或重大的专项任务。国务委员的人选，由国务院总理提名，经全国人民代表大会投票决定，并由国家主席根据全国人大会议的决定任命。国务委员也是国务院常务会议和全体会议的组成人员，可代表国务院进行外事活动。我国宪法及相关法律也未对国务委员的数量进行明确的规定，而是根据中央政府实际工作需要酌情确定。1982 年任命的国务委员有 11 位，后逐届减少，1998 年九届全国人大一次会议决定任命 5 位国务委员，这个数量保持至今。国务委员可以是专职委员，也可以由中央政府部委主要负责人兼任。通常，兼任国务委员的都是中央政府重要组成部门的负责人。

（4）组成部门行政首长

中央政府组成部门的行政首长为国务院全体会议成员。根据《中华人民共和国宪法》和《中华人民共和国国务院组织法》规定，国务院各部部长、各委员会主任负责本部门的工作；召集和主持部务会议或者委员会会议、委务会议，讨论决定本部门工作的重大问题。同时，组成部门行政首长签署上报中央政府的重要请示、报告和下达部门职权范围内的命令、指示等。

（5）审计长和秘书长

审计长指的是审计署的行政首长，其职责是负责主管全国的审计工作。审计长是国务院全体会议成员。

秘书长是指国务院常务会议和全体会议组成人员。秘书长是在总理领导下，负责处理中央政府的日常工作，领导国务院办公厅工作。同时，国务院设副秘书长若干人，协助秘书长开展日常行政工作，并根据分工负责某一方面的具体事务。

（6）中国人民银行行长

《中华人民共和国宪法》和《中华人民共和国国务院组织法》未将中国人民银行行长列入国务院组成人员之中。但是在《国务院行政机构设置和编制管理条例》中，中国人民银行被确认为国务院组成部门。《国务院工作规则》（2004 年 10 月 26 日第二次修订通过）中规定，国务院全体会议由总理、副总理、国务委员、各部部长、各委员会主任、人民银行行长、审计长、秘书长组成。同时，根据《中华人民共和国国务院组织法》第四条的相关规定及中央政府日常行政工作的现实情况，中国人民银行行长可以被认为是中央政府的组成人员。中国人民银行行长负责领导中国人民银行制定和执行货币政策，防范和化解金融风险，维护金融稳定等各项工作的开展。

2. 中央政府组成人员的任免

宪法及相关法律对中央政府组成人员的任免作出了明确的规定，组成人员的任免都必须按照法定程序进行。

（1）任命

国务院总理由中华人民共和国主席提名，经全国人大投票表决，并获超过半数以上的全国人大代表同意，最后由中华人民共和国主席签署主席令予以任命。国务院其他组成人员的人选由国务院总理提名，经全国人大投票表决，并获超过半数以上同意，再由国家主席根据全国人大的决定予以任命。在全国人大闭会期间，全国人大常委会有权根据国务院总理的提名，决定国务院组成人员的人选，国务院组成人员由国家主席任命。

（2）辞职

国务院组成人员在任期内可以提出辞职。全国人大会议期间，国务院组成人员提出辞职，由全国人大主席团将其辞职请求提交大会代表团审议，大会全体代表对辞职请求进行表决。全国人大闭会期间，国务院组成人员提出辞职，由全国人大常委会委员长会议将其辞职请求提请全国人大常委会审议决定。全国人大常委会通过国务院组成人员辞职请求的，须报请全国人大下一次会议确认。国务院总理如因病、辞职、出访、逝世等原因造成无法履职时，全国人大及全国人大常委会可以在国务院副总理中决定代理总理人选。

（3）罢免

罢免国务院组成人员，须由全国人大及其常委会根据法定程序进行。全国人大主席团、3 个以上代表团或者十分之一以上的代表，可以提出对国务院组成人员的罢免提案。首先，按照法定要求提交罢免提案，明确罢免缘由并提供证明材料。其次，全国人大主席团向各代表团提交罢免提案，并进行审议。在罢免提案提请全国人大表决前，被提出罢免的国务院组成人员有权通过口头或书面的方式向大会主席团会议或大会全体会议进行申辩，提出意见。书面申辩意见可由大会主席团印发全体会议。再次，全国人大全体会议以无记名投票的方式对罢免提案进行表决，若全国人大法定人数半数以上同意，罢免提案通过。最后，罢免案通过后，可由全国人大主席团提议，经全国人大全体会议决定，组织调查委员会调查被罢免的国务院组成人员的有关情况，待下次全国人大全体会议时，向大会提交调查报告并审议决定。

3. 中央政府组成人员的任职期限

根据宪法规定，中央人民政府每届任期与全国人大每届任期相同，均为5年。国务院总理、国务院副总理、国务委员连续任职不得超过两届。连任不得超过两届的规定是在1982年宪法中明确的，此前宪法及相关法律中并没有明确的规定。

三、省级政府

（一）省级政府的地位与范畴

省级政府是我国地方最高的行政机关，其接受中央政府领导，是中央与地方的联结枢纽，既是中央决策的执行者，也是地方利益的表达者。省级政府在中央政府的授权下统一领导其辖区内的各级地方政府，负责辖区内全部行政工作。省级政府的权力来自中央政府，其由本级人大选举产生，对中央政府和本级人大共同负责。当前，我国省级政府包括省、自治区和直辖市的政府。

（二）省级政府的职权

通过对《中华人民共和国地方各级人民代表大会和地方各级人民政府组织法》中相关内容的总结，我国省级政府的职权大致可以分为以下几个方面：① 行政规章的制定权。省级政府可以根据地区建设和发展的需要制定相应的行政规章，报中央政府和本级人大常委会备案。同时，省级政府有权改变或撤销所属各工作部门不适当的命令、指示和下级人民政府不适当的决定、命令。② 行政领导权。省级政府对其所管辖区域内的行政工作拥有全面领导权，领导所属工作部门和下级人民政府的工作。依照法律的规定任免、培训、考核和奖惩国家行政机关工作人员。执行国民经济和社会发展计划、预算，管理本行政区域内的经济、教育、科学、文化、卫生、体育事业、环境和资源保护、城乡建设事业和财政、民政、公安、民族事务、司法行政、监察、计划生育等行政工作。③ 地方利益维护权。省级政府有权保护社会主义的全民所有的财产和劳动群众集体所有的财产，保护公民私人所有的合法财产，维护社会秩序，保障公民的人身权利、民族权利和其他权利。保护各种经济组织的合法权益。保障少数民族的权利，尊重少数民族的风俗习惯，帮助各少数民族发展政治、经济和文化建设事业。保障宪法和法律赋予男女平等、同工同酬和婚姻自由等各项权利。④ 执行权。省级政府需要执行中央政府的各项决策，并监督其辖区内地方各级政府的执行情况。

（三）省级政府的组成与任期

根据《中华人民共和国宪法》和《中华人民共和国地方各级人民代表大会和地方各级人民政府组织法》的规定，省级政府的组成主要为：省政府由省长、副省长、秘书长、厅（局）长、委员会主任等组成，直辖市政府由市长、副市长、秘书长、局长、委员会主任等组成，自治区政府主要由主席、副主席、秘书长、厅（局）长、委员会主任等组成。省级政府的组成人员由省级人大选举产生或由省级人大常委会决定任免。省级政府行政首长以外的其他组成人员，由省级政府行政首长提名，并由省级人大决定任免，部分人员须报中央政府备案。省级政府每届任期为 5 年，与省级人大任期相同。

四、市级政府

（一）市级政府的地位与范畴

市级政府在我国政府体系中属于中间层级，向上接受省级政府的领导，向下领导县级政府。市级政府在政府体系中具有较为明显的“承上启下”作用，承担细致的管理职责和综合的协调职责。市级政府对于其所管理的辖区也具有区域规划的职责。当前，我国市级政府包括地级市、自治州，直辖市的市辖区，盟等的政府。

（二）市级政府的职权

《中华人民共和国地方各级人民代表大会和地方各级人民政府组织法》中规定了县级以上政府的职权，因而省级政府的基本职权框架同样适用于市级政府。结合市级政府在政府运行过程中的具体情况，其职权可以归纳为：① 执行本级人大及其常委会的决议，执行中央政府和省级政府的决定和命令；② 规定行政措施，发布决定和命令，具有行政立法权限的市级政府可以制定行政规章，并依法进行备案；③ 全面领导和管理市级行政区域内的经济文化建设和各项行政事务；④ 领导并监督所领导县级政府的工作，有权改变和撤销其不适当的命令、指示和决定；⑤ 保护国家、集体和公民的合法利益；⑥ 办理上级政府交办的其他事项；⑦ 自治州等民族自治地方依法享有一定的民族自治权；⑧ 对设置于市级政府管辖范围内的国家直属机构、事业单位、企业等，市级政府协助其开展工作，并依法对其进行监督。

（三）市级政府的组成与任期

市级政府的组成主要为：地级市政府由市长、副市长、秘书长、局长、委员会主任等组成；自治州政府主要由州长、副州长、秘书长、局长、委员会主任等组成；直辖市的市辖区政府主要由区长、副区长、秘书长、局长、委员会主任等组成。市级政府的组成人员由市级人大选举产生或由市级人大常委会决定任免。市级政府每届任期为5年，与市级人大任期相同。

五、县级政府

（一）县级政府的地位和范畴

县级政府与市级政府一样，处于我国政府体系的中间层级。但是，相较于市级政府，县级政府更加贴近基层。县级政府是我国直接面向基层且机构体系完整的一级政府，对于基层治理的重要性不言而喻，因此，传统中国社会习惯称县级政府的行政长官为“父母官”。县级政府受省级政府或市级政府的领导，也领导乡镇基层政府。当前，我国县级政府包括县、自治县、县级市、市辖区、旗、自治旗等的政府。

（二）县级政府的职权

目前，县级政府在职权方面，除没有制定行政规章的职权外，其他与市级政府基本一致。相较于市级政府，县级政府区域规划职权不突出，但是其对市级政府乃至省级政府区域规划及具体推行有着重要的影响作用。同时，因为县级政府直接面向基层且机构体系完整，所以其基础公共服务供给的职权更加突出。换句话说，县级政府的治理效能直接影响人民群众美好生活的外部环境和内在体验。

（三）县级政府的组成及任期

依据《中华人民共和国宪法》和《中华人民共和国地方各级人民代表大会和地方各级人民政府组织法》的规定，县级政府的组成主要为：县、自治县、旗的政府由县（旗）长、副县（旗）长、办公室主任、局长、委员会主任等组成；县级市政府由市长、副市长、办公室主任、局长、委员会主任等组成；市辖区政府由区长、副区长、办公室主任、局长、委员会主任等组成。县级政府的组成人员由县级人大选举产生或由县级人大常委会决定任免。县级政府每届任期为 5 年，与县级人大任期相同。

六、基层政府

（一）基层政府的地位和范畴

通常情况下，基层政府的范畴并没有严格的规定，县级政府和直辖市的市辖区政府等在一些语境下也被纳入基层政府的范畴之中。但是，从我国五级政府体系的现实出发，同时，为了方便对政府层级分类理解，将处于体系最低层级的乡镇政府作为基层政府（街道从法理上说，其作为市辖区的派出机关不算是一级政府，但其现实中也承担了较大的基层治理任务，因此可将其视为"基层政府"之一），有助于对我国政府层级进行划分和分析。基层政府是我国重要的农村治理单位，也是我国最低层级的行政建制。各级政府的决策执行多由基层政府具体落实。因此，基层政府虽然层级较低，但是在我国政府体系中的地位却是无法替代的。我国基层政府主要包括乡政府、民族乡政府和镇政府。

（二）基层政府的职权

根据《中华人民共和国地方各级人民代表大会和地方各级人民政府组织法》的规定，乡、民族乡、镇等的基层政府的职权主要为：① 执行本级人民代表大会的决议和上级国家行政机关的决定和命令，并发布决定和命令；② 执行本行政区域内的经济和社会发展计划、预算，管理本行政区域内的经济、教育、科学、文化、卫生、体育事业和财政、民政、公安、司法行政、计划生育等行政工作；③ 保护社会主义的全民所有的财产和劳动群众集体所有的财产，保护公民私人所有的合法财产，维护社会秩序，保障公民的人身权利、民主权利和其他权利；④ 保护各种经济组织的合法权益；⑤ 保障少数民族的权利和尊重少数民族的风俗习惯；⑥ 保障宪法和法律赋予妇女的男女平等、同工同酬和婚姻自由等各项权利；⑦ 办理上级人民政府交办的其他事项。

（三）基层政府的组成及任期

基层政府的组成相较于其他层级政府更为简单：乡、民族乡政府由乡长和副乡长组成；镇政府由镇长和副镇长组成。副镇（乡）长一般有 3—4 人，主要是协助镇（乡）长工作。乡、镇政府的会议不区分常务会议和全体会议，乡长、镇长一般兼任同级党委副书记。基层政府人员的任期一般为 5 年。

七、派出机关

派出机关是县级及县级以上地方政府根据实际工作需要，依法在特定区域内派驻的管理机关。派出机构的设置、撤销、驻地、更名、管辖范围等均由设立派出机关的地方政府依法审批。派出机关和地方政府具有本质的差别，派出机关不设人民代表大会，不是一级政权组织。派出机关的管理权限和管辖范畴划定都由设立派出机关的地方政府决定，因此派出机关在一定程度上是其设立机关的权限延伸。我国有代表性的派出机关有地区行政公署、区公所和街道办事处。

（一）地区行政公署

地区行政公署（盟行政公署），简称“地区”，是省、自治区政府经中央政府批准设立的派出机关，其行政级别相当于地级市和自治州。地区行政公署的主要职责是代表派出地方政府管理、指导、监督所属县级政府的工作，并完成上级政府交办的各项事务。地区行政公署设专员 1 人，副专员若干人，其人选由派出地方政府委任。地区行政公署设置与派出地方政府相对应的行政机构，如财政、公安、民政等，负责履行地区内的行政职责，并指导、监督、协助所辖县级政府及相关机构的工作。据《中国统计年鉴 2021》，截至 2020 年底，我国还有 7 个“地区”（不含香港、澳门、台湾地区）。

中华人民共和国成立前，党就在革命根据地设立了行政公署，作为根据地的地方政权机关，领导所辖地区的各项工作。中华人民共和国成立后，中央政府保留了行政公署建制，并改其为地区专员公署，作为省级政府的派出机关。1954 年一届全国人大召开后，宪法及相关法律规定，经国务院批准，省级政府在必要时可以设立专员公署，作为其派出机关，实行特定的行政管理工作。“文化大革命”期间“专区”改为“地区”，成为一级实体的政权机关，不再是省级政府的派出机关。1978 年宪法规定，省“革委会”可以按照地区设立行政公署，作为自己的派出机构。地区专员公署正式改为地区行政公署，成为省级政府的派出机关。1982 年宪法及相关法律将地区行政公署明确为省级政府的派出机关，其不再属派出机构性质。20 世纪八九十年代，随着地市合并、“市领导县”体制的推进，地区行政公署逐步减少。目前存在的地区行政公署主要在边疆地区，如大兴安岭地区行政公署、阿里地区行政公署、喀什地区行政公署、和田地区行政公署、塔城地区行政公署等。

地区行政公署作为我国政府层级中“虚实”变动的一级行政建制，在特定时期发挥了重要作用，它分担了省级政府的管理压力，加强了市、县政府的统筹管理，保证了中央和省级政府决策执行的贯通性。

（二）区公所

区公所是县级政府的派出机关，由省级政府批准设立，从行政层级上看，它介于县级政府和乡镇基层政府之间。区公所的主要职责是代表县级政府对乡、民族乡、镇、苏木、民族苏木等基层政府的行政工作进行指导和监督，并办理上级政府主管部门交办的事项。区公所对县级政府负责并向其报告工作。区公所设区长1人，副区长若干人，协助区长工作。据《中国统计年鉴2021》，截至2020年底，我国有2个区公所（不含香港、澳门、台湾地区），分别是河北省张家口市涿鹿县南山区公所、新疆维吾尔自治区喀什地区泽普县奎依巴格区公所。从我国政府治理的角度来看，区公所基本上已经退出了历史舞台。但是客观地说，从中华人民共和国成立初期到改革开放时期，区公所在稳定农村、管理农村经济社会事务方面发挥了积极的作用。

（三）街道办事处

街道办事处是市辖区和县级市政府的派出机关，其行政层级相当于乡镇，直辖市市辖区设立的街道办事处在行政层级上相当于县，下设若干社区居民委员会或少量的行政村。街道办事处受设立其的市辖区和县级市领导，其行政权限由市辖区和县级市依法赋予。街道办事处主要管辖辖区内的基础性行政管理工作，核心行政职能为管理、协调、执行和指导。《中华人民共和国地方各级人民代表大会和地方各级人民政府组织法》对街道办事处的职能有明确的规定，具体而言主要是办理设立其政府交办的各项事务，完成基础公共产品和公共服务的供给，履行城市基础行政管理职责，指导社区工作并反馈居民的建议和诉求。通俗地说，居民“家长里短”的事务都在街道办事处的职责范围内。街道办事处设主任1人，副主任若干人，副主任协助主任工作。街道办事处主任、副主任均由设立街道办事处的政府任命。

街道办事处的设立有法定的标准。街道办事处的设立标准由省级政府民政部门会同本级政府有关部门拟定，报省级政府批准。省级政府在批准设立标准的同时，报送中央政府备案。根据《中华人民共和国地方各级人民代表大会和地方各级人民政府组织法》的相关规定，街道办事处是市辖区、县级市政府设立的派出机关，因此其具有较强的“市管”属性。随着我国城市化进程的加快，许多县的经济发展较快，规模不断扩大，因而也设立了一些街道办事处。如：2016 年浙江省德清县设立武康、舞阳、阜溪、下渚湖等街道；2019 年贵州册亨县行政区划调整后从原者楼街道析出部分村寨，设置高洛街道。值得注意的是，我国不设区地级市可以直接设置街道办事处，如广东省东莞市，但是其在市和街道办事处中间设“区办事处”来代替市辖区政府职能，这是较为特殊的案例。还有北京近郊的一些地区仍旧保留原来的乡镇建制，乡镇政府加挂“地区办事处”牌子，乡镇以下的区划单位以社区为主。这些都是街道办事处在特定行政区划下的特殊性变通。

街道办事处是我国城市管理的“末梢”，在基层政府治理中担当着不可缺少的重要角色。当前，街道办事处承担了我国城市基层管理中大量的基础公共服务性事务，涉及民政、治安、交通、卫生等。同时，街道办事处还肩负社区综合治理、化解基层矛盾、巩固基层政权、提高公共服务供给水平等任务。可以说，街道办事处是我国城市治理的重要抓手。

第三节　政府的“条块”结构

“条块”结构是我国政府体系的基本结构之一，也是我国政府运行的一种形式。“条块”结构的生成与我国政府体系建构及政府机构设置有密切的关系，是我国政府管理的基本框架。

一、政府“条块”结构概述

（一）政府“条”的结构

所谓“条”就是指不同层级政府间上下对口部门机构和垂直管理部门上下级之间的关系。上级政府设置机构，下级政府也对口设置，就形成了纵向上的“条”的结构。当前，我国政府“条”的结构主要体现为以下两个方面。

1. 各级政府职能部门机构之间的对口关系

各级政府都会设置职能部门和机构来负责各类行政事务，如民政、财政、交通、教育、卫生等事务，而各级政府职能部门机构之间通常是“对口”的。如江苏省设民政厅，南京市会设置民政局，南京市的市辖区会也会设置民政局，这样从纵向上就形成了“条”的关系。这类部门和机构从行政编制上还是属于本级政府且接受本级政府的直接领导，在业务上则接受上级政府对口部门的指导，同时也对下级政府对口部门进行业务指导及监督。因而，各级政府职能部门和机构在人事、财权等方面都由本级政府控制，在业务上与上下级政府对口部门间仅保持指导、协调、监督、协作等关系。

2. 垂直管理部门之间的上下级关系

垂直管理是指一个部门的各级单位从上到下在行政和业务上均实行垂直领导，是“直线型”结构。垂直管理部门是我国政府“条”的结构的重要表现形式。在政府管理过程中，垂直管理部门除了部分机构的党组关系归地方党委管理外，其余所有的关系，包括党组织关系都由上级政府直接管理。垂直管理部门的人、财、物在一定程度上可以说是独立的，不受地方政府和其他部门的制约。同时，地方政府对于设在其辖区内的垂直管理部门只有协管权和监督权，无权对其行政管理和业务工作进行干预。目前税务、海关、央行等都属于垂直管理部门。垂直管理部门在形式上非常独立，但是在实际政府管理过程中依然无法完全跳出属地政府的影响，这也是我国政府“条块”结构生成的一个重要原因。

除了上述两个主要方面“条”的结构外，中央政府与地方政府间关系、中央政府职能部门与地方政府间关系、上级地方政府职能部门与下级地方政府间关系等都可以纳入广义的“条”的结构框架之中。

（二）政府“块”的结构

各级政府的各职能部门和机构组成我国政府“块”的结构。我国政府的“块”就是依据行政层级而建立的各级地方政府。地方政府的组成部门、办公机构、直属机构、部门管理的行政机构、直属事业单位等是我国政府“块”的结构的主要体现，其属地管理特征较强。

二、“条块”结构的生成

“条块”结构实际上是政府间关系的一种“投影”，中国政府在纵横两个向度上互相作用，造就了“条块”结构。从横向上来看，广义上的政府主要是由行政机关、立法机关、司法机关等构成，而狭义上的政府则是指行政机关及职能部门。而纵向上，较大的范畴是政府间纵向关系，而具体的范畴则是指政府机构在纵向上的各类关系，包括垂直管理、业务指导、工作合作等。无论是广义的政府，还是狭义政府，在政府间关系的框架内，都会形成“条块”特征。这是中国政府“条块”结构的重要成因。

中央与地方关系从中国政府机构设置的角度来看，更多就是中央政府与省级政府的关系，中央与地方政府机构设置的差异也通过中央政府与省级政府关系体现得最为明显。我国各级政府机构设置上呈现出较为明显的“同构”性。这主要体现在地方政府，特别是省级政府的机构设置基本以中央政府机构设置为模板，其机构体系是中央政府在地方政府的“投射”。而省级以下各级政府都是在省级政府机构设置的基础上逐级参照设置。因此，地方政府在机构设置上与中央政府呈现出“大同小异”的情形。一般而言，中央政府设置了何种类型的机构，地方政府都会设有相应的或类似的机构。如中央政府设置有办公厅、财政部、民政部、国家发展和改革委员会等机构，地方政府机构设置中也都对应设置相应的机构。也有一些特殊的机构部门为中央政府独有，地方政府并不进行对口设置，如外交部。不过地方政府也会根据政府职责和行政事务的需要设置相应的办事性机构，如“外办”等。还有一些部门，地方政府会对应具体的职责要求，根据中央政府相应的机构设置进行职责性的对口设置，如中央政府设有国防部，地方政府通常会根据相应的职责要求设置“人武部”。除了行政机构之外，立法、司法、检察等机构在地方政府中均对口设置，呈现出了纵向层级上政府的“同构”性，也体现了我国政府间关系中的机构“对口”特征。

每一层级政府都设置相应的职能部门与办事机构，组成政府的核心运行主体。同时，每一行政层级的大部分机构都是由相应的属地政府来管理的，比如某市的财政局、民政局等。因此，从一定的意义说，每一层级政府本身也类似一个缩小版的中央政府，但是其管辖权限和具体职能是以其行政区划为范畴的，并且受到上级政府的领导和制约。但是这并不影响地方政府及其职能部门形成“块”，并成为属地管理的核心角色。每一层级地方政府职能部门都有其“上下对口”的机构部门，如省财政厅与市财政局。其关系主要是上下层级政府中对口的职能部门的业务指导与被指导的关系，一些特殊的部门会具有领导与被领导的特征，如公安部门。同时，政府机构中还有垂直管理机构，虽然垂直管理机构在每一层级政府的机构设置上与地方政府没有直接关系，但是在不同地方政府的行政辖区中，其不可避免地也会与之发生关系，这就形成了中国特色的政府机构的“条块”结构。归纳而言，政府机构“条块”结构的特征可以被概述为“以‘条’为分割的‘块’”和“以‘块’为基础的‘条’”。因此，政府间关系呈现出以“条块”为基础的“上下对口、左右对齐”的“网络化”形态。

三、政府“条块”结构的现状分析

政府“条块”结构是一个纵向与横向交织的网络化体系，呈现出多维度的特点。政府行政权力在纵向上的层次划分与横向上的职责划分形成了政府“条块”结构的基础。因此，从这个角度出发，政府“条块”结构大致可以从中央政府机构与地方政府的关系、垂直管理机构与地方政府的关系、垂直管理机构间的关系这几个方面加以分析。

（一）中央政府机构与地方政府的关系

中央政府机构包括中央政府的组成部门、直属机构、办事机构、议事协调机构等一系列部门，一般情况下其在行政级别上与省级政府平级，在与地方政府关系层面也多是与省级政府直接发生关系。从行政性质的角度来看，中央政府机构属于业务主管部门，一般负责具体的行政事务及对应业务。而省级政府及其他地方政府主要是负责管理特定行政区划内的行政事务。两者之间没有行政隶属关系，只是单纯的协作关系。但是中央政府机构可以通过一系列的具体方式来影响地方政府的具体行政过程，使中央政府的理念通过相应机构向地方政府传达。

国务院组成部门和具有行政管理职能的直属机构等可以根据相关法律法规，在本机构的权限范围内向地方政府及相应机构发布指示、命令、行政法规等。一般情况下，特定的中央政府机构在地方上都有业务对口的相应机构，它们成为其与地方政府联系的窗口。同时，在所涉及事务出现跨部门、跨机构的情况时，所涉及的部门或机构可以根据职权范围，在提请国务院批准的情况下，联合制定行政法规或规章。这类行政法规和规章是具有法律效力的，在全国范围内具有行政权威，各级地方政府及相应机构需要遵守中央政府机构制定发布的行政规章。同样，各省级政府、直辖市政府也可以根据法律法规制定地方政府规章，并且在其行政区划内也具有相应的行政权威与行政效力。不过，当地方政府规章与部门行政规章发生矛盾或内容出现不一致时，并非是地方政府规章给部门行政规章“让路”，而是由国务院进行行政裁决。当国务院认为地方政府规章更加合理适用时候，部门行政规章需要“让路”地方政府规章。而如果部门规章更加适用或矛盾无法简单判断时，也可以提请全国人大常委会裁决。另一方面，中央政府机构可以通过通知、通报、会议等形式与地方政府及相关机构发生联系。同时，地方政府及相关机构也可以根据某方面的业务向中央政府机构请示、报告、请求协作等。这种互动关系是中央政府机构与地方政府间关系的另一个表现形式。不过，中央政府机构在地方政府未执行其合法规章或不配合具体业务实施时，可以适时采取一定的强制措置。

中央政府机构还可以通过法律手段来规制其与地方政府的关系。因为中央政府可以向全国人大及其常委会提出具体的法律法规草案，而中央政府提请全国人大审议并通过的法律法规草案很多都是由各具体机构部门负责草拟的，因此各机构部门就会在涉及具体事务的法律文本中融入本机构行政意向和业务理念。在遇到跨部门法律法规制定时，一般几个机构部门会共同起草相关法律法规草案。中央政府机构的这个优势，使其在对地方政府的过程影响上占据了较大的主动权。不过地方政府也可以通过类似的方式使其理念作用于中央政府机构。地方政府可以通过全国人民代表大会，以《中华人民共和国全国人民代表大会和地方各级人民代表大会代表法》为基础，由人大代表提出议案或者对中央政府各部委提出质询。受到质询的中央政府机构必须进行书面或口头的答复，再由人大代表审议。如果代表审议半数以上对答复不满意，可以要求受质询的机构再次答复。需要说明的是，虽然这是人民代表大会制度和相关法律规定的合法程序，但是在具体的行政实践中并不是经常使用。另外，地方政府还会通过一些特殊办法与形式来和中央政府机构发生联系，如设立“驻京办”等。

（二）垂直管理机构与地方政府的关系

垂直管理机构与地方政府的关系从本质上来看是中央政府机构和地方政府关系的另一种体现形式，但是在具体政府管理过程中却发挥了不一样的作用。所以，需要将垂直管理机构与地方政府作为特殊的“条块”关系的呈现形式来进行分析。

垂直管理机构与地方政府的关系首先体现在配合与监督层面。垂直管理机构是中央设在地方从事专项行政业务的机构，地方政府需要积极配合垂直管理机构的日常工作。同时，地方政府也需要对设在其辖区内的垂直管理机构进行一定程度的监督，确保其具体行政过程符合地方政府规章的基本要求。《中华人民共和国地方各级人民代表大会和地方各级人民政府组织法》第八十四条明确规定，省、自治区、直辖市、自治州、县、自治县、市、市辖区的人民政府应当协助设立在本行政区域内不属于自己管理的国家机关、企业、事业单位进行工作，并且监督它们遵守和执行法律和政策。这充分体现了地方政府对垂直管理机构在业务工作上的配合与行政过程中的监督。

垂直管理机构与地方政府另一个重要的关系体现在协同方面。所谓协同，实际上就是垂直管理机构与地方政府的“伙伴”式关系。垂直管理机构本质上是中央政府设在地方管理具体事务的“代办处”，虽然会存在地方政府行政级别高于垂直管理机构的情况，但是从行政管理职权范围的角度出发，地方政府对垂直管理机构中的具体的“条”实际是不具有管理权限的。所以，这就需要通过协同的方式来开展具体工作，如省级政府与垂直管理机构的关系一般情况下是通过省政府领导、对口联系的方式来协同。省长、常务副省长、副省长等结合具体分管的地方行政事务，通过分工对口联系特定的垂直管理部门，实现地方政府与垂直管理机构的协同。另一方面，因为垂直管理机构实际事务的开展是在地方政府的辖区内进行的，众多具体的事务需要地方政府来具体协调与配合，要依靠地方政府解决一些问题。所以，任何垂直管理机构都会或多或少地与地方政府发生协同关系。

（三）垂直管理机构间的关系

垂直管理机构之间的关系即“条”之间的关系，其主要分为两个方面：一是上下级垂直管理机构间的关系，二是同级垂直管理机构间的关系。只有实现这两方面关系的协调，才能够实现垂直管理机构间关系的协调。

上下级垂直管理机构间关系不同于“块”方面的上下级关系。垂直管理机构的“根”在中央，垂直管理机构的下级实际上是中央政府逐级下派的专门性事务性机构，其依据政府行政层级逐步向下延伸，一直深入基层政府。这样从中央到地方就形成了相应职能部门的对口协调，并且与不同层级的“块”发生关系。不同类型的垂直管理机构的上下级关系表现形式是不同的。一般情况下，在业务方面专业性较强的垂直管理机构，上级机构对下级机构具有较强的领导权，一般同级政府对其影响力较弱；而专业性相对较弱的垂直管理机构，在上级机构领导的同时，同级政府也会对其具有一定的影响力。另一方面，垂直管理机构向基层延伸较深或机构设置范畴较宽的，其上级机构的领导力较强。

同级垂直管理机构之间的关系是依据不同垂直管理机构类型而发生的。同一层级上，不同类型的垂直管理机构会因为其本身的业务性质和行政地位的差异而出现不同的关系。如有的垂直管理机构具有较为独立的法律地位和行政主体性，而有的垂直管理机构则不具有法律意义上的主体地位。有的垂直管理机构可以由同级人大进行任免或上级机构直接决定，而有的垂直管理机构则需要由上级领导机构和同级政府共同协商而定。基于这样的现实情况，同级垂直管理机构之间的关系大致可以呈现出以下几种形式：一是并列关系，即垂直管理机构之间因为业务相对独立，各自履行相应的职责，不发生直接的关系。二是协作关系，即垂直管理机构之间存在一定业务上的联系，或共同履行相应职责，或为了完成某一特定事务而进行协作。三是特定条件下的指导或领导关系。因为垂直管理机构的领导人的党政权力身份可能会存在不一样的情况，所以这会直接影响到垂直管理机构在行政权力方面的影响力，进而在不同机构进行合作或竞争时，会产生非常规性的指导或领导现象。四是竞争或矛盾关系。在特定的情况下，垂直管理机构间也会产生正常的竞争关系或矛盾关系。这种关系可能是具有积极性或中性的，也可能会造成一定的负面效应。一般情况下，当垂直管理机构之间出现矛盾且矛盾不可调和时，上级主管部门会进行统一协商处理。

CHAPTER TWO

第二章 政府职能

自从国家和政府出现以来，政府职能就始终是其发展中最为基本的问题。20世纪初期至第二次世界大战结束，世界格局重组，现代政府开始形成。现代政府的形成使政府职能也发生改变，职能分类更加细化，职能的价值定位更加多元。同时，政府职能方面的各类问题也更加突出。政府职能是现代政府运行的主要依据，现代政府运行过程也是在职能体系下发展的。所以，对现代政府职能的分析和研究是政府职能理论研究的核心内容，也是现代政府理论的研究重点。改革开放后，随着经济体制改革的推进和市场经济制度的确立，我国政府职能及其转变成为政府建设与发展的重要研究内容，并深刻影响政府治理现代化的进程。

第一节 政府职能的基本概念

要对政府职能进行研究和分析，首先需要厘清政府职能的概念，明确政府职能到底是什么。政府通常有“广义政府”和“狭义政府”之分。广义的政府是履行立法、行政、司法等一系列公共权力的机关的总称。而狭义的政府则专指行政机关。本书探讨的政府职能主要是国家行政机关所履行的各类职能，即狭义上的政府职能。政府职能的履行实际就是政府基于国家政权，通过公共行政方式来实现公共管理的目标，维护国家的基本秩序，推动经济和社会发展，服务社会民众，实现国家治理现代化。现代政府的职能从本质上说依然反映国家的阶级属性，是统治阶级维护阶级统治的体现。当前我们在学术研究和日常生活中所说的政府职能基本上都指现代政府职能。

一、政府职能的通识性含义

政府职能是一个与公共行政权力直接相关的概念，其含义的核心点在于明确解释现代政府在公共行政的过程中“应该做什么”的问题。将政府职能放置于公共行政中的现代解释框架中，政府职能包含政府功能和政府职责两个方面。政府功能主要是指政府职能中具有较强“规范性”的内容，如国家与社会的关系、政府与市场的关系、政府在社会公平和正义中的作用等。同时，政府职能中与国家职能具有较强“复合性”的部分也可以划入政府功能的范畴内。而政府职责主要是指在中观、微观层面，即政府应该履行哪些责任，承担哪些义务，拥有哪些权力，以及在现代社会系统和经济发展中政府具体应该做什么和不应该做什么等，政府职责是政府职能权责关系的体现。政府功能和政府职责共同构成了现代政府职能。

政府职能是一个宽泛的概念。世界各国历史发展、政治制度、文化传统、社会习俗等各不相同，因此政府职能从内容、表现、作用、规范等方面都存在较大差异，即使在同一个国家或地区，不同时期的政府职能也会产生很大差别。同时，不同国家和地区主要领导人或执政团体主观上认识的差别，也会使政府职能在现实中出现较大的差异。但是，通过综合分析，可以对现代政府职能的共性进行归纳总结，并对其做一个概括性的定义：政府职能是国家行政机关在国家权力主体赋权下，依据宪法和法律的规定，通过行使公共行政权力，对国家政治、经济、社会等各方面进行综合治理的各项任务的总称。政府职能涵盖了行政机关应该履行职责的内容和承担权利义务的范畴，同时也包含行政机关履行职能的方式、能力和时效等问题。现代政府职能从形态上看，可以分为静态与动态两个方面。静态的政府职能主要是指宪法和法律法规规定的政府功能和政府职责。而动态的政府职能是指在宪法和法律法规的规范下，政府运用公共权力履行国家治理和公共管理职能的具体过程。静态与动态的政府职能共同构成了现代政府职能的形态。

在界定政府职能的含义后，政府职能的几个重要相关性要素得以明确。第一，国家是政府职能的基础性要素。政府职能是基于国家的产生而产生的，因此，政府职能必然与国家“捆绑”在一起，也随着国家职能的变化而变化。同时，政府职能作为国家统治阶级意志的体现，其本质属性始终是阶级性。因而，对于现代政府职能的分析与研究不能脱离“国家”这一基础性要素。第二，公共行政的价值为政府职能的确立提供了标准。公共行政的价值理念和道德标准是政府职能设置的前置条件。受公共行政价值的影响，现代政府职能已经形成了总体上的共同价值定位，如：政府应该为社会公众或人民群众服务；政府应该保障国民生命、财产安全及基本尊严的保障；政府应该推动经济与社会的良性发展；政府行政应该具有社会公共道德和行政伦理；等等。公共行政的价值在一定程度上也为政府的存在提供了必要依据。但是在具体的政府运行过程中，现实履行与价值预设还是会存在一定偏差的。同时，因为不同国家的政治制度和文化传统的差异性，政府职能的价值定位与现实履行也存在一定差异。第三，公共政策是政府职能的表现形式。政府职能的理论性转化为公共行政的实践性需要通过公共政策来实现。因此，公共政策就成为政府职能的主要体现形式，其有效性直接决定了政府职能履行的现实效果。但是公共政策在很多情况下并不能直观地体现政府职能的价值定位和目标要求，因为其所受到的影响因素有很多，如决策者信息获取的程度、执行者主观的意愿、政治环境与政党理念、社会团体或组织的影响作用等，这些都会使公共政策的现实有效性发生不同程度的变化。

二、我国政府职能理论的研究进程

“政府职能”出现在中国政治学与行政学话语体系中的时间其实并不长，在 20 世纪 80 年代之前，我国其实并没有真正意义上的“政府职能”概念及表述，相应的表达多为“国家职能”或“国家的基本职能”。在当时，对于“职能”或“国家职能”的论述主要是在马克思主义哲学教材的关于历史唯物主义的相关内容之中，具有高度的理论抽象性。在关于“职能”或“国家职能”的定义和分类上，我国长期沿用斯大林对“国家基本职能”的界定，将其分为“国家的对内职能”和“国家的对外职能”。[①]在 20 世纪 80 年代初期，政治学和行政学逐步恢复，但依然没有明确的“政府职能”的研究论述，多数沿用“国家职能”的概念。

20 世纪 80 年代中期，我国学界开始提出国家职能具有阶级性和社会性两方面属性的观点，并据此对国家职能的概念进行细化。如认为国家在

① 中共中央马克思恩格斯列宁斯大林著作编译局编：《斯大林选集》（下卷），人民出版社 1979 年版，第 468 页。

保证阶级性事务的同时，社会性事务开始逐步增加，国家在社会管理方面的职能比重逐步提升。这一时期，有学者明确提出国家职能应该具有两重性，认为国家阶级性的本质和具体的国家职能其实是两个不同的概念，[①]且国家的政治职能和社会职能是对立统一、相互依存的。[②]还有诸多学者围绕国家职能两重性及社会管理职能地位的问题提出各类见解和分析。但从总体来看，这一时期的相关论述依然是围绕"国家职能"展开的，并没有引入"政府职能"的表述。亦可以说，这一时期关于"职能"问题的研究依然将"国家"和"政府"混为一谈。

20世纪80年代中后期，"商品经济"和"经济体制改革"成为改革和发展的主题。在此背景下，"政府职能"开始进入官方话语体系。1984年，中央正式提出实行政企职责分开，正确发挥政府机构管理经济的职能，这是第一次将"政府"与"职能"放在同一语境下。1986年，中央关于第七个五年计划的报告中明确提出"政府职能转变"的表述，这是"政府职能"首次在官方文件中出现。1987年，党的十三大明确提出政府要调整管理企业的方式，特别是强调政府对企业的管理要从直接管理向间接管理转变，并进一步强化政府职能及其转变的理念。在1988年的机构改革中，政府职能的概念被广泛运用于改革实践之中，政府职能转变也开始逐步推进。

20世纪90年代初，社会主义市场经济体制确立，我国开始进行周期化、系统化的政府机构改革，政府职能的概念开始从学界、政界向社会拓展，社会各界普遍接受了"政府职能"的提法。但是这一时期关于政府职能的概念界说依然模糊，如把属于国家的职能行为、功能表现、运行方式等都纳入政府职能的范畴中，这些给具体研究及实践造成一定的障碍。1998年的机构改革力度空前，这使得对政府职能及其转变的理解与认识推到一个全新的高度。这次机构改革中，政府职能的概念开始发生细化，即将政府职能分为"政府功能"和"政府职责"。但是，政府的功能与职责具体如何界定，一时还没有统一的定论。2003年的"非典"使政府职能转变中的"公共服务"和"社会管理"部分得到凸显，开始成为政府职能转变的重要内容，丰富了政府职能的内涵。同时，2003年和2008年的机构改革分别从细化职能和整合职能的角度对政府职能转变进行实践性创

① 张广芳:《试论国家职能的两重性》,《广东民族学院学报（哲学社会科学版）》1983年第1期。
② 田穗生:《国家的两种职能及其关系》,《社会科学》1984年第4期。

新，为丰富政府职能概念，拓展政府职能范畴奠定了基础。

进入21世纪，我国政府理论研究快速发展，关于政府职能的专题研究也不断深化。2007年，党的十七大报告中明确提出“健全政府职责体系，完善公共服务体系”，这是“政府职责”作为独立的话语第一次被写入党和国家的重要文件之中。2012年，党的十八大报告强调要在稳步推进部门体制改革的基础上，健全部门职责体系。2013年，党的十八届三中全会发布《中共中央关于全面深化改革若干重大问题的决定》，首次提出要规范划分央地职责，推进国家治理体系和治理能力现代化。2018年，党和国家机构的整体性改革，将政府职责体系建设融入国家治理现代化的发展进程之中。2019年，党的十九届四中全会明确提出“优化政府职责体系”，自此“政府职责”正式得到官方、学界和社会各界的认可，并成为政府职能研究的重要领域。2020年，党的十九届五中全会审议通过《中共中央关于制定国民经济和社会发展第十四个五年规划和二〇三五年远景目标的建议》，提出“构建职责明确、依法行政的政府治理体系”，政府职能转变及政府职责体系建设成为我国政府未来发展的重要内容。2021年，党的十九届六中全会通过《中共中央关于党的百年奋斗重大成就和历史经验的决议》，其中提出“党和国家机构职能实现系统性、整体性重构”，这表明政府职能的内涵与外延进一步拓展到党和国家机构的整体职能上。基于此，我们可以明确我国政府职能的概念在经济社会发展的大背景下不断丰富和发展，并可以清晰地界定为其是由政府功能和政府职责共同组成的综合性概念。

三、我国政府职能的认识问题

针对政府职能的认识虽然取得了较大的一致，但是依然存在一些偏差和问题。只有充分认识并正确分析相关偏差和问题，才能对政府职能的概念进行科学、合理的界定。

第一，“政府职能”与“国家职能”在认识及运用上依然存在一定程度的交叉。虽然目前社会各界已经普遍接受了“政府职能”的提法，也注意到其与国家职能存在的不同，但是在很多时候，包括学界在使用“政府职能”时依然会出现与“国家职能”交叉的情况，造成对一些问题的理解和分析出现偏差。比如将国防、外交等一些国家的本质性职能不分层次地与政府职能等同，使政府履行国家国防职能的应然性等同于政府实际履行国防方面具体职责的实然性，这对于很多问题的研究是不利的。此外，很多时候会很“自然”地将一些政府的职能划入国家职能范畴中，引发一些认识的偏差。如电视媒体中的一些广告会说某某品牌是国家免检产品，这其中的“国家”其实是“政府”，政府才是质量检验职责的履行主体，而国家则更多是一种抽象性的主体。这虽然看起来有一些“咬文嚼字”，但是从学术严谨的角度来看，这确实是政府职能概念理解中存在的现实问题，需要由小见大地充分认识。

第二，政府职能的界说依然模糊。目前，政界、学界及社会各界都开始主动使用“政府职能”，并将其作为一个重要词汇进行广泛使用。但是在使用过程中，对于其内涵的把握还存在一定的欠缺，如把国家机器的一切活动、行动、功能、职责等都纳入政府职能的范畴之中，什么都能装到“政府职能”这个“筐”中。[①]还有目前对于政府职能的内容及政府职能转变的方式也存在相应的界说模糊现象。如提及政府职能中的公共服务职能的转变，很多人认为办事部门服务态度好，笑脸相迎就是“服务”了。其实，若办事效率依然很低，那态度再好也不能算是公共服务职能实现转变。这些都是政府职能界说模糊的体现，需要充分认识，并逐步化解。

第三，政府职能的概念过于宏大，对政府具体行政的指导性偏弱。目前，无论是理论阐释还是行政实践，都存在政府职能概念过于宏大的问题，这对于政府职能转变及政府改革与发展是不利的。虽说政府职能的概念本身就具有一定的宏观性，但是在内涵的界说上需要进行规制，不能使其过于宏大。如将政府职能与政府过程混在一起，把政府过程中常规的动态性变化都认为是政府职能转变的反映，这显然是不太合理的。另一方面，政府职能概念的过于宏大会造成具体的行政过程出现“痛点”。如政府职能理论上的模糊，使政府职能细化及转变产生障碍，中央到地方各级政府间的职能配置和职责分工就会模糊。同时，在这样的情况下，有时虽然可能在理论上解释清了，但是一到实践层面就又模糊了。质言之，这就是可以明确政府“应该做什么”，但是没有明确“由谁来做”或“具体怎么做”的问题。

针对上述政府职能认识中存在的问题，需要通过对政府职能的概念

---

① 朱光磊等:《政府职能转变研究论纲》，中国社会科学出版社 2018 年版，第 3 页。

界定和结构分析来解决，将政府职能进一步细化，梳理其内在理论，重塑其外在形态。

四、我国政府职能的概念界定及组成结构

通过上述分析，我们可以明确政府职能即政府的行政职能，是国家行政机关为实现国家意志，保障国家利益，在一定时期内，根据经济社会发展的需要依法对国家政治、经济、文化、社会等各方面事务进行管理的功能与职责的总称。政府职能是政府运行的基础要素，一切行政行为都是政府职能的体现。政府职能可以分为政府功能和政府职责。政府功能主要是明确政府“应该做什么”的问题，其主要是履行国家职能范畴内的具体职能。而政府职责主要是明确政府中的各部分“具体做什么”和“具体怎么做”的问题，属于政府行政管理层面的职能履行。基于对政府职能概念的界定和细化，可以将其组织结构框架大致分为三个层面。

第一，总体层面。政府职能是一个整体，但可以细化为两大类、多层次。政府职能是政府行政管理活动及机构设置的主要依据，是政府运行的导向要素。政府职能具有较强的时代性和动态性，是经济社会发展中政府所应承担的各类任务的具化体现。同时，政府职能是一种实体性的行为，有明确的客体，作为其实现，要有相应的结果。① 因此，政府职能具有整体性特征，但也可以根据现实的需要细化分解。基于经济社会发展的现实需要，政府职能在类别和层次上可以进行适当划分。类别划分的依据是特定时期政府职能的现实需求和基本属性，而层次的划分则可以根据政府行政层级和机构设置规则来进行。

第二，类别层面。政府职能可以分解为政府功能和政府职责。要对政府职能做深入细致的研究，实现现代政府职能的有效转变，就需要对政府职能进行分解。前文所述，可以将政府职能分解为政府功能和政府职责两大类。政府功能主要是指政府职能中相对原则性的内容，如处理中央与地方关系、调节社会公民与效率等，同时，也包括较为笼统的宏观性职能，如国家职能层面的内容等。政府职责主要是指政府职能中相对具体的部分，如经济调节的方式、社会管理的模式等。政府职责也包括相应职责“具体由谁来做”和“具体怎么做”的问题。现代政府职能体系繁杂，因此通过

① 朱光磊主编：《现代政府理论》，高等教育出版社 2006 年版，第 73 页。

对政府职能进行分类分解，可以解决政府职能的概念过于笼统的问题。

第三，层次层面。政府功能和政府职责依据行政层级和机构设置进行体系化。政府职能在分解细化后，需要进行再整合并形成相应的体系，才能够有效服务于政府建设和发展的需要。政府功能，如基础功能、发展功能等方面相对稳定，体系建构较为方便。而政府职责的动态属性较强，可以依据行政层级和机构设置建立纵向政府职责体系和横向政府职责体系，并结合其他方面要素整合为整体性的政府职责体系，形成“政府职责清单”，并适时更新调适。政府功能和政府职责的体系化是政府治理现代化的基础条件和重要支撑。

依据十九届四中全会《中共中央关于坚持和完善中国特色社会主义制度、推进国家治理体系和治理能力现代化若干重大问题的决定》中有关优化政府职责体系的相关内容，根据现阶段经济社会发展的需要，我国政府职能的内容从总体上可以归纳为五个方面。

（一）经济调节

政府的经济调节职能是政府宏观调控的具体体现。经济调节主要是指建设并完善宏观调控体系，加强对经济发展的科学研判，制定经济调控的总体目标和政策取向，保证国民经济健康、可持续地发展。政府经济调节职能的履行主要是依靠经济手段和法律手段，行政手段发挥辅助性作用。具体而言，我国政府经济调节的职能主要包括：制定财政、金融等方面的各项财政政策，调整经济产业布局，构建经济发展规划，建设经济发展协同机制，优化国民经济结构，协调社会总需求和总供给，完善宏观调控体系，保障经济的稳定发展；加强城乡统筹发展，缩小城乡发展差距，打破区域间经济壁垒，促进区域经济合作，保障经济发展的平衡性；调整国家进出口产品结构，优化市场结构和地区经济结构，促进就业，保证物价稳定，实现国际收支平衡；等等。总而言之，政府经济调节职能的目标是保证国民经济持续、稳定、健康地发展。

（二）市场监管

政府的市场监管职能是社会主义市场经济体制发展的要求，也是现代政府的基本职能。市场监管职能要求政府依法监管市场，保证市场准入与退出机制的科学性，建立并维护统一开放、竞争有序的现代市场体系。具体而言，市场监管职能主要包括：建立并维护市场运行规范，创造并维持竞争有序、公平公正的市场环境；强化对市场的事中监管，完善事后监管，在利用行政执法进行市场监管的同时引入社会监管、舆论监督及行业自律等方式；反对市场垄断及不正常竞争现象，维护市场主体的合法权益，保障市场的自由和法治；建立健全社会信用体系，在市场运行中实行信用监督和失信惩戒机制；统筹市场监管中的执法资源，建立综合执法体系，维护市场经济的秩序；等等。政府市场监管职能的总体目标是推动有效市场和有为政府的结合，促进中国特色社会主义市场经济体制的完善与发展。

（三）社会管理

社会管理是政府的基础性职能，社会管理职能履行的有效性直接关系到社会的稳定和发展。社会管理职能要求政府建立包括应急管理、治安防控、公共安全、社区治理等在内的综合治理体系，优化社会管理制度，强化管理能力建设，实现共建共治共享的社会治理格局。政府社会管理职能主要包括：完善社会管理相关的法律法规，优化具体政策的制定及执行，实现社会组织与社会事务的规范化管理；优化社会收入分配调节机制，保障就业，健全社会保障体系；完善社会矛盾化解机制，维护社会秩序和社会稳定；完善基层社会管理体制，建设现代城市社区治理组织和城乡基层群众自治组织；培育社会组织并引导其健康发展，充分发挥其社会管理的参与性作用；建立健全各类突发公共事件的应急管理机制，提高政府的应急管理能力；等等。政府社会管理职能的总体目标是维护社会公平正义，保障社会稳定，建构和谐的社会主义社会。

（四）公共服务

公共服务是现代政府的重要职能，其对于政府发展及社会治理的现代化具有重要意义。政府公共服务职能的主要内容包括：推进公共服务供给的均等化、便捷化和普惠化，不断提升公共服务的整体质量，实现城乡公共服务供给一体化；增强公共服务供给主体的多元化和多样化，优化公共服务供给的竞争机制，提升公共服务供给的市场化和社会化；建立健全公共服务供给的监督管理体系和绩效评估机制，实现公共服务供给的成本下降和质量提升；等等。政府公共服务供给的主要目标是健全政府主导、社会参与、全民覆盖、普惠共享、城乡一体、可持续的基本公共服务体系，增强基本公共服务能力，推进基本公共服务均等化。

（五）生态环境保护

生态环境保护职能是我国政府的新兴职能，是随着我国“绿色发展”

理念的形成而出现的。此前，我国政府虽一直有环保职能，但蕴含于其他职能之中，并没有成为一个独立的政府职能。生态环境保护职能，顾名思义是为了加强生态环境保护，其具体内容为：健全生态环境保护制度，完善环保标准规范，执行生态环境保护的法律法规及政策；完善生态环境保护的各项规划，推进“多规融合”和“多规合一”，实现各项规划及其执行的有机整合；统筹协调和组织全国及各地区生态环境保护工作，监督自然资源和人文资源的共同保护；合理使用和发展各类资源，保护物种多样性，维持自然生态平衡；建立环境监测制度，预防、控制、消除生态环境污染和破坏现象，调查处理公害，定期发布公报；加强生态环境保护技术方面的研究投入，提高生态环境保护的总体技术水平，普及生态环境保护知识，增强全民生态环境保护意识；强化生态环境保护方面的监督和执法，查处生态环境保护违纪违法问题；等等。生态环境保护职能以保护生态环境为核心，实行最严格的生态环境保护制度，力求构建政府主导、企业主体、社会组织和社会公众共同参与的环境治理体系，其总体目标是推进绿色发展，建设美丽中国。

第二节　政府职能的履行方式

政府职能的履行方式是行政机关发挥其基本作用的主要手段。我国政府职能的履行方式是随着政治经济体制改革和政府职能转变而不断变化的。政府职能传统的履行方式为行政方式和计划方式。在社会主义市场经济体制逐步完善的大背景下，经济方式和法律方式也成为政府职能履行的重要方式。政府治理现代化的进程中，市场化的公共服务购买也成为完善政府职能履行的辅助方式。

一、行政方式

行政方式是政府职能履行的基础方式，也是政府履行职能最为常用的一种方式。行政方式是指政府凭借行政权力，通过命令、指示、规章、规定、政策等具有强制性的方式，实现对政府职能范畴内的各类事务的管理。行政方式可以借助行政权力“渗透”到经济方式、法律方式等无法覆盖的领域，实现政府管理的精细化和微观化。但是行政方式会在一定程度上引发政府职能履行“过硬”等问题，影响行政效率的提升。当前，我国政府职能履行的行政方式主要包括审批许可、准入退出、特许禁止、产权界定、信息供给、标准制定等，其中行政审批是最为主要的行政方式。

我国政府的行政审批制度及其运行方式是在计划经济体制下形成的，具有较强的“制度惯性”。在社会主义市场经济体制确立后，党中央、国务院下发了一系列文件，逐步调整行政审批制度中不适用于市场经济体制发展的部分，优化了行政审批的效率，下放了较多的行政审批权。但是，行政审批依然是目前我国政府职能履行中最为主要的行政方式。据统计，我国有100余项法律、法规、规章对行政审批进行了不同程度的规定，其范围涉及自然资源、市场管理、文化旅游、公共卫生、城市管理、教育科技等各个方面。自2001年国务院下发关于行政审批制度改革工作实施意见的通知开始，我国就不断进行着行政审批制度的改革。截至2020年，国务院共取消或调整了近4 000项行政审批项目，其中直接取消的项目近3 000项，涉及发改委、公安部、科技部、民政部、文旅部等多个部门及其管理的行政机关。在“放管服”改革的大趋势下，随着行政审批制度改革进一步深化，行政管理过程进一步优化。

作为政府职能履行的基础方式，政府的行政行为依然在经济调节、市场监管、社会管理、公共服务和生态环境保护中发挥重要的作用，并且是最为行之有效的方式。所以，从实际出发，我们不能对行政方式一味地进行否定性的调整，而需要通过对行政方式的合理规制，使其在转变政府职能、维护市场秩序、优化经济调节等方面发挥切实的作用。

二、计划方式

政府职能履行的计划方式与改革开放前计划经济体制下的资源调配方式并非一个概念。政府职能履行的计划方式主要是指政府通过对现阶段经济社会发展和国内外形势的综合研判，对未来一定时期内的发展进行预测及规划的方式，其主要是明确未来一定时期内经济社会发展的总体方向、战略目标及配套政策，引导经济社会朝着计划的目标发展。从一定意义上来说，计划方式也属于行政方式的一种，但是其与传统的行政方式又存在较大差别。一方面，计划方式主要是以确立经济社会发展的计划或规划为目标，并不作出具体的管理性规定。另一方面，计划方式具有显著的宏观性和指导性，并不具有行政方式的直接性和强制性。

我国目前最为突出的计划方式即确立国民经济和社会发展的五年规

划。自1953年确立了第一个“五年计划”，此后便形成规律。2006年，长期使用的“计划”被“规划”取代，改为“五年规划”。“计划”调整为“规划”更加体现出社会主义市场经济的特征，但是从本质上来说其依然是政府职能履行的计划方式。国民经济和社会发展五年规划主要是明确经济社会发展的阶段目标和长期远景，规划国家重大建设项目、主要任务、具体举措及国民经济发展等问题，谋划经济与社会的综合性发展蓝图。在国民经济和社会发展五年规划的基础上，中央政府各部门、地方各级政府、各群团组织甚至国有企业及高校等，都会做相应的五年规划或发展规划，这充分体现了计划方式使用的广泛性和重要性。

三、经济方式

政府职能履行的经济方式是指政府依照市场规律，以经济调节为杠杆，对国民经济发展进行宏观调控，实现经济社会有序、稳定地发展。政府的经济方式中最为突出的手段就是通过财政政策和货币政策两种手段进行调控。所谓财政政策的手段就是指政府通过优化收支规模和结构、调整税种税率、增加财政补贴、增强财政投资等方式实现对经济发展的有效调节，保持国民经济的均衡发展。而货币政策的手段主要是指政府以调节货币供应量为基础，改变利率，调整投资导向，实现经济调节。货币政策的主要手段包括调整银行存款准备金率和再贴现率、调节货币供应量、提高或降低利率等方式。政府职能履行的经济方式从根本上来看，就是通过财政手段和货币手段对国民经济的总供给和总需求的关系进行调节，以实现促进经济发展的目标。当总供给大于总需求的时候，政府可以通过增加财政补贴及开支，降低税率，增加货币供应量等方式刺激消费，提升需求量，促进供需平衡；而当总供给小于总需求时，政府可以紧缩财政，提高税率，减少货币供应量，抑制市场过热，防止通货膨胀的发生。财政政策与货币政策相互协调配合，共同发挥经济调节的功能和作用。

政府职能履行的经济方式的主要承担主体为财政部和中国人民银行，但国家税务总局、发展和改革委员会等机构也能够在经济方式的运行中发挥较大的作用。财政部主要负责预判经济发展形势，参与制定并组织实施税收、债务等宏观经济政策，参与调节收入分配，承担中央各项财政收支管理和政府非税收入管理的职责。中国人民银行是我国的中央银行，其主要负责制定和执行货币政策，防范并化解金融风险，维护国家金融稳定。

国家税务总局主要负责国家税务工作，参与制定国家税法及各项税收政策，承担税收征管及监督的职责。发展和改革委员会主要负责拟订并组织实施国民经济和社会发展战略、中长期规划和年度计划，统筹提出国民经济和社会发展主要目标等，其职责在一定程度上具有辅助宏观调控的作用。

四、法律方式

法律方式是政府职能履行现代化的标志。法律方式是指政府遵循已有法律法规或以行政立法的形式确定经济社会发展中的一系列规范和准则，主持制定并监督执行相关法律法规，通过制度化、规范化的方式保持经济社会中各方面的协同发展，维护国家利益，实现总体进步。法律方式的运用是政府法治化的具体体现，也是政府治理现代化的重要衡量指标。改革开放以来，我国通过各项改革不断推进法治政府建设，制定并实施了各项转变政府职能，推进政府治理现代化的法律法规，如：市场监督和规范领域的公司法、中小企业促进法、反垄断法等；金融监管领域的银行法、证券法等；生态环境保护领域的环境保护法等；社会管理领域的劳动法等；经济管理领域的土地管理法、电力法等。目前，我国已经基本建立了较为完备的政府职能方面的法律体系，为社会主义市场经济体制的完善和国家治理现代化的推进奠定了坚实的法治基础，也为建设法治政府提供了重要法律保障。

五、市场化的购买服务方式

市场化的购买服务方式又可以称为政府购买公共服务，其主要是政府依托市场机制，将原本由政府组织生产的公共产品和由政府负责供给的公共服务，按照法定的程序或方式，交由具备相关资质和条件的社会组织、事业单位或私人部门生产和供给，并依据合法条约向其支付费用的方式。市场化的购买服务方式是一种效率优先的政府职能履行方式，主要对应的是政府职能中社会管理和公共服务的部分。政府依托市场机制，通过合法的合同管理来实现对公共服务的购买。一方面，公共服务的承担方需要根据合同约定，保质保量地按时提供公共服务。另一方面，公共服务的发包方，即政府也需要接受合同的约束，不随意干涉承包方的具体经营活动，其主要履行公共服务供给质量及过程的监督职责，保证社会的公共利益。

我国政府实行市场化的购买服务的历史并不长。20世纪末，上海、深圳率先开始政府购买公共服务的探索性尝试。为了保证政府购买公共服务的规范化，2003年政府采购法出台，标志着我国市场化的购买服务开始进入规范化阶段。2013年，国务院公布《关于政府向社会力量购买服务的指导意见》，提出2020年要基本建立完善的政府购买公共服务的制度。2015年，国务院颁布《中华人民共和国政府采购法实施条例》，在进一步细化政府购买公共服务规范的同时，将相应范畴也进行了一定程度的拓展，明确把政府自身需要的服务和政府向社会提供的公共服务都纳入市场化购买服务的范畴之中。目前，我国市场化的购买服务方式已经涵盖社会保障、社区服务、公共卫生、环境保护、应急管理、信息化建设、文化教育、项目评审、职业资格认定等多个方面。市场化的购买服务方式是政府公共服务职能的一种创新优化，切实推动了政府职能转变，提升了服务供给效率，降低了行政成本，整合了社会各方资源，激发了市场发展活力，对于政府治理现代化具有重要的现实意义。

第三节　职能分解：政府功能与政府职责

为适应政府治理现代化的发展要求，便于进一步理解和研究政府职能的概念及其转变方式，我们可以尝试将现代政府职能进行细化分解。随着经济社会和现代政府的发展，政府职能的内部结构及外延越来越复杂，已经无法简单地用“政府职能”一词完全解释清楚。因此，我们可以根据政府职能的特性将其分解为政府的功能和政府的职责。政府功能主要是指政府职能中相对体现原则性的部分，即能够体现政府本质属性的部分。而政府职责主要是指政府职能中相对具体的部分，其具有较强的针对性，体现政府在特定时期具体应该做什么。

一、政府的功能

政府功能是政府职能的重要组成部分。政府功能主要是政府依托国家权力，为履行其社会角色而对各种重要的社会关系进行调控。[①] 由此可见，政府功能更多的是发挥调整各类关系的作用，其与国家职能的部分内

① 朱光磊主编：《现代政府理论》，高等教育出版社2006年版，第75页。

容具有一定的重合性。

（一）政府功能的具体内容

关于政府功能具体内容的论述较多，其中朱光磊教授对其进行了较为科学的总结。政府所调整的关系包括四个方面。

1. 调整国家阶级性与社会性的关系

国家是阶级斗争不可调和的产物，是统治阶级压迫被统治阶级的工具，具有鲜明的阶级性。而政府就是国家实现阶级统治的具体执行者，政府职能就是阶级统治的体现。但是，政府除了是执行国家意志的统治机关外，也是经济社会发展的管理机关。虽然其具有鲜明的阶级性，但也不可否认其具有社会性。“政治统治到处都是以执行某种社会职能为基础，而且政治统治只有在它执行了它的这种社会职能时才能持续下去”，[①] 一个阶级要想实现并维持其统治，就必然需要履行相应的社会职能或公共职能，并在此过程中完成阶级统治的各项任务，无产阶级统治的社会主义国家也是如此。因此，如果不能正确认识并调整国家阶级性与社会性的关系，就会影响国家统治与发展的稳定性。政府作为国家意志的执行者和社会发展的管理机关，其必然需要发挥调整国家阶级性与社会性关系的功能。政府如果不能成为社会利益的代表，不能执行社会管理职能，其就无法有效保障统治阶级的利益，也无法实现自身的阶级使命。所以，政府作为统治阶级利益和国家意志的执行者，必然需要发挥调整国家阶级性与社会性关系的功能。

2. 调整社会公平与效率的关系

公平和效率问题是一个兼具政治性和经济性的问题。公平与效率是随着人类社会发展而产生的分配理念和分配方式。当生产力发展，人们生产的产品增加且出现剩余的时候，就出现了分配的概念。而分配的方式一直是贯穿人类社会发展始终的核心问题，到底是应该坚持公平还是效率优先，没有明确的定论。一个国家在其发展进程中，最为理想的状态就是实现公平与效率的兼顾。但这在现实中却往往难以实现：过分强调公平会对效率提升产生制约，而过分注重效率优先则会使公平的秩序造成破坏。因此，公平和效率需要在不同的时期进行相应的调整。政府作为国家意志的主要执行者，就必然承担起调整公平和效率的关系的功能。政府对公平与

① 中共中央马克思恩格斯列宁斯大林著作编译局编：《马克思恩格斯选集》（第三卷），人民出版社 2012 年版，第 559 页。

效率的关系的调整是一个长期的动态平衡的过程。公平与效率的协调问题不可能一劳永逸地解决，也不可能彻底解决。因此，政府需要发挥相应功能将公平与效率保持在一个相对平衡的区间内，并在经济社会发展的不同时期进行具体的调整，保证其“此消彼长”在可控的幅度内。

政府调整公平与效率关系的功能主要是通过制定各种长期性和阶段性政策实现的。比如改革开放后，党和国家提出“效率优先、兼顾公平”的政策导向，强调一部分人先富起来，先富带动后富，最终实现共同富裕。但是随着改革的深化，贫富差距的拉大并不符合社会主义市场经济的发展要求，因此政府通过调整分配实现公平与效率的新一轮协同。2021年8月，中央经济工作会议在既有“初次分配”和“再分配”的基础上提出“三次分配”，并确立“共同富裕”的目标，其本质就是政府功能在公平与效率关系调整中的体现，这也是下一阶段我国政府职能转变和政府治理的重要目标。

3. 调整国家整体与部分（集中与分权）的关系

国家整体与部分的关系就是政府纵向层面上行政权力的关系，其核心是权力的集中与分权。国家整体与部分协调，可以发挥更大的能量，促进国家的发展；而国家整体与部分不协调，甚至发生非正常的博弈和冲突，就会造成国家治理效能的降低，甚至对国家的稳定产生负面影响。因此，通过调节政府纵向权力关系可以调整优化国家整体与部分关系。我国的国家整体与部分的关系主要是通过中央与地方关系呈现的。我国中央政府和地方政府之间不存在西方一些联邦制国家的政治性分权或政治博弈的现象，我国政府间关系更多是行政性的治理分权和经济权益上的协商。中央政府通过对地方政府不同程度的放权，在确保中央统一领导的基础上，充分发挥地方政府的积极性，使中央与地方充分协同。同时，我国也注重特殊形式的整体与部分关系的发展，如设立民族区域自治制度、特别行政区制度等就彰显了一种特殊形式的集中与分权，显示了我国政府间关系的多样性，也丰富了我国政府功能的运行模式。

4. 调整国家间关系

自从人类社会出现“国家”以来，国家之间的关系就成为一个重要的问题，并深刻影响着人类社会的发展进程。国家间关系的讨论由来已久，如我国春秋战国时期，就产生了很多论述国与国之间权衡关系的论著。但是这与现代国家间关系形态的差异较大。现代国家间关系主要是近代民族国家产生后出现的。民族国家的出现及其现代化发展，使国家利益成为保障民族发展的重要基础。政府作为国家意志的执行主体，其必然具有维护国家利益，调整国家间关系的功能，其具化的职能就体现于国防、外交等方面。从这个角度来看，国家间关系本质上也是国内政治的一种延伸。在现代国际体系中，政府作为维护国家利益的主要执行者，一方面需要具有国防实力，另一方面需要发展对外交流与合作，力求实现利益共赢。因此，政府需要提升对外交往能力，建构国家关系协调合作的基本规范和制度，保障国家和民族的利益。我国长期以来遵循的“和平共处五项原则”，其本质上就是政府调整国家间关系功能的反映。政府调整国家间关系的功能应定位于平等、互利、协商、共赢的价值基础之上。

（二）政府功能的发展趋势

经过40多年的改革开放和政府治理革新，我国政府功能呈现出现代化的发展趋势。

第一，政府功能更新的自觉化程度提高。我国政府经过改革开放和现代化建设的洗礼，已经逐步具有了自觉更新优化的意识和能力。政府愿意用理性的视角来审视治理中的功能性问题，也愿意通过功能优化来提升治理能力。政府寻求更多的治理资源，尽可能拓展治理信息的获取渠道，最大限度地提高治理的法治化水平，优化国际关系的处理能力等，这些都是政府功能更新程度提升表现。

第二，政府社会性事务处理功能强化。社会性事务处理已经成为彰显现代政府功能的主要内容。随着经济社会的发展，公共产品和公共服务供给、社会组织培育与管理、社会保障与社会福利优化、经济与社会协调发展等已经成为政府不可推卸也无法推卸的重要职能内容。这些社会性事务的完成效能是衡量一个政府是否现代化，其行政管理有效性是否合格的重要指标。因此，现代政府功能的发展趋势之一就是强化政府社会性事务的处理能力，在保证基础管理性的同时突出治理性。

第三，政府调节公平与效率关系的理念与方式更加合理。效率是发展的条件，公平是稳定的基础，当代中国公平与效率的调节理念及方式直接关系到国家治理现代化的进程。没有效率支撑的充分发展，现代化建设肯定无法实现。但是如果单纯追求效率，忽视公平，则会使经济社会发生失序现象，造成无法估量的混乱。当前，我国政府在处理公平与效率问题之时，在特定时期和特定事务上会采用特定的理念与方式，做到具体问题具体分析，基本摆脱了单纯看待效率或过度追求公平的现象，公平与效率的调节理念更加务实、调节方式更加合理。但是就现阶段我国经济社会发展的现实情况来看，在保持现有效率的基础上，公平应该放置在更加重要的位置上，或者说应该置于第一位，以确保社会发展的稳定。

第四，政府协调中央与地方关系的能力增强。我国政府在处理中央与地方关系方面越来越成熟，也更加注重协调性，既保证中央的统一性，也充分尊重地方的自主性和积极性，实现相应政府功能的增强。具体而言，在中央与地方关系及权力集分的方面，更加注重发展政府间的“伙伴型”关系，调整管理幅度与管理范畴，正视地方各级政府的发展诉求，尊重不同地区的现实情况，进一步完善对不同层级、不同地区政府的政策差异化导向，力求推进政府间的协同发展。

第五，政府处理国家间关系的水平提升。在国家间关系的处理上，我国政府一贯坚持主权完整和国家统一的基本原则，能够熟练运用并不断提升相应功能，保证国家利益不受损失。同时，我国政府进一步融入国际社会，在尊重不同国家、不同民族多样性的基础上，本着互利共赢的理念参与到国际事务之中，充分发挥我国的国际影响力，并完善调节国家间关系的政府功能。

二、政府的职责

政府职责是政府职能的另一重要组成部分，其主要指作为国家意志执行者的政府应该完成的各项事务及必须履行的社会责任，即政府应该做的事情。对于政府职责概念的理解要从三个层面出发。一是基于现代政府的视角来理解政府职责。政府自产生之日起就在处理各类事务，但是不同时期政府所处理的事务具有较大差异，政府职责也相应随着不同时代政府处理事务的变化而变化。从目前总的趋势来看，现代政府的框架体系下的政府职责具有分工细化、结构复杂的特征，并且处在一个动态发展的过程之中。二是要从纵向视角对政府职责进行分类。不同层级的政府具有不同的职责范畴，可以依据纵向的行政层级划分相应的政府职责。三是明确政府职责体系建设的目标。由于现代政府职责的复杂性和职责范畴的宽泛性，所以必须要建立一个符合本国特色的政府职责体系，用以优化政府职能，提升政府治理效率。基于上述三个方面，对于我国政府职责的介绍可从以下几个方面着手。

（一）政府职责的现代特征

第一，政府职责具有更加明显的治理性。政府职责实际上是政府应该做什么和具体怎么做的问题，是政府职能中比较“实”的一部分。政府职责主要反映政府实际要完成的各项事务，而这主要是为了满足相应的治理目标。因此，政府职责与政府功能相比，具有更加明显的治理性。政府在不同时期、针对不同事务可以具体选择应该履行哪些政府职责，包括做什么、怎么做、做多少等，这根本上还是取决于政府的长远治理目标和特定时期的治理目标。

第二，政府职责具有主体性。现代政府职责具有较强的主观性，不同的政府体制、不同的执政党、不同的领导人都会对政府职责的范畴及履行方式产生影响。我国是中国共产党领导下的人民民主专政的社会主义国家，政府的领导体制具有中国特色，因此我国政府职责及其履行方式的划定是以人民为中心的，以实现国家治理现代化。所以，我国政府职责的范畴是在党的领导下，以人民对美好生活的诉求和国家治理现代化的总体推进为目标而确立的，围绕政府职责的具体内容，根据中国特色社会主义行政体制确立特殊的政府职责履行方式，以求实现政府行政管理效能的最大化。

第三，政府职责具有动态性。政府职责并不是一成不变的，而是随着经济社会发展而不断变化的，因此政府职责具有明显的动态性。经济社会的发展会带来各方面的变化，政府需要承担的事务也日益增加，政府职责的内涵和范畴也在不断拓展。如随着网络信息技术的发展，我国政府设置了网络监管机构，在公安部门中也设置了相应的网络安全管理部门，这本质上就是顺应政府职责发展变化的一种体现。同时，也有一些政府职责会随着经济社会发展而逐步消失，如原计划经济管理部门的职责就随着社会主义市场经济体制的建立和发展而逐步退出了历史舞台。政府职责的动态性是客观的，是不以人的意志为转移的一种正常变化。

第四，政府职责的“同构性”与“条块性”。“同构性”与“条块性”是我国政府职责的重要特征。所谓“同构性”是指纵向政府间每一级政府的职责内容都基本一致，只是在职责履行程度和范畴上有所差异，形成纵向政府间的“职责同构”。而“条块性”是指我国政府机构除了归属本级政府领导外，还要接受上级主管部门的领导或指导。同时，由于垂直管理部门的存在，也使我国政府职责“条块性”特征增强。“同构性”与“条块性”是因我国政府体制的特殊性而产生的政府职责的特有属性。

第五，现代政府职责具有系统性。政府职责是现代政府治理系统化的体现。现代政府的职责从横向视角来看，有国防军事、外交事务、经济发展、社会稳定、法制建设、教育发展规划、生态文明建设等较为宏观的职责，也有公共安全、城市治理、社会保障、义务教育普及、环境卫生治理等中微观层面的职责。这些职责通过各级政府相应的部门机构，构成了一个层次分明、类别清晰的综合性系统，政府利用相应的机构系统来实现具体的政府治理。大到国家与社会的发展，小到社会公民的基础权益，都是通过这样以政府机构为基础的职责系统的运行来实现的。

（二）政府职责的划分

政府职责可以从职责属性和职责内容两方面进行划分，职责属性主要是厘清政府职责的横向分类，而职责内容主要是依托政府层级从纵向层面进行职责分类。

依据政府职责的属性及“同构”程度，可以将政府职责分为本源型职责、发展型职责和赋转型职责。

第一，本源型职责。本源型职责主要是指伴随政府产生的原始职责，可以理解为是政府产生的初始目标，诸如公共安全维护、外交事务、国防军事等都可以纳入本源型职责的范畴之中。本源型职责是政府的专属性职责，即其他社会组织无法替代履行的职责。本源型职责是政府无论实行任何治理模式都无法“摆脱”的根本性职责，是与政府共生共存的。两者的关系就好似“刀”与“锋利”的关系，如果没有了“刀”，那也就不存在“锋利”的概念了。所以，从这个角度来看，本源型职责的“同构性”是无法消除或打破的。例如公共安全维护这一职责，无论何种形式的政府组织都必须具有这一职责，且无论具体的管理方式怎么变化，其核心的属性是不会变化的，因为其本源是一致的，因而也就无法打破其“同构”的状态。通常，本源型职责一般是由最高层级政府负责或由其委托其他层级政府履行。

第二，发展型职责。发展型职责主要是政府为适应经济与社会发展的需要而逐步衍生的各类职责，如涉及民政、交通、卫生、社会保障、网络安全等方面的职责，可分配性和变动性是衍生型职责的突出特点。发展型职责的可分配性体现在从中央政府到地方各级政府都具有相应的职责，并设置对口的履职部门，但各级政府服务对象和职责范围并不相同，每一层级政府都基于同一类别的职责在不同范畴层面具体履行。发展型职责的可分配性使“职责同构”现象更加稳固，无论从职责理念上，还是机构设置上，都通过“同构”的方式加以实现。在经济社会发展中，现有的发展型职责会根据政府治理的现实需要而转变、更新或消灭，同时也会有全新的职责“发展”产生，如维护网络安全职责的产生就是发展型职责变动性的体现。

第三，赋转型职责。顾名思义，赋转型职责是行政主体可以通过赋权或转移的方式交由社会组织等其他主体履行的职责类别。随着经济社会的发展，很多政府的发展型职责都逐步转变为赋转型职责，可以不同程度转移给社会组织等其他主体来履行，职责主体负责监督，这样可以提高行政效率并降低行政成本，如政府向社会购买公共服务就是职责赋转的一种体现。赋转型职责并非是独立存在的职责形态，而是依托本源型职责、发展型职责及职责履行框架运行的，是一个具有依附属性的动态化职责类别。从目前各类职责的现实情况来看，除部分核心的本源型职责外，大部分职责都会根据政府的运行情况适时地调整职责承担主体，这就使政府职责在实际运行中出现选择性和适配性。如，在履责主体方面是由政府单独承担职责，还是政府与社会其他相关组织共同承担；在履责范畴方面是由单一层级政府承担，还是由跨层级、跨地区的政府协同承担等。无论何种职责履行模式，其都是建立在政府治理体系的框架中的，而当前政府治理体系的现实运行又是无法跳出“职责同构”的，所以政府职责体系的构建只能从优化现有职责类别及其“同构”状态来开展。

政府职责也可以按照政府行政层级进行划分。

第一，中央政府的职责。中央政府一般是指现代国家政府结构中最高层级的政府组织，在单一制国家中为中央政府，在联邦制国家中一般是联邦政府。中央政府在政府层级中处于最顶层的位置，所以其职责一般涉及较为宏观性的顶层设计类事务。目前世界上大部分国家中央政府履行的职责主要是确立并完善国家的政治制度，推动并协助立法工作，统筹政府整体运行，规划国家经济发展与国家建设重大事务等。具体而言，财政、税收、国防、外交、国家安全、经济发展、社会保障，国家层面的交通运输、生态环境保护、高等教育等都是中央政府的具体职责履行的方面。同时，单一制国家中央政府还负有领导地方政府的职责，而在联邦制国家的联邦政府则履行协调州政府及地方政府的职责。

在中央政府的职责中，有一些职责是传统型职责，具有较强的本源性特征，如涉及财政、税收、国防、外交等的职责，这些都是与现代国家的基本职能相一致的，是现代国家产生与发展必不可少的。中央政府作为国家的代表者，履行这类职责实际上是在履行相应的国家职能。还有一些职责属于发展型职责，即随着经济社会的发展而出现的，如人口调控、社会保障、经济宏观调控、生态环境保护等，这些是因现代社会发展而衍生的相应职责，是保持社会稳定和经济发展的基本要素。可以看出，中央政府的职责实际上兼具国家与社会的双重属性，两者的互动性是推动中央政府履行职责的重要动力与条件，也是保证现代政府发展的核心基础。

第二，中层政府的职责。中层政府泛指现代政府体系中介于中央政府和基层政府之间的政府层级，各国因为政府层级设置的不同，其中层政府的具体范围也不同。如我国政府行政层级为五级，那广义上的中层政府就包括了省级政府、市级政府和部分县级政府。在单一制国家，中层政府大部分与中央政府之间存在不同程度的行政隶属关系。而在联邦制国家中，“中层政府”这个概念实际上并不存在，各联邦州具有较高的自治权限，拥有独立于联邦政府的职责体系，因此只能视其具有中层政府的“色彩”。中层政府的职责范畴大致为地方公共安全、区域经济发展、地方文化事业发展、基础教育、区域卫生健康、市政建设、住房规划、土地资源开发、区域交通等。值得注意的是，中层政府中不同层级的政府虽然具有相似的职责体系和范畴，但是具体履行过程却未必一样。不同地区的政府因为受地方经济发达程度、自然资源与气候情况、人口分布等差异性的因素影响，政府在履行具体职责时也会出现较大的不同。另外，中层政府还会接受中央政府的一部分职责委托，完成或协助其完成相应的事务，只是这一类事务并未固定为具化的职责。受国家结构形式的影响，单一制国家的中层政府需要承担中央政府委托的职责性事务。虽然联邦政府中的州政府与中层政府在行政关系上不一定存在隶属关系，但是在实际的政府治理中，它依然会受到联邦政府的制约和影响。

第三，基层政府的职责。基层政府主要是指直接与社会民众接触的最低层级的政府组织。不同国家基层政府的名称各不相同，如日本的基层政府称为“市、町、村”，美国则为“市、县”等。当代中国的基层政府一般是指县级及县级以下政府，即县和乡镇政府。基层政府主要是为社会民众提供基础性的公共产品与公共服务，因此其职责的大致范围包括基础卫生、义务教育、社区服务与养老、基础服务设施建设等。基层政府不同于中央政府（联邦政府）和中层政府，其决策属性较弱，更多是一个政策执行和提供服务的角色。在“职责异构”的政府体制下，西方国家的基层政府的政治性较弱，并且社会民众对于基层政府领导的认可程度主要取决于其所提供服务的质量。“在这种情况下，基层政府就几乎完全成为居民日常生活的服务者，其政府职责也就几乎完全是围绕着居民的日常生活而设计、配置的一些经济消耗不多，管理难度不大，但却关乎居民冷暖，相对比较琐碎的‘小’事情。”[①] 我国基层政府目前在职责履行方面还具有一定的不平衡性，经济管理方面的工作偏多，公共服务方面的工作还存在不足。但是我国的基层政府履行了政府与社会民众衔接的职责，并且与社会组织联系较为密切，发挥了不可替代的重要作用。

（三）政府职责体系建设

政府职责体系是指一个国家范围内，政府和政府部门所承载的所有职责，按照服务于一定的政治、经济和社会关系的原则，遵照宪法和法律的规定，按照国家总体与部分之间的内在逻辑关系，为实现国家机构要素间的相互制约关系和便利政府运行而组成的有机整体。[②] 政府职责体系构建是政府治理现代化的重要内容，也是检验行政体制是否完善及政府发展方向是否正确的重要标尺。

政府职责体系是中国特色社会主义行政体制完善的重要内容。党的十九届四中全会提出“坚持和完善中国特色社会主义行政体制，构建职责明确、依法行政的政府治理体系”[③] 的目标，优化政府职责体系是完善中国特色社会主义行政体制的重要内容，也是推进国家治理体系和治理能力现代化的关键要素。长期以来，政府职能一直都是行政体制改革的重点研究内容。但是从理论的角度来看，政府职能的范畴还是偏大，并且与国家职能出现部分重叠。如优化政府与市场关系、协调公平与效率关系等，这些虽然属于政府职能的范畴，但是更多具有国家职能的特征；还有诸如经济职能、社会职能、军事职能等，也与国家职能具有高度的“同质性”。因

① 朱光磊主编：《现代政府理论》，高等教育出版社 2006 年版，第 91 页。

② 朱光磊、杨智雄：《职责序构：中国政府职责体系的一种演进形态》，《学术界》2020 年第 5 期。

③ 习近平：《中共中央关于坚持和完善中国特色社会主义制度、推进国家治理体系和治理能力现代化若干重大问题的决定》，人民出版社 2019 年版，第 15 页。

此，可以将政府职能细化，即将其与国家职能近似或在相同范畴内的部分称之为“政府功能”，而在具体政府运行过程中明确政府应该做什么、应该怎么做的这一范畴定义为“政府职责”。中国特色社会主义行政体系改革的本质要求是“转变政府职能，深化简政放权，创新监管方式，增强政府公信力和执行力，建设人民满意的服务型政府”。[①] 因此，明确政府（具体机构和部门）应该做什么、应该怎么做，具体责任如何分配等就成了落实行政体制改革本质要求的关键，而政府职责体系就是实现这一目标的前置条件。所以，政府职责是中国特色社会主义行政体制改革的逻辑起点，政府职责体系建设是中国特色社会主义行政体制完善的重要内容。

政府职责体系是政府运行过程中各板块之间的润滑剂，通过明晰政府不同层级和机构的职责，确定政府运行的基本准则，实现政府及其机构间的协同。政府职责体系融于政府运行过程的方方面面，所以政府职责体系的优化并不是一个简单的单向度问题，而是需要在明确其前置条件的前提下，从以政府行政层级为基础的纵向和以政府部门间关系为基础的横向为基点，在两个向度的协同配合下推动政府职责体系的优化。

1. 政府职责体系优化的前置条件

政府职责体系的优化直接关系到针对机构改革、条块治理、央地关系等很多现实性问题的探索。因此，政界和学界都希望能够通过一个具有可操作性的整体性方案来解决这个问题。探索整体性的优化方案，必须具有一定的前置条件，用以规制具体的优化过程。具体而言包括：

一是基础性条件。中国政府职责体系的构建，既需要考虑政府发展的共性规律，也要尊重中国发展的特殊性；既要关注各个地方的特殊性，也要考虑国家法制的统一性和政府管理活动的共性。因此，我们需要明确政府职责体系构建的内在逻辑架构，并在此基础上，综合分析影响政府职责体系优化的内外部因素，深入分析政府职责体系构建改革导致的社会互适性问题，结合中国新的历史发展阶段的要求，探索具有中国特色的政府职责体系构建的实践路径与具体对策。另一方面，政府职责体系的建设与优化还需要关注政治利益的一致性和整体性、社会管理的适宜性和开放性、职责配置的框架性和稳定性、运行机制的有机性和灵活性。

二是原则性条件。在政府职责体系建设的过程中，我们始终需要高

① 习近平：《决胜全面建成小康社会 夺取新时代中国特色社会主义伟大胜利——在中国共产党第十九次全国代表大会上的报告》，人民出版社 2017 年版，第 39 页。

度关注两个方面的问题。一是保证中央统一性与权威性，这是政府职责体系建设的基础问题。从中国历史经验这一侧面也证实了这个前置条件的不可或缺性，没有统一的管理，国家层面上的政府职责整合就难以实现。新时代以来，随着国家治理体系的完善和国家治理能力的提升，中央政府的政治整合能力大大增强，为政府职责体系优化提供了必要的机制保障。二是充分保障地方政府在职责优化方面的积极性。中国幅员辽阔，地区差异较大，不同地区的地方政府的职责也存在一定的差异。所以能否在统一管理的基础上寻求地方政府更大的积极性，设计更为合理的政府职责体系，增加制度供给的弹性，就成了政府职责体系建设的关键。

2. 分层细化：纵向政府职责体系建设

纵向政府职责体系是依托政府行政层级而建立的。目前我国政府行政层级呈现出五级政府的基本架构，即中央政府、省级政府、市级政府、县级政府和乡镇政府五个层次。长期以来，各层级政府之间呈现出“职责同构”的情况，即各级政府之间均处理较为相似的职责性事务，只是事务规模大小有差别而已。因此，各级政府在机构设置时出现了每一层级政府都具有几乎相似的机构体系，这又进一步加剧了纵向政府间“职责同构”的现象。要逐步实现纵向政府职责体系的合理构建，需要根据政府层级进行相应的职责细化。纵向政府职责的分层细化就是根据不同层级政府的实际行政职责对相应行政事务进行分类管理。

根据目前各层级政府职责的实际情况，纵向政府层级大致可分为三大类。具体而言，高层政府，即中央政府的主要职责是负责国家治理的顶层设计和国家经济社会发展的重大决策，统筹国家发展中的各类事务处理和资源调配等。同时，承担对各级地方政府行政管理的指导与监督职责。而以省级政府和大部分市级政府为代表的中层政府的主要职责是承担中央政府交给的行政任务，负责本区域内经济社会发展的总体规划和诸如生态环境、社会保障等行政事务的运行工作，并且负责对下级政府进行指导和监督等。以市级政府、县级政府与乡镇政府为代表的基层政府则主要负责本地区的公共服务与基本行政事务，如户籍管理、社会治安、基础社会保障和防险救灾、义务教育、生态环境监督等。通过对不同层级政府的具体职责进行划分，可以有效推动地方政府机构设置自主性的增强，形成科学合理的纵向政府职责配置，从政府层级的向度实现政府职责的分层细化，为纵向政府职责体系的构建奠定框架性基础。

3. 整体协调：横向政府职责体系建设

为了提升政府行政效率、保证行政质量，我国构建了较为系统的“分工治理”的机构设置机制，并基于该机制推动多部门“共治”的治理模式。这一机制使政府权力在横向配置上进行较为明确的依据职责进行的部门性划分，并且明确不同部门对具体事务的职责定位。在特定的情况下，多部门共同治理也可以通过上级政府协调实现。因此，政府部门之间的关系就成了横向政府职责体系建设的核心内容。横向政府职责体系建设的核心就在于厘清各级政府各部门之间行政事务的权责关系，推动横向政府职责体系的建设就在于“整体协调”。具体而言，通过厘清政府各部门之间的职责关系，消除职责重叠、政出多门、职责推诿、人浮于事等弊端；同时，从“条块”关系的角度入手，理顺政府间职责关系，突破传统“条块”矛盾的制约，建立政府间“伙伴”型关系，增加横向政府职责体系建设的整体性。基于此，政府横向职责整体协调主要体现在两个方面：一是政府各部门之间的职责关系整体性理顺，这主要包括各个部门职责及其相互之间职责关系的理顺。科学界定政府部门职责范围、合理设定职责层次、全面理顺权责关系，构建有效的协同与合作机制、协调机制，推进信息互联共享。二是理顺“条块”之间的职责关系，如垂直管理部门与地方政府之间的关系、垂直管理部门之间的关系、中央政府机构与地方政府的关系等。

第四节　政府职能转变

党的二十大报告提出：“转变政府职能，优化政府职责体系和组织结构，推进机构、职能、权限、程序、责任法定化，提高行政效率和公信力。”[①] 政府职能转变是中国政府改革的重要内容，也是调整以政府为中心的各类关系的“枢纽”，其关系到我国经济社会发展的现实成效。当前，对于政府职能转变的认识已经基本取得一致，政界、学界及社会各界几乎都没有反对或质疑政府职能转变的，并认为政府职能转变是一个有益的、顺应现代化发展要求的改革措施。我国政界和学界对于政府职能的转变的认识和研究经过了一个较长的探索历程，其间总结了教训，获得了经验，

① 习近平：《高举中国特色社会主义伟大旗帜 为全面建设社会主义现代化国家而团结奋斗》，《党的二十大报告辅导读本》，人民出版社 2022 年版，第 37 页。

并形成了较为完整的政府职能转变理论体系。政府职能转变贯穿于政府发展过程之中，今后它依然是我国行政体制改革的热点问题。

一、政府职能转变的概念

政府职能转变是指国家行政机关在既有政府职能的基础上，依据特定时期经济社会发展的现实需要，对政府功能和政府职责在内容范畴、履行方式等方面的调整。政府职能转变是一个动态、渐进的过程，促进其发生的因素有很多，外部因素主要是经济社会发展中的一系列具体要求，内部因素主要指政府职责职权、角色定位、方法手段、运行模式等方面优化的需要。根据政府职能分解，政府职能转变的重点需要落在政府职责的调整上，包括内政、外交、教育、科技、文旅、环保、社保等各方面。也可以说，政府职能转变是对政府“应该做什么”“应该怎么做”和“由谁来做”的调整。

对于政府职能转变概念的理解需要从以下三个方面进行细化认识。

第一，政府职能转变是一个渐进、动态的政府过程。政府职能转变并不是一项主动性的政策性措施，其虽然带有较强的主观性，但却是在经济社会发展中为顺应现实需求而进行的，所以其还是以经济社会发展和国家治理现代化需要为动力和导向的。国家治理现代化及经济社会发展是一个动态的过程，具有渐进性的特征，因此政府职能转变也必然具有渐进性，不会一经提出就立刻在短期内完成，其实现路径必然与国家治理现代化及经济社会发展的轨迹保持基本一致。同时，政府本身的运行也是一个动态的过程，政府职能转变作为政府发展的重要内容也必然蕴含于政府运行过程之中，并成为政府运行过程的重要部分。所以，在认识和理解政府职能转变时，要基于国家治理现代化的进程，将其放置于动态的政府运行过程之中进行审视和研究。

第二，政府职能转变具有差异性。我国的政府职能转变具有一定的差异性，这种差异性主要是因我国的特殊国情而产生的。我国是一个超大型的发展中国家，地区和城乡差异明显，自然资源和人文资源等分布也不平衡，因此在经济社会发展过程中，东部较为发达的地区已经基本实现政府职能的现代化转变，且已经逐步进入后现代化发展的进程之中。而西部一些地区则因为基础设施建设薄弱、公共服务供给欠缺等原因还停留在探索政府职能转变的基础阶段，还未实现现代政府职能转变的全部要求。因此，我国政府职能转变在现实中呈现出现代化与后现代化“双化”叠加的问题。我国在认识和理解我国政府职能转变的时候必须要明确其存在的差异性，不能对其一概而论，要根据现实情况具体分析。

第三，政府职能转变需要兼顾效率与公平。政府职能转变在一定程度上就是为了最大限度地降低行政成本，提升行政效率，以求获得更大的政府治理效能。因此，“效率”就成为政府职能转变的核心目标，诸如简政放权、机构改革、服务型政府建设等都是围绕效率的提升来进行的，可以说“效率”是政府行政管理及政府职能转变的“主轴”。但是，我国作为社会主义国家，政府的宗旨也是为人民服务的，不能单纯为追求效率而放弃服务的宗旨。政府宗旨最为核心的体现在于通过各项政策制定及实行来实现并维护社会公平，保障社会公民的合法权益。所以，在追求效率的同时，政府职能转变也必须将公平融入其中，实现效率与公平的兼顾，保证政府治理现代化在以人民为中心的轨道上发展，并同时实现政府治理效能的提升。

二、政府职能转变的历程

政府职能转变在不同的发展阶段具有不同的着重点，实现转变的有效性需要清晰认识和准确把握现实要求并作出相应的选择。我国政府职能转变的过程是一个连续性、渐进性的进程，在不同的发展阶段具有不同的重点，呈现整体性与重点性相融合的特征。具体而言，我国政府职能转变起步于20世纪80年代初期，经过近40年的发展，形成了较为清晰的阶段性特征。

（一）开始阶段（1983—1998年）：经济管理领域的职能转变

理论上说，我国政府职能转变并没有一个准确的开始时间点或标志性事件，其更多是伴随经济体制改革而逐步开始的。改革开放后，我国开始改变高度集中的计划经济体制，而经济体制改革必然牵动政府职能的转变。因而，在经济体制改革的推动下，政府职能转变开始逐步启动。1982年，改革开放后第一次大规模机构改革启动，这其中最为主要的内容就是精简机构，特别是精简专业性的经济管理机构，并且对政府机构中干部和工作人员结构进行优化，有效实现政府职能的转变，进而推进经济体制改革。所以，我国政府职能转变的开始阶段可以认为是在1982年机构改革启动后，其主要集中于经济管理领域。

1984年10月，《中共中央关于经济体制改革的决定》中初步提出“政府职能转变”的内涵，但这是在论述政府机构经济管理职能调整时所涉及的方面，并不是专门对政府职能转变的论述。1986年，“七五”计划中提出关于政府机构管理经济职能转变的相关论述，进一步明确经济职能转变的概念。1988年的机构改革在政企关系方面进行相应调整，将政府对企业的直接管理转变为间接管理，政府开始主动尝试转变职能。从一定程度上看，1988年的机构改革体现了政府主动寻求政府职能转变的意识。1993年，在社会主义市场经济体制确立后，政府经济管理需要适应全新的市场要求，政府职能的转变与优化变得越来越重要。但是，针对政府职能转变的研究依然多停留在理论层面，具体实践则依然围绕政企分开展开。不过总体来看，在社会主义市场经济体制下和国民经济发展的趋势下，政府职能转变进入一个“启动阶段”，虽然其中具有较大的被动因素，但至少从理论层面开始了广泛的探讨研究，这为后续的实践工作积累的基础。

（二）拓展阶段（1998—2003年）：行政体制领域的职能转变

1998年，我国进行了力度空前的机构改革，这成为政府职能转变的重要契机。在社会主义市场经济体制建立后，政府经济管理体制的变革引发政府职能在经济管理领域的转变。经过一定时间的探索，我国在政府职能转变的认识上积累了丰富的经验，并逐步开始向行政体制领域拓展。政府职能转变从经济领域向行政领域的拓展体现出政府职能从被动地配合经济体制变革向积极主动地寻求契合经济社会发展需要的转变。

1998年，九届人大一次会议通过关于国务院机构改革的方案，依托机构改革推动政府职能转变。在此后的两年多时间里，相关改革及政府职能转变措施逐步“推向”地方各级政府。这次改革在政府职能转变方面最大的特点就是开始将机构改革与政府职能转变逐步融合。虽然，此次改革中，机构改革的主要目标依然是精简和调整专业的经济管理机构，但是在这个过程中，政府职能转变找到了的突破口，即从专业经济管理部门撤销和行政审批制度改革切入，逐步将政府角色从事无巨细的直接管理者转变为宏观调控的间接掌舵者，更好地实现了对经济社会发展的把控。值得注意的是，在这一阶段，政府职能被明确为宏观调控、社会管理和公共服务，这也标志着政府职能转变开始进入行政体制领域，并更加具有主动性。

（三）聚焦阶段（2003—2012 年）：重点领域的职能转变

经过数年的发展，经济领域和行政领域的政府职能转变已经进入“正轨”并开始发挥作用。经济社会的发展和国内外形势的变化，也对政府职能转变提出了全新的要求。“非典”的暴发、社会贫富差距的拉大以及生态环境恶化等问题使政府需要重新审视职能转变的导向。同时，经济全球化带来大量的机遇，也引发了很多新的问题。基于此，政府职能转变在对社会主义市场经济发展经验总结及国内外形势综合研判的基础上进行重点聚焦。

2003 年，我国启动新一轮机构改革，这次改革除了对 1998 年机构改革进行完善外，主要立足于我国经济社会和国家治理的现实需要，开始以服务型政府建设为导向，推进政府职能转变，力求实现政府管理与公共服务的协调融合，拓展政府的社会治理功能，细化政府职责范畴。“提出建设服务型政府，成为转变政府职能的新阶段，也是全面推进转变政府职能的全新起点，这两大历史进程的契合，标志着中国政治体制改革不再局限于被动地调适和修补，而是开始了整体规划和深入实践。”[①] 2008 年，我国开始全面推行“大部门体制”改革，尝试通过政府体系的结构性调整实现政府职能的进一步转变，使政府的职责与其定位更加匹配，有效解决政府职责的重叠和“同构”问题，为政府职能的持续转变与优化提供了基础。

（四）深化阶段（2012 年至今）：政府职能转变的全面推进

党的十八大后，为适应新时代中国特色社会主义发展及现代政府治理的需要，我国开始全面推进政府职能转变，并进一步深化对政府职能的研究及实践。2013 年 3 月，十二届人大一次会议通过《国务院机构改革和职能转变方案》，首次将“职能转变”写入机构改革方案的标题之中，凸显政府职能转变的重要性和全面性。本次改革以职能转变为核心，并在此基础上继续加强简政放权，提高行政效能，稳步推进“大部门体制”改革。同时，进一步推进行政审批制度改革，减少部门职责交叉和分散，改革社会组织管理制度，加强宏观管理和基础性制度建设，并持续推进依法行政等。2018 年，党的十九届三中全会通过《深化党和国家机构改革方案》，将“党和国家机构”作为一个整体进行系统性改革，进一步深化政

---

① 朱光磊等：《政府职能转变研究论纲》，中国社会科学出版社 2018 年版，第 23 页。

府职能的全面转变，并明确政府职能为经济调节、市场监管、社会管理、公共服务和生态环境保护。在两次机构改革的基础上，法治政府建设、政府职责体系优化、政府间关系调整等，都成为新时代政府职能转变的着力点，为政府治理现代化的推进起到基础性的推动作用。

三、政府职能转变的内容

政府职能转变主要是为了适应社会主义市场经济的发展，配合经济建设，建立服务型政府和法治政府，最终实现政府治理现代化。政府职能转变的各部分内容之间是相互支撑、相互作用的，共同推动政府职能转变。

（一）适应社会主义市场经济发展

1992 年，党的十四大确立社会主义市场经济体制，这成为中国经济体制乃至改革开放的一个重要导向性制度。经过 30 年的探索和发展，政府和社会都对社会主义市场经济体制有了充分而深刻的认识，并总结了相当丰富的经验，建立了很多现代政府的运行理念和实践模式。可以说，社会主义市场经济体制改变了政府的体系、结构及运行模式，而政府也以适应社会主义市场经济体制为目标进行了相当大程度的改革和调整。政府职能转变的一个重要目标就是适应社会主义市场经济体制，因而适应社会主义市场经济体制也必然是政府职能转变的重要内容。

适应社会主义市场经济发展最为直接的体现就是对政府机构进行较大规模的周期性改革，并根据现实需要调整政府职能转变的重点。如 1998 年和 2003 年的机构改革，大幅精简专业经济管理机构，实现政府经济职能的转变。而 2008 年“大部门体制”改革及 2018 年党和国家机构改革则厘清政府职能职责的边界和范畴。同时，随着市场经济的发展，对政府职责的关注逐步增加，特别是对不同层级政府职责配置问题的重视，彰显出政府职能转变中职能细化调整的趋势。总体来看，政府职能转变与市场经济发展的融合程度越来越紧密，目前我国已经初步建立起一个符合社会主义市场经济发展的现代政府职能结构和职责体系。

（二）建设服务型政府

服务型政府的建设是一个历史性的选择，其主要是为了在社会主义市场经济体制下，能够更好地实现政府的服务性，优化政府、市场与社会的关系，进一步推动经济社会的现代化发展。我国政府职能转变最初是以经济体制为切入点的，其重点一般也聚焦经济体制改革领域。为满足行政管理体制改革的需要，政府职能转变的重点开始向行政领域转移，在这个过程中，政府的社会管理、公共服务及环境保护等职能不断加强，且对政府职能转变提出了新的要求，而最能够贴合政府职能转变新要求的就是服务型政府的建设。服务型政府并不是一个具体的工作任务，其主要是对政府发展的一个全方位概括性的表述，其本质上更像是标尺，用以衡量政府职能转变及履行的成效，进而为政府发展提供推动力。服务型政府的建设是政府职能转变的一种高级形态，其没有一个明确的终点，是随着国家治理现代化和经济社会发展的需要而不断更新的一个政府发展进程。所以，服务型政府建设和政府职能转变这两大主题必然会随着现代政府的发展而不断发展。

（三）构建法治政府

构建法治政府既是政府职能转变的重要内容，也是政府职能转变的基础保障，更是现代政府职能优化的具体表现。法治政府就是指政府在行政管理过程中要坚持法治原则，依法行政，保证政府权力履行的规范性，使政府各项活动都在法律的框架下进行。具体而言，政府履行各项职能的整个过程，包括决策、执行、调整、监督等都必须要以法律法规为准绳，使政府运行过程更加透明，权利与责任更加明晰。长期以来，法治政府建设都是我国行政改革的重要内容和政府发展的核心目标，并且直接关系到国家治理的有效性。如中共中央、国务院印发的《法治政府建设实施纲要（2021—2025年）》就是法治政府建设的规范性文件，其明确了法治政府构建的目标、内容、步骤及时间，其中明确提出“健全政府机构职能体系”，并从指导思想到具体措施等十个方面搭建了法治政府构建框架。法治政府从一定程度上来说，是政府职能转变的一个必然内容。任何现代政府都是法治政府，如果政府职能不能以法治为目标进行转变，那么政府就无法实现现代化发展。

（四）保障政府职能阶级性与社会性的有机统一

我国是人民民主专政的社会主义国家，阶级性是国家的本质属性，其也必然是政府的本质属性。因此，政府职能转变必须兼顾阶级性和社会性，实现两者的有机统一。政府的阶级性主要体现在政府本质上还是统治阶级的统治工具，政府行政管理的根本目标是维护统治阶级的统治。我国的政府职能体系及其履行的根本目的都是为了维护人民当家作主，保证社会主义国家的稳定性，这也是国家本质的体现。而政府职能的社会性更多具有公共性。政府履行的社会管理、公共服务等职能都是社会性的具体体现。政府职能的阶级性与社会性是辩证统一的关系，两者相互依存、相互影响。政府职能的阶级性是其社会性的基础，而社会性又是阶级性实现的前提。因此，政府职能的阶级性与社会性不是孤立的，更不是对立的。政府职能转变必须根据我国的具体国情，使两种属性能够有机统一，这不仅是政府发展的现实需要，也是中国特色社会主义建设发展的内在要求。

CHAPTER THREE

第三章
政府机构

政府机构是政府履行职能的载体，是各级政府在宪法和法律的框架下为履行特定时期政府功能和政府职责而设置的工作部门。政府机构的设置需要经过法定审批程序。政府机构通常负责管理政府某一方面的具体事务。政府机构的设置并不是一成不变的，而需要以国家治理和经济社会发展的现实需求为导向，进行适时、合理的调整。科学合理地设置政府机构能够有效提升行政效率，降低行政成本，增强政府的治理能力。

第一节　政府机构的设置原则与基本分类

政府机构作为政府运行的抓手，必然具有相应的设置原则和基本分类。设置原则是政府机构体系构建、运行与调整的总体依据，而基本分类是政府机构作为履职载体的现实体现，也是政府机构设置及运行的前置条件。

一、政府机构的设置原则

政府机构同其他各类组织一样，其设置必须遵循一定的原则。早在抗战期间，毛泽东同志就提出机构的设置应该遵循“精兵简政”的原则，此后该原则一直是我国政府机构设置与改革的指导性原则。《国务院行政机构设置和编制管理条例》中明确规定：“国务院行政机构设置和编制管理应当适应国家政治、经济、社会发展的需要，遵循精简、统一、高效的原则。”这是对政府机构设置原则的进一步细化。精简原则、统一原则和效能原则是政府机构设置的总体原则。在总体原则的基础上，政府机构设置及运行还应该遵循法治原则、职责原则等附加性原则。这既是社会主义法治化建设的需要，也是中国特色社会主义政府治理现代化的要求。

（一）精简原则

《中华人民共和国宪法》规定："一切国家机关实行精简的原则。"精简原则具体是指依法设置政府机构时，要严格控制机构总体数量和整体规模，定责定编定岗，在明确各机构具体职责的基础上，使机构及编制在数量和效率上达到最优组合。精简原则并不意味着政府机构越少越好，更不是将机构进行盲目的、非合理的整合。精简原则要从政府职能转变、行政效率提升和行政成本降低等角度来综合考量。因此，具体可以从三个方面来理解政府机构设置的精简原则。

1. 政府机构内部层级尽可能扁平

政府机构是执行特定政府职能，履行专业政府职责的载体，因此，从效率和成本的角度出发，其行政层级必然是越少越好，即内部层级要尽可能扁平化。所谓政府机构内部层级扁平化，是指政府机构内部中间管理层级尽量少，一般地方政府机构内部层级不超过两级，中央政府机构内部结构不超过三级。如某省厅下设处，中央某部下设司、处。政府机构行政层级过多会造成机构规模臃肿、行政效率低下、行政成本增加、官僚主义盛行等问题。但是因为不同地区社会经济发展具有较大差异性，造成同一或类似政府机构所承担的政府职责存在较大差别，因而政府机构的行政层级设置应根据机构本身所承担的职责大小、任务轻重来确定。但总体而言，政府机构的行政层级还是要尽可能地精简。

2. 政府机构的横向管理幅度要适宜

管理幅度是管理学名词，其是指一个领导者或一个领导机构所能直接领导的下属机构及人员的数量。在政府机构中，如果管理幅度过大容易造成行政管理中各类事务的顾此失彼，导致行政成本上升；而管理幅度如果过小，则容易造成行政效率下降、行政混乱等问题。因此，政府机构的管理幅度要充分考虑工作对象、具体职责、客观条件等各方面因素，经综合考量，从实际出发界定政府机构管理幅度，以求达到最优限度。

3. 政府机构体系要精练

所谓机构体系精练，是指政府机构的设置要根据政府职责来划分，同类职责原则上由一个机构来承担，凡是在职责上存在重叠的机构都应该进行合并、整合或撤销，尽可能依据政府职责将行政业务归口到一个机构。同时，还要注意政府职责的综合协调，尽可能提升政府机构的综合性，减少职责划分过细造成机构设置过多的问题。另一方面，在明确政府职责的基础上，将不属于政府管理的职责从政府机构的职责体系中划分出去，将其对应业务交由事业单位、社会组织等其他类型单位负责管理。

（二）统一原则

统一原则是政府机构设置及运行的基础性原则。所谓“统一”是指政府机构的设置、运行、调整等都需要实现统一规制，保证机构体系的整体性，实现政府机构运行的高效性。因此，政府机构的统一原则可以从两个层面理解。一是机构领导层面的统一，中央人民政府作为最高行政机关，在党中央的领导下统一负责全国范围内各级机构设置、运行、调整及相关编制的管理工作。同样，地方各级党委和政府也对所属机构及下属政府的机构有统一管理的权限。二是机构体系层面的统一，我国政府机构是一个整体性的体系，其在党委和政府的统一领导下，无论是纵向政府之间，还是横向机构之间都具有较高的统一性，确保各级政府及相应机构的日常工作能够协调高效，形成政府治理的合力。基于此，统一原则的具体内容大致包括以下四个方面。

1. 机构目标的统一

机构目标是机构设置的依据，是机构运行及存续的价值，机构存在的意义就是要完成其目标任务。国家根据治理的需要确立总体目标和总体任务，通过专业职能划分的方式将总体目标和总体任务进行“切块”细化，并设置相应机构来承担具体的目标任务。虽然不同的机构承担不同职责，看似各不相同，实质却具有较高的统一性。所有政府机构都是以特定时期经济社会发展的现实情况和各类事务的实际需要为依据而设置，其目的都是为了完成国家治理的总目标，这就是政府机构目标统一性的体现。因此，政府机构的设置必须要在国家治理现代化的顶层框架下，以经济社会发展的现实为依据，确立总体任务目标与细化职责目标，切忌主观地、非合理地设置机构，更要杜绝因人定事务、因人设机构。

2. 机构规范的统一

为保证机构运行的有效性，机构设置必须具有统一的规范。一方面，机构规范的统一体现在机构设置是否能符合政府职能的基本要求。中央至地方各级政府都应该根据基础性政府职能设置机构，诸如公安、交通、财政、教育、卫生等机构都应对口设置，在基本政府职能能够充分履行的基础上，确保政府纵向向度上的政令贯通。同时，各级地方政府可以根据本地经济社会发展的特殊情况设置特殊的机构，但要做到与上级相关机构业务对口，这也是机构统一规范的一种体现。总体来说，我国政府机构在纵向上基本都是对口设置的。另一方面，在机构名称规范上也要实现统一，以求实现机构运行过程中的识别度和高效性。如在中央政府层面，机构被称为“部”“委”“总局”等，而在省级政府层面，相应机构称之为“厅”“委”“局”等，在市级政府和县级政府层面多称之为“局”“委”等，形成了规范统一的机构名称。在官方行文中，则会在机构前冠以各级政府名称，以求机构名称的准确规范。机构规范的统一，能够保证宪法和法律、中央政府或上级政府各项政令的贯彻实施，保证政府运行过程中政府机构角色定位的明晰。

3. 机构权责的统一

政府机构的设置及运行必须要做到职责、职权和责任的协调。政府机构的设置依据是政府职责，在明确职责的基础上赋予各机构相应职权，保证其职责履行的顺畅。根据政府机构的职责职权确定其所承担的行政责任，这使其责任与职责职权相匹配。政府机构权责统一就是要做到有职即有权、有权即有责，实现权责匹配、权责挂钩，消除政府机构权责脱节、权小责大、有职无责等非正常现象。在政府运行过程中，机构权责的统一体现为一个机构的职责范畴有多大，其权责范围就有多大。因此，无论是纵向政府间还是横向机构间都必须合理划分政府职责，适宜分配政府权力，有效对应行政职责，既防止权力过度集中，也不使权力出现分散，实现权力集中与下放的协调。

4. 机构运行的统一

政府机构运行的统一是提升行政效率的基础条件。从领导关系上来看，一个政府机构原则上只能有一个上级领导，同时，一个职能机构在业务上也只能接受一个上级对口单位的业务指导，这主要是为了保证纵向上专业业务推进的有效性。因此，我国机构运行的统一主要是在“条块”关系的现实基础上，确立明确的上级领导和业务指导单位，建立协调有序的政府机构体系，实现行政管理的统一性与协调性。

（三）效能原则

政府机构的效能原则主要是指设置合理的政府机构、明确机构间职责分工、科学规划机构编制、优化机构资源配置，建设权责一致、决策科学、分工合理、执行有力、监督有效的政府机构体系，提升政府行政管理整体效能。效能原则要求将政府机构体系视为一个整体，通过各相关因素的协调组合，使整体的效能得到最大化。要实现政府机构设置与运行的效能原则，需要从这样几个方面出发。

1. 功能分类齐全

政府机构实际上是一个体系，要使体系效能最大化首先需要对其功能进行科学分类，搭建完整的功能系统。从系统功能的视角出发，政府机构应该设置并形成完整的机构体系，包括决策机构、咨询机构、执行机构、监督机构、反馈机构、辅助机构等。只有政府机构功能分类完整齐全才能够使机构体系整体效能最大化，进而提升政府行政决策的科学性和政策执行的有效性。因此，政府机构的设置必须要合理进行功能分类，建构功能齐全的政府机构体系。

2. 职责分工合理

政府机构是政府职责的载体，政府机构的设置需要以政府职责为依据，有效的政府机构改革必然要以政府职责的客观要求为基础，否则即使进行改革，政府机构也无法实现有效运转并达到基本目标。因此，政府机构的设置必须要根据现实职责的需求来设置，实现机构设置与职责履行的科学配对，保证政府职责的有效履行，提升政府机构的运行效能。

3. 整体配合协调

政府实际是由各个具体机构组成的整体性行政组织，即政府是整体，机构是部分，部分有效的协调配合能够促进整体效能的提升。所以，政府机构设置及运行必须放置到政府体系的整体性范畴中去考量，使各机构在政府体系中达到纵向配合与横向协同、机构内部高度协同、机构外部相互匹配。政府机构体间在运行中尽可能减少矛盾和摩擦，最大限度保证整体效能的最大化。

4. 适时动态调整

政府体系的运行和调整是动态性的，这是因为经济社会是不断发展的，政府体系需要根据现实要求的变化进行适时调整。政府机构作为政府体系的重要组成部分，其必然受到客观环境的影响，如不同时期政治、经济、社会、文化等条件的变化发展就是促进政府机构调整的重要因素。因此，政府机构要保证效能的提升，就必须适应国家治理发展的需求，适时调整政府机构的设置方式及运行模式，保证机构的动态性，并使其在稳定中保持创新、在创新中延续稳定，促进政府机构体系调整的与时俱进。

（四）法治原则

法治是现代政府及公共行政的核心要素，是公共组织与私人组织差异的根本体现。“公共组织与私人组织之间最基本的差别在于法治，公共组织的存在是为了执行法律，它存在的每一种因素——它们的结构、职员、预算和目的——都是法律权威的产品。”[①] 现代政府政策制定的核心目标就是为了执行被社会普遍认可的法律及规范，而作为政府政策具体执行主体的各类机构，其设置及运行也必然需要遵循法治原则。

1. 政府机构的设置要依据法定规范

政府机构的设置目标、行政级别、职责范围、人员编制、工作程序、管理规范等都要根据宪法和相关法律法规的要求来进行，这是政府机构设置合法化、规范化、制度化的体现。当前，政府机构“三定”（定主要职责、内设机构、人员编制）及其执行，就是现代政府机构设置规范化的体现。从我国政府机构的现实来看，除了行政机构外，一些政府机构还包括由其管辖的直属事业单位或企业。机构设置的法治原则在此情况下，就具有一定的延展性，即相关法定规范也适用于政府机构下属的各类其他组织，只是在应用形式上存在一些差异，其根据组织类型、具体业务、职责范畴等具体调整执行。

2. 政府机构的运行要遵循法定程序

政府机构的运行包括两个层面：一是政府机构的日常履职性运行，即政府机构履行机构职责的过程；二是政府机构的调整性运行，即政府机构设置、调整、撤销、整合等方面的变化。无论是哪种方式的运行都需要遵守法定程序。政府机构运行需要遵循的法定程序是根据宪法、相关法律法规、各类行政规章或行政法规等形成的规范集合。政府机构运行的法定程序能够有效减少行政随意性，降低人为主观干预的可能性，提升政府决策的科学性和规范性，避免机构非正常变动或不合法不合规问题的发生。政府机构法治原则的遵循需要由专门的机构进行监督。

（五）职责原则

职责原则就是指政府机构的设置、运行、调整、裁撤等要基于现实

---

① ［美］詹姆斯·W. 费斯勒、唐纳德·F. 凯特尔：《公共行政学新论：行政过程的政治》（第二版），陈振明、朱芳芳等译校，中国人民大学出版社 2013 年版，第 9 页。

的政府职责进行，政府职责是政府机构设置与改革的主要依据。政府机构是职责履行的载体，机构改革是政府职责转变的直接反映，政府机构与政府职责相互作用、相互影响，政府机构与政治职责具有双向互动性。政府机构与政府职责的双向互动关系是职责原则的现实体现。

1. 政府职责的发展推动政府机构改革，政府机构改革也优化了政府职责

每一个政府机构都是为履行特定的政府职责而设置的。政府组织中的各类机构及其所履行的职责构成了政府职责体系的基本框架。政府职责体系的构建是现代政府发展的重要标志，而机构改革则是政府职责体系建设的核心内容。政府机构改革在优化政府内在组织结构的同时，也推动了政府职责体系的建设。

2. 政府职责与政府机构之间的双向互动性是一个动态的渐进过程

要推动政府职责与政府机构的适应性，加快政府职责体系建设，并将其嵌入政府机构改革之中，需要通过多方要素的协同来实现。政府职责与政府机构之间的双向互动性需要基于职责的灵活性与机构的稳定性来推动。政府职责是政府职能的组成部分，在经济社会发展中，政府职能不断转变，相应的政府职责也不断变化，并且其变化速率与经济社会发展的程度成正比。但是政府机构作为一种政府的组织实体，一旦确立就会在一定时期内保证较强的稳定性。因此，从发展的视角来审视政府职责与政府机构，两者的互动性必然是一个周期性的变化过程，即从相互适应逐步转变为不适应，进而出现矛盾，最终发生改革，再度实现适应。因此，政府机构的改革过程就是围绕政府职责这一主轴进行周期性调整，两者的互动性就是围绕这样的过程呈现的。政府职责与政府机构作为对立统一的矛盾，在发展中相互推动，以经济社会发展为主要动力，在“平衡—不平衡—平衡”中进行互动，实现政府机构改革与政府职责体系建设相契合。

3. 政府机构改革和政府职责体系建设相互促进、共同发展

政府机构的设置实际上是政府职责在政府组织内部进行分工的体现，而政府机构的改革也是政府职责体系建设过程的体现。政府职责体系的建设与落实需要有相应的政府机构作为载体，如果政府机构的设置出现问题，那相应的政府职责也就不能被真正履行。在现实中，政府机构会出现诸如机构设置重叠、职能转变滞后、机构结构不合理等问题，这会直接造成政府职责不能有效履行，影响政府的现代化发展。这需要通过

相应的政府机构改革来解决相关问题，为政府职责有效履行提供必要的条件。而现实中，政府机构改革不可能是独立的一个或某几个机构的单独改革，其必然是一个系统性工程，涉及政府内外部方方面面的要素。系统性的改革调整必然会对政府职责转变形成整体性的推动作用，并反向促进政府职责体系的建设。政府机构改革需要与政府职责体系建设相协同，才能够保证逐步消除原有的“精简—膨胀—精简”的负循环，实现机构规模合理、人员编制配置科学、机构内部关系顺畅、政府行政效率提升。同时，政府职责体系也能够依托政府机构改革推进其自身建设，并在政府运行过程中得到充分落实。总而言之，政府机构改革是政府职责动态变化的表现，而建立政府职责体系也必须要以政府机构改革为前置条件。

二、政府机构的基本分类

政府通过设置不同类型的机构来实现其行政管理目标。我国中央政府的组织结构及其机构设置是地方政府设置机构的蓝本，地方政府以其为“模板”，并基于不同地区实际情况来设置其政府机构。依据《国务院行政机构设置和编制管理条例》和《地方各级人民政府机构设置与编制管理条例》，可以将我国政府机构大致分为领导性机构、办公（办事）性机构、职能性机构、直属性机构和议事协调性机构。

一是领导性机构。领导性机构是政府体系的中枢性机构，负责政府机构的决策和执行监督，同时也对机构日常管理工作负责，俗称为“领导班子”。政府机构中的领导性机构一般情况下并不是一个独立的内设机构，而是一个由政府机构负责人、核心组成人员和咨询辅助人员组成的领导团体。不同于其他类型的机构，领导性机构稳定性一般，领导性机构会随着机构负责人的变化而变动，但是其领导属性不会发生变化。

二是办公（办事）性机构。办公性机构是指负责政府日常行政工作和处理特定行政事务的机构，具有辅助性、服务性和秘书性的特征。办公性机构大致分为两个类型。一是各级政府及其组成部门的办公厅（室），主要是处理政府的日常工作，综合协调各类事务，发布政府文件或公告等。办公厅（室）是政府的重要组成性机构，不具有独立的行政管理职能。二是政府的办事机构，主要是协助政府负责人办理专门事务，也不具有独立的行政管理职能。政府办公厅（室）和办事机构虽然都是政府办公性机构，但还是存在一定的差别。政府办公厅（室）的主要职责是日常行政工作中的统筹、协调、指导和监督，而办事机构则主要负责履行特定事务的日常处理职责，两者存在业务上的交集，但是实际行政地位依然不同。

三是职能性机构。政府职能性机构是负责领导和管理具体行政事务的机构，行使针对特定业务的行政管理权力，履行专门性的政府职责。在日常生活中提及的“政府机构”多是指政府的职能性机构。我国政府的职能性机构主要是指政府组成部门和组成部门管理的国家行政机构。政府组成部门是根据国家行政事务的需要而设置的职能机构，一般承担专门性事务的管理职责，如交通、卫生、教育、财政等方面的事务，具有较强的行政管理独立性。而组成部门管理的国家行政机构则负责特定业务的管理，履行特定的政府职责。因为组成部门管理的国家行政机构并不是组成部门的内设机构，因此其具有相对独立性。政府的职能性机构是政府机构体系的核心部分。

四是直属性机构。直属性机构是政府根据实际工作需要设置的主管某项特定业务的机构，具有独立的行政管理职能。我国政府的直属性机构主要分为直属机构、直属特设机构和直属事业单位三种类型。直属机构在政府功能上与部委管理的国家行政机构具有一定的相似性，履行政府特定的职责及行政事务。但是直属机构与政府组成部门之间没有任何隶属关系，具有较强的独立性。直属特设机构是政府特殊机构，目前我国的直属特设机构仅有国有资产监督管理委员会。直属事业单位与直属机构、直属特设机构不同，其不属于国家行政机关的序列，其性质是政府授权提供社会服务的社会组织。直属事业单位不以营利为目的，具有一定的行政职能。

五是议事协调性机构。议事协调性机构主要是政府为处理特定类事务或临时性事务而设置的机构，该类机构的类别较多，如各种类型的议事协调机构、应急事件处理领导小组、部门联席会议等。议事协调性机构主要是承担跨机构的重要业务组织协调工作，其机构形式多样，且职责范畴广、功能差异大。应急事件处理机构是政府应对各类突发性事件而设置的机构的总称，应急事件处理机构一般情况下具有临时性特征，其组成人员、业务范畴具有非固定性特征，这主要是根据突发事件的发展情况不断调整。部门联席会议主要是针对临时性、非预期性事件，或长期需要多方合作的事务而设置的一种特殊性的议事协调机制。议事协调性机构一般不具有独立的行政管理职能，其权限主要是赋权单位认定授予。因此，议事协调性机构的调控弹性较大，设置和撤销都依据特定事务的发展情况而定。

第二节　中央政府的机构设置

中央人民政府即国务院，是中华人民共和国的最高行政机关。根据《国务院行政机构设置和编制管理条例》，“国务院行政机构根据职能分为国务院办公厅、国务院组成部门、国务院直属机构、国务院办事机构、国务院组成部门管理的国家行政机构和国务院议事协调机构”。因此，根据上文提及的政府机构分类，中央人民政府机构具体可分为领导机构、办公机构、职能机构、直属机构、议事协调机构。

一、领导机构[①]

《中华人民共和国国务院组织法》规定：“国务院实行总理负责制。总理领导国务院的工作。副总理、国务委员协助总理工作。”总理是政府首脑，副总理和国务委员是国务院领导性机构的组成人员。国务院总理由国家主席提名，经全国人民代表大会通过，再由国家主席任命。国务院总理是政府首脑，是政府最高行政长官，对全国人大及其常委会负责。国务院总理的任期与全国人民代表大会保持一致，每届任期为5年，连续任职不超过两届。总理负责主持国务院日常工作，召集和主持国务院全体会议和常务会议，讨论国务院工作中的重大问题、重要事务或协调涉及多部门的事务，讨论提请全国人大及其常委会的议案与国务院准备发布的行政法规，审批各部门和地方政府请示事务等。总理可用自己名义发布国务院令，用来颁布和废止行政法规，任免特别行政区行政长官、各省省长和宣布解除戒严等。

国务院副总理和国务委员作为国务院领导机构的重要组成人员，有权参加国务院常务会议，辅助总理工作，直接对总理负责。国务院副总理和国务委员人选由总理提名，经全国人大投票表决通过后，由国家主

---

① 这一部分内容可参见《中华人民共和国宪法》《中华人民共和国国务院组织法》《国务院工作规则》。

席任命。国务院副总理和国务委员的任期也是5年，与总理任期一致，连续任职不超过两届。国务院副总理通常会参与国务院具体工作分工，明确分管工作的范畴，或直接领导特定的部门及事务。国务委员协助国务院总理工作，受总理或国务院常务会议的委托，负责某些方面的工作或重大专项任务。

虽然宪法规定国务院总理由国家主席提名，国务院副总理、国务委员等由国务院总理提名，后由全国人大决定人选，但在党的统一领导下，党中央对国务院领导机构成员人选具有推荐权。目前国务院总理是政府首脑，同时也是中央政治局常委；副总理中一般也会有一位中央政治局常委，其他副总理一般是中央政治局委员，而国务委员一般为中央委员。这充分体现了国务院是在党领导下行使国家最高行政权的机构特征。

二、办公机构[①]

中央政府的办公性机构主要包括国务院办公厅和国务院办事机构。国务院的办公性机构主要是负责国务院日常行政工作和处理特定行政事务的机构，具有辅助性、服务性、秘书性的特征。

国务院办公厅是国务院日常工作机构，主要职责是处理国务院日常行政事务，服务国务院领导处理行政工作。国务院办公厅的主要职责为：① 负责国务院会议的准备工作，协助国务院领导同志组织实施会议决定事项；② 协助国务院领导同志组织起草或审核以国务院、国务院办公厅名义发布的公文；③ 研究国务院各部门和各省、自治区、直辖市人民政府请示国务院的事项，提出审核意见，报国务院领导同志审批；④ 督促检查国务院各部门和地方人民政府对国务院决定事项及国务院领导同志指示的贯彻落实情况，及时向国务院领导同志报告；⑤ 负责国务院值班工作，及时报告重要情况，传达和督促落实国务院领导同志指示；⑥ 协助国务院领导同志做好需由国务院组织处理的突发事件的应急处置工作；⑦ 指导、监督全国政府信息公开工作；⑧ 办理国务院和国务院领导同志交办的其他事项；等等。根据职责要求，国务院办公厅设置秘书一、二、三局，督查室、人事司、行政司等内设机构，并设国务院秘书长1人、

① 本部分内容可参见《国务院办公厅关于印发国务院办公厅主要职责内设机构和人员编制规定的通知》(国办发〔2008〕60号)。

国务院副秘书长 9 人（含兼职），司局级领导 40 人左右。值得注意的是，总理办公室不属于国务院办公厅直接领导，但是总理办公室中的部分编制是属于国务院办公厅的。

三、职能机构[①]

职能性机构主要是指国务院组成部门及其管理的国家行政机构（部委管理的国家局）。国务院组成部门是在国务院的统一领导下，负责领导和管理某一方面具体行政事务的机构，行使特定的国家行政权力，履行专门性政府职责。而部委管理的国家局也是履行特定政府职责的重要机构。《国务院行政机构设置和编制管理条例》中明确规定，“国务院组成部门管理的国家行政机构由国务院组成部门管理，主管特定业务，行使行政管理职能”。因此，国务院组成部门和部委管理的国家局是中央政府机构的核心部分。

国务院组成部门的设置与调整经总理提出，由全国人民代表大会及其常务委员会决定，其行政首长由国务院总理提名，国家主席根据全国人民代表大会及其常务委员会的决定进行任免，各组成部门的行政首长为国务院组成人员。国务院组成部门主要是依据政府需要履行的职责而设定的，其设置并非一成不变，而是根据不同时期政府职责需要而不断调整的。例如在计划经济时期，国家计划委员会、机械工业部、石油工业部等为国务院组成部门，而随着改革开放的发展与中国特色社会主义市场经济体制的完善，这些部门逐步被裁撤，而国家发展和改革委员会、应急管理部、退役军人事务部、自然资源部等机构被作为新的国务院组成部门而设置。还有一些部门虽然名称未有较大改变，但是其职责却发生了重大变化，如交通运输部等。从总体上来看，国务院组成部门的数量逐年递减，并且呈现出“大部门化”的趋势。

国务院组成部门管理的国家行政机构（部委管理的国家局）和国务院组成部门一样，履行着政府各项职责，其行政首长一般由国务院任命，行政级别一般为副部级。大部分部委管理的国家局的负责人都是相关部门的副职首长。部委管理的国家行政机构是主要负责某些方面工作的行政管理机关，具有相对的独立性，原则上不直接向国务院请示工作。但是国务

---

① 本部分内容可参见《中华人民共和国宪法》《中华人民共和国国务院组织法》。

院下发的相关文件需直接发给国家局，并且召开相关会议时需国家局参加。同时，部委管理的国家局可以依法在其职权范围内拟订部门规章、指示及命令等。从政府运行过程来看，部委管理的国家局与国务院之间依然存在一定的行政关系，两者的联系和边界有时较为模糊，需要通过职责划分进一步细化。

四、直属机构

据《国务院关于机构设置的通知》《国务院行政机构设置和编制管理条例》，国务院直属机构在政府功能上与部委管理的国家局具有一定的相似性，履行政府特定的职责和行政事务。但是国务院直属机构与国务院组成部门之间没有任何隶属关系，其归国务院直接管理，具有较强的独立性。直属机构的行政首长由国务院任命，向国务院请示工作，并且根据国务院的行政法规、命令和决定来制定机构内部的相关规章。

国务院直属特设机构是政府特殊机构，截至目前，仅有1个直属特设机构，即国务院国有资产监督管理委员会（以下简称“国资委”）。依照《中华人民共和国公司法》及相关法律法规，国资委的主要职责有：履行出资人职责，指导国有企业改革和重组；对所监管企业国有资产的保值与增值进行监管；推进国有企业的现代化改造，完善企业治理结构；推动国有经济机构和布局的战略性调整；等等。国资委的职责聚焦对国有企业的监督管理，不承担公共管理职责，这与国务院其他组成机构是有差别的。

国务院直属事业单位不属于国家行政机关的序列，是在国务院授权下，以提供社会服务为直接目的的社会组织。但是直属事业单位归国务院直接领导，并且其中部分单位经过授权具有一定的行政职能。直属事业单位涉及的职责领域主要是社会福利、社会文化、教育、科学、卫生等领域。国务院直属事业单位不以营利为目的。国务院直属单位的行政首长或负责人由国务院直接任免，相对于行政机构，直属单位的人事政策和财务管理具有一定的灵活性。

五、议事协调机构

据《国务院关于机构设置的通知》《国务院行政机构设置和编制管理条例

条例》，国务院议事协调机构承担跨国务院行政机构的重要事务的组织协调工作。国务院议事协调机构在国务院同意的前提下，其议定的事务由有关行政机构根据各自承担的职责负责办理，在特殊情况下，可以根据事态的紧急程度，临时规定行政管理措施。

根据议事协调机构的存续属性，其可以分为长期性议事协调机构和暂时性议事协调机构。长期性议事协调机构一般情况下多履行特定的跨部门事务的职责，而暂时性议事协调机构则多针对突发性事件而设置。根据议事协调机构的职责属性，其可细分为专业指导类机构、特定事务类机构、决策咨询类机构和专项业务类机构。具体而言：① 专业指导类机构主要是国务院为指导某些专业类事务而设置的工作机构，如全国绿化委员会、全国老龄工作委员会、国务院抗震救灾指挥部等；② 特定事务类机构是国务院针对特定的、非常规性事务而设置的工作机构，如国务院残疾人工作协调委员会、国家国防动员委员会、国务院妇女儿童工作委员会、国务院中央军委空中交通管制委员会等；③ 决策咨询类机构主要是国务院为保证各类业务的决策和执行更加科学化、合理化，由相关专家及部门负责人组成的，负责业务范畴咨询和建议的机构，如国家信息化领导小组、国务院推进政府职能转变和"放管服"改革协调小组、国务院产品质量和食品安全领导小组等；④ 专项业务类机构是国务院为处理特定时期内的某项特定业务而设置的专门性工作机构，如国务院三峡工程建设委员会、全国防治非典型肺炎指挥部、中央应对新冠肺炎疫情工作领导小组等。

国务院议事协调机构的领导配置一般都规格较高，通常由国务院相关事务的分管领导担任负责人，这主要是为了议事协调机构能够顺利履行相应职责，完成特定的任务。但是数量众多的议事协调机构长期存在，从一定程度上反映了行政管理在特定事务的协同上还留有优化完善的空间。有效减少这些问题与整合议事协调机构的方法就是要明确政府职责的划分，建立科学合理的政府职责体系，并以此为依据，消除部门壁垒，加强部门协调，构建权责明确的机构体系。

六、办事机构[①]

国务院办事机构主要职责是协助国务院总理办理专门事项，不具有

① 本部分内容可参见《深化党和国家机构改革方案》(2018 年)。

独立的行政管理权限。从行政法的角度来看，国务院办事机构也不具有行政主体的资格。2018 年，党和国家机构改革后，国务院办事机构为国务院港澳事务办公室和国务院研究室。国务院侨务办公室的职责由中央统战部承担，其牌子挂在中央统战部。国务院台湾事务办公室与中共中央台湾工作办公室、国家互联网信息办公室与中央网络安全和信息化委员会办公室，一个机构两块牌子，列入中共中央直属机构序列。国务院新闻办公室在中央宣传部加挂牌子。国务院办事机构的设置目标为服务性，不具有决策属性。

当前的中央政府机构是在 2018 年政府机构改革后确立的。目前，国务院组成部门为 26 个，直属特设机构为 1 个，直属机构为 10 个，办事机构为 2 个，直属事业单位为 9 个，部委管理的国家局为 17 个。具体设置情况见表 3–1。

表 3–1　2018 年政府机构改革后国务院机构及部委管理国家局设置情况（国务院办公厅除外）

机构名称	设置情况
国务院组成部门	外交部、国家发展和改革委员会、科学技术部、国家民族事务委员会、国家安全部、司法部、人力资源和社会保障部、生态环境部、交通运输部、农业农村部、文化和旅游部、退役军人事务部、中国人民银行、国防部、教育部、工业和信息化部、公安部、民政部、财政部、自然资源部、住房和城乡建设部、水利部、商务部、国家卫生健康委员会、应急管理部、审计署
国务院直属特设机构	国务院国有资产监督管理委员会
国务院直属机构	海关总署、国家市场监督管理总局、国家体育总局、国家国际发展合作署、国务院参事室、国家税务总局、国家广播电视总局、国家统计局、国家医疗保障局、国家机关事务管理局
国务院办事机构	国务院港澳事务办公室、国务院研究室
国务院直属事业单位	新华通讯社、中国社会科学院、国务院发展研究中心、中国气象局、中国证券监督管理委员会、中国科学院、中国工程院、中央广播电视总台、中国银行保险监督管理委员会

续表

机构名称	设置情况
国务院部委管理的国家局	国家信访局（国务院办公厅管理）
	国家能源局（国家发展和改革委员会管理）
	国家烟草专卖局（工业和信息化部管理）
	国家林业和草原局（自然资源部管理）
	中国民用航空局（交通运输部管理）
	国家文物局（文化和旅游部管理）
	国家矿山安全监察局（应急管理部管理）
	国家药品监督管理局（国家市场监督管理总局管理）
	国家粮食和物资储备局（国家发展和改革委员会管理）
	国家国防科技工业局（工业和信息化部管理）
	国家移民管理局（公安部管理）
	国家铁路局（交通运输部管理）
	国家邮政局（交通运输部管理）
	国家中医药管理局（国家卫生健康委员会管理）
	国家疾病预防控制局（国家卫生健康委员会管理）
	国家外汇管理局（中国人民银行管理）
	国家知识产权局（国家市场监督管理总局管理）

资料来源：中华人民共和国中央人民政府官方网站。

国务院的组织结构搭建了我国政府机构的基本框架，因而政府机构改革都是从中央政府层面进行的，并逐步向地方展开。从 1982 年以来，我国政府机构进行了 8 次改革，其涉及组成部门、直属机构、直属事业单位等，机构数量总体呈现出下降的趋势，并且依据政府职责进行机构整合与优化。虽然政府机构进行了精简与整合，但是其内部机构的设置与人员编制的调整还留有优化完善的空间，这需要从政府机构规模和机构整体化的角度进一步探讨。

表 3-2　1982 年至 2018 年国务院机构设置数量统计（国务院办公厅除外）

机构名称	1982 年	1988 年	1993 年	1998 年	2003 年	2008 年	2013 年	2018 年
组成部门	42	41	40	29	28	27	25	26
直属特设机构	—	—	—	—	1	1	1	1
直属机构	15	19	13	17	18	16	16	10
办事机构	3	5	5	6	4	4	4	2
直属事业单位	—	5	8	9	14	14	13	9

数据来源：中华人民共和国中央人民政府官方网站。

第三节　地方政府的机构设置

地方各级政府在精简、统一、高效的原则上，可以根据实际工作需要设置相应的机构。地方政府的机构设置大致可以分为必设类机构和自主类机构，其中必设类机构主要是指全国各地按照规定都必须设置的基础职能性机构，其与中央政府的机构体系“对口”，这是保证全国机构设置规范化和行政管理统一性的重要措施。自主类机构主要是指各地方政府可以根据本辖区行政管理的实际需要设置部分特定的特殊性机构，其职责范畴应是必设类机构职责所不涵盖的。

我国地方政府组织体系具有多样性的特点，在行政管理中呈现出多维度的治理图景。为方便理解地方政府的机构设置，这里基于政府纵向层级，分省级政府、市级政府、县级政府、乡镇政府，及特殊性的经济特区和开发区，分别阐述地方政府机构设置的现状和特征。

一、省级政府的机构设置

我国的省级政府包括省、自治区和直辖市的政府。省级政府的机构主要分为组成部门、直属机构、部门管理行政机构和议事协调机构。

省是我国地方最高级别的行政区划之一，且是我国一级行政区中的主流建制，当前我国有23个省。因此，省政府的机构设置在我国地方政府机构设置中具有“模板”特征。机构数量方面，根据机构编制管理的相关规定，省政府的机构设置总数一般不超过60个，规模较小的省不超过55个。在机构设置方面，省政府设置办公机构、职能机构、直属机构和议事协调机构等，其机构设置与中央政府的机构设置保持较高程度的“对口”，一般对应机构达30多个。省政府的办公机构为办公厅，其主要负责政府的日常行政工作；省政府的职能机构主要是各厅、委员会，如财政厅、教育厅、应急管理厅、退役军人事务厅、卫生健康委员会等，负责履行本辖区内的各类基础性职责；省政府的直属机构主要包括直属特设机构（国有资产监督委员会）和各直属机构。各省根据本地区经济社会发展需要设置直属机构，总体上与中央政府保持对应，部分直属机构可根据不同地区的实际情况进行设置，如大数据管理、人才引进、文化广播体育等机构；省政府的部门管理机构大部分是根据地方现实需要而设置的，如发展和改革委员会管理的粮食和物资储备局、文化和旅游厅管理的文物局等，其都可以在中央政府机构中找到对口机构；省政府有权根据现实需要设置议事协调机构，但原则上省政府的议事协调机构不设独立的办事机构。

自治区即民族区域自治区。目前，我国共有5个自治区，分别是1947年成立的内蒙古自治区，1955年成立的新疆维吾尔自治区，1958年成立的广西壮族自治区和宁夏回族自治区，1965年成立的西藏自治区。当前，我国已有法律法规未对民族区域自治地方政府的行政机构设置做特别的规定及要求，因此其政府机构设置程序、总体数量、机构名称等与省政府的差别不大。但是，自治区政府机构还是有一些自己的特点：一是普遍设立宗教事务局、民族事务委员会等机构；二是自治区政府驻地被称为“首府”，而不是“省会”；三是自治区的政府行政负责人被称为“主席”，其与其他部分机构的负责人由自治区主体少数民族人员担任。

直辖市的行政级别与省、自治区相同（但直辖市党政负责人的行政级别略高于其他大部分省级政府的负责人），是直接由中央政府管辖的省级建制的城市。直辖市是居住人口众多且城市化程度很高的超大型城市，在全国的政治、经济和文化等各方面上具有重要地位，也是重要的交通枢纽。目前我国共有4个直辖市，即北京市、上海市、天津市、重庆市。直辖市虽然是省级建制，但本质上还是城市，所以在机构设置上与省、自治区有所不同：一方面，根据规定，直辖市的机构总数一般不超过65个；另一方面，直辖市政府机构一般称之为“局”和“委员会”，如财政局、教育委员会等。直辖市一般人口集中，城市化程度高，经济发达且交通便利，其政府职责具有一定的特殊性，因此机构设置也具有一定的自主性。如上海市结合自身的特点，设置了规划和自然资源局、地方金融监督管理局等具有本地区政府职责特点的部门。同样，北京市也设置了人才工作局等符合其特殊政府职责要求的机构。另外，直辖市很多机构以“委员会”的形式展现，如教育委员会、农业农村委员会、商务委员会、科学技术委员会等，这体现直辖市在具体的行政管理中更加突出城市管理的多样化与精细化。直辖市与省、自治区一样，设置有直属机构和部门管理机构，但在具体数量上与之存在一定差异。

表3-3 2018年政府机构改革后省级政府机构设置数量情况（台湾省除外）

省级政府机构总数	组成部门（含办公厅）	直属机构	直属特设机构	部门管理机构
北京市（45）	25	10	1	9
天津市（46）	26	10	1	9

续表

省级政府机构总数	组成部门（含办公厅）	直属机构	直属特设机构	部门管理机构
重庆市（47）	25	13	1	8
上海市（43）	26	9	1	7
黑龙江省（43）	24	12	1	6
吉林省（43）	25	12	1	5
辽宁省（42）	24	11	1	6
河北省（43）	24	11	1	7
山西省（42）	23	13	1	5
山东省（42）	24	10	1	7
河南省（42）	23	12	1	6
江苏省（44）	24	12	1	7
浙江省（42）	24	10	1	7
安徽省（43）	24	13	1	5
江西省（43）	23	12	1	7
福建省（41）	24	10	1	6
湖北省（42）	23	11	1	7
湖南省（43）	23	13	1	6
广东省（42）	23	8	1	10
贵州省（43）	24	13	1	5
四川省（43）	23	12	1	7
云南省（42）	24	10	1	7
陕西省（42）	23	12	1	6
甘肃省（42）	24	11	1	6
海南省（37）	23	6	1	7
内蒙古自治区（43）	23	12	1	7
广西壮族自治区（42）	24	12	1	5
西藏自治区（41）	25	9	1	6
宁夏回族自治区（39）	25	9	1	4
青海省（41）	24	10	1	6
新疆维吾尔自治区（41）	24	11	1	5

资料来源：据各省、自治区、直辖市的政府机构改革方案统计，截止到2021年6月。

二、市级政府的机构设置

我国市的类别较多，市级政府在这里主要是指地级市和副省级市的政府。据《中国统计年鉴2021》，截至2020年底，我国目前共有293个地级市，其中15个为副省级市（不含香港、澳门、台湾地区）。

在机构数量上，大城市（常住人口 100 万人以上）不超过 55 个，中等城市（常住人口 50 万—100 万人）不超过 47 个。市级政府大部分机构也与中央政府和省级政府机构对应，但是总体对应数量要小于中央政府与省级政府的机构对应比例。市级政府与上级政府对应机构约为 20 多个，比例在 55% 左右。2018 年机构改革后，我国市级政府的行政机构一般在 40 个左右。市级政府设置的机构主要对应教育、公安、民政、财政、生态环境、发展和改革、自然资源、农业农村、文化和旅游、应急管理、退役军人事务、市场监督管理等领域。此外，市级政府在总数限额内也设置了较多与上级政府不完全对应的机构，如负责档案、光电、体育、知识产权、金融、统计、粮食等事务的机构，其与上级机构或“一对多”或“多对一”，具体设置根据机构运行和地区行政实际情况而定。市级政府机构也由组成部门和直属机构组成，但是其性质的区分不是非常明显，基本由市级政府统筹管理。在机构名称方面，市级政府的机构一般称为“局”或“委员会”，也有部分机构被称为“办公室”。

副省级市是一个较为特殊的行政建制，其行政级别高于一般的地级市，同时低于直辖市和省级政府，是具有副省级级别的省辖市。副省级市的前身是“计划单列市”，即“在行政建制不变的情况下，省辖市在国家计划中列入户头并赋予这些城市相当于省一级的经济管理权限”。① 副省级市的政府机构设置具有一定特殊性：一方面，副省级市的机构行政级别存在一定的差别，如市直机构为副厅级，而其他机构多为正处级。市辖区及其组成机构的行政级别对应市直机构的级别，所代管县级市和所辖县则通常按照一般机构的正处级定级，其机构级别依次递降。另一方面，副省级市在政府机构设置方面的自主权大于地级市，且政府机构的职责范畴更大，特别是在经济管理权限方面，如工农业生产、交通运输、邮电、固定资产投资、外贸进出口、地方定额外汇、财政信贷、科学技术以及各项社会发展计划指标等领域均有超过一般城市的资源管理和使用权限。

三、县级政府与乡镇政府的机构设置

我国县级政府一般是指县（自治县）、县级市、市辖区、旗等的人民政府，在县级政府的机构设置中，我国县级政府及基层政府的机构设置多数

① 景跃进、陈明明、肖滨主编：《当代中国政府与政治》，中国人民大学出版社 2016 年版，第 206 页。

是“复制”上一层级政府机构设置，即主要是以地级市的机构设置为模板，设有组成部门、直属机构等。目前我国县级政府机构设置总量约为30个，其中与上级政府机构完全对应的在20个左右，占比约66%。但县级政府的机构设置也具有一些差异，如市辖区与县、县级市比较，其在一定程度上是市政府的派出机构，因此市辖区很多机构的设置实际上也具有上级部门的派出性质。如公安局在县的机构设置中为“公安局”，而市辖区的公安部门则为“公安分局”，且不同类型的县级政府在职责履行与机构设置上也存在差异，如农业为主的县级政府和城市化程度较高的县级政府在政府职责与机构设置上就存在较大不同。

乡镇政府是我国政府体系中的基层政府，其机构设置在全国范围内并没有一个完全统一的标准，不同地区的乡镇政府在机构设置上存在较大差异。归纳而言，我国乡镇政府的机构设置大致可以分为两类。一是基本职责类，即乡镇政府根据基层政府的职责范畴，设立直接归属自己管理的机构，其名称多为“办公室”，如党政办公室、综合治理办公室、民政办公室、经济发展办公室等。这类机构多是与乡镇党的机构联合设置，实行党政合署。二是上级派驻类，即县政府派驻在乡镇的各类工作机构，俗称“七站八所”。这类机构由县政府派驻，即与县政府相应机构对口，其一般称之为“站”或“所”，如统计站、财政所、司法所、税务所等。综合而言，乡镇政府的机构设置与其他层级的行政机构相比，并不能算是完整的机构体系，其设置相对简单，且数量较少。但是乡镇政府机构的工作职责范畴广、职责的综合属性较强，一个机构一般需要负责多条线的具体事务。

四、经济特区和开发区的机构设置

经济特区是改革开放后国家为推动经济发展而专门设立的。经济特区是实行特殊经济政策和经济体制的地区。1979年邓小平提出要建设“出口特区”，并在深圳进行试点，1980年3月改为“经济特区”。1980年5月，中央批准深圳、珠海、汕头、厦门改为经济特区。1988年5月，设立海南特区。2010年，新疆维吾尔自治区的霍尔果斯和喀什设立了经济特区。经济特区具有更为独立的经济立法权和更为自主的经济管理权。经济特区在机构设置方面，除基础性职能机构外，普遍设有专门性的经济管理机构，履行特定的经济管理职责，这是与地方政府机构设置不同的地方。

20世纪90年代，特别是社会主义市场经济体制确立后，各类型的城市开发区逐步建立。开发区主要是指一个国家或地区，划出一定区域实施特殊政策及管理方式，吸纳外部生产要素，以提升经济与产业发展，其主要包括经济技术开发区、高新技术产业开发区、跨边境合作区、自由贸易区、国家旅游度假区、国家级新区等。在机构设置方面，我国目前的开发区可以分为大致两个主流类型：一是以管理委员会的形式组织管理机构，另一个是参照地方政府的机构设置组建领导管理机构。例如2020年底，我国19个国家级新区中，上海浦东新区和天津滨海新区是行政性新区，其机构设置包括了党委、人大、政府、政协四套班子，同时具有较为完整的党务和行政两套机构，形成和地方政府较为一致的机构设置体系。而其他大部分新区则是以党工委和管委会的形式进行机构设置，不设置相应级别的人大和政协，机构的具体设置也与行政性新区有较大差别。开发区管委会是所在地区人民政府的派出机构，实行较为特殊的管理模式。所在地区人民政府对开发区工作实行统一的领导和管理，协调各部门间的工作，这属于政府主导的管委会模式。同时，在具体机构设置上，开发区的很多机构主要是为了服务开发区经济职责和其他特殊的管理职责而设定的。如雄安新区管委会下设机构主要有党政办公室、党群工作部、改革发展局、规划建设局、公共服务局、综合执法局、安全监管局、公安局、生态环境局等，甚至还设置了诸如纪检监察机关、司法机关、检察机关、税务机关、财政部派出监督机关和国库等机构。但是，随着经济社会发展的现实需要，各类开发区衍生出不同类型的管理方式，除了传统政府主导的管委会模式外，还有企业主导型模式、政企协作型模式、委托管理型模式、协治型模式等。①

经济特区和开发区在实际的运行过程中，行政层级的设定上也有所不同。如上海浦东新区、天津滨海新区和雄安新区是副省级建制的国家级新区，其他国家级新区为正厅级建制，这使其机构设置及相应的职责设定也会存在一定的差别。同时，开发区所在地政府赋予其具体的权限根据不同的职责要求也有所不同。如，2011年浙江舟山实验群岛新区被赋予省级经济社会管理权限；广东省逐步下放给广州南沙新区多项省级管理权限，其中包括“绿色通道”类20多项；2019年上海浦东新区被赋予市级

① 参见吴金群、廖超超等：《尺度重组与地域重构：中国城市行政区划调整40年》，上海交通大学出版社2018年版。

管理权限；等等。这些都表明开发区在职责范畴和机构设置上与一般的行政建制有差异。

第四节　特别行政区政府的机构设置

特别行政区是根据宪法规定设置的具有特殊法律地位，实行特殊的社会制度、政治制度、经济制度和文化制度等的行政区域。目前，我国的特别行政区有香港特别行政区和澳门特别行政区。特别行政区的机构设置与我国其他类型政府的行政机构设置完全不同，具有较强的特殊性。以下依据《中华人民共和国香港特别行政区基本法》《中华人民共和国澳门特别行政区基本法》，以及香港特别行政区和澳门特别行政区的政府网站公布发布的信息，对我国特别行政区政府的机构设置做一些简单介绍。

一、香港特别行政区政府机构

《中华人民共和国香港特别行政区基本法》是香港特别行政区的制宪性文件，规定了香港特别行政区的基本制度。香港特别行政区政府机构也是依据基本法设置的。

（一）行政机构

《中华人民共和国香港特别行政区基本法》第六十条规定，香港特别行政区设政务司、财政司、律政司和各局、处、署。根据职责分工分别承担具体的行政事务。香港特别行政区政府的行政机构大致可以分为三个层次：一是司，即政务司、财政司和律政司；二是决策局，如教育局、保安局、环境及生态局、民政及青年事务局等；三是部门，如香港警务处、旅游事务署等，其主要负责具体公共事务的执行，直接履行行政管理职责。①

1. 司

香港特别行政区的政务司、财政司和律政司合称“三司”。“三司”是香港特别行政区政府的核心机构，负责相关职责范畴内各项政策的制定和执行监督，并对其行政事务的发展进行规划。“三司”直接对行政长官负责。

---

① 见香港特别行政区政府网站发布的香港特别行政区政府组织图。

政务司的主要职责是协助行政长官的行政工作，监督其所辖决策局的工作，确保政策制定和实施的协调。同时，政务司要处理行政长官的政策议程中指定的优先项目，加强与立法会的工作关系，并拟定政府立法议程的时间表。政务司司长亦执行法例赋予他的法定职能，包括处理上诉以及关于某些公共机构的运作等。这些工作主要由政务司司长办公室辖下行政署提供支援。行政长官因故不能履职或辞职且未选举新任行政长官时，由政务司司长作为行政长官职位的第一顺位署理人。①

财政司的主要职责是负责特别行政区财政、经济、金融、贸易及就业等方面的政策制定和实施，并根据行政长官的决策议程和公共财政条例的赋权编制政府财政预算案，并提出预算案中有关各项开支的建议等。香港特别行政区的经济规划及政策执行都由财政司负责。同时，财政司还要负责一些具体的经济审核工作，如审核特定收费和酬金标准、特殊法定组织的账目等。

律政司主要职责是负责特别行政区的法律事务，起草政府提出的各项法律草案和法规文本，为香港特别行政区政府及行政长官提供法律建议，并向各政府部门提供必要的法律建议或法律指导。同时，律政司可以代表政府处理行政诉讼，并作为政府代表或公众代表出庭。在检控方面，律政司具有执行职能，可以提出所有的刑事类检控，并有对香港所有罪案进行检控的最终责任。律政司的刑事检察工作不受任何机构或个人的干涉。

2022 年 6 月 19 日，国务院根据《中华人民共和国香港特别行政区基本法》和香港特别行政区第六任行政长官提名，任命了香港特别行政区第六届政府主要官员，其中新增三个副司长职位，即政务司副司长、财政司副司长和律政司副司长。

2. 决策局

香港特别行政区政府的决策局又称为政策局，主要职责是制定、统筹及检讨各项基础性政府职责的政策，如卫生、民政、保安、运输等。同时，监督下属部门的工作，所有的决策局共同组成“政府总部”。据香港特别行政区政府官方网站，从 2022 年 7 月 1 日起，依照重组特区政府架构的建议方案，香港特别行政区的决策局由原来的 13 个增至 15 个，分

① 据《中华人民共和国香港特别行政区基本法》第五十三条规定：香港特别行政区行政长官短期不能履行职务时，由政务司长、财政司长、律政司长依次临时代理其职务。

别是政务司管辖的公务员事务局、政制及内地事务局、文化体育及旅游局、教育局、环境及生态局、医务卫生局、民政及青年事务局、劳工及福利局、保安局，财政司管辖的商务及经济发展局、发展局、财经事务及库务局、房屋局、创新科技及工业局、运输及物流局。

3. 部门

香港特别行政区的各政府部门主要是负责各类政策的执行及具体行政管理事务的落实。根据香港特别行政区政府机构的组织架构，目前的部门主要有：入境事务处、土木工程拓展署、土地注册处、大学教育资助委员会秘书处、工业贸易署、公司注册处、公务及司法人员薪俸及服务条件咨询委员会联合秘书处、水务署、民政事务总署、民航处、民众安全服务队、在职家庭及学生资助事务处、地政总署、行政署、投资推广署、房屋署 / 房屋委员会、法律援助署、知识产权署、社会福利署、屋宇署、建筑署、律政司、政府化验所、政府物流服务署、政府飞行服务队、政府产业署、政府统计处、政府新闻处、政府经济顾问办公室、政府资讯科技总监办公室、食物环境卫生署、香港天文台、香港消防处、香港海关、香港特别行政区政府驻北京办事处、香港邮政、香港经济贸易办事处（内地）、香港经济贸易办事处（海外）、香港电台、香港警务处、差饷物业估价署、库务署、效率促进办公室、旅游事务署、海事处、破产管理署、康乐及文化事务署、规划署、通讯事务管理局办公室、创新科技署、劳工处、渠务署、税务局、路政署、运输署、截取通讯及监察事务专员秘书处、渔农自然护理署、审计署、机电工程署、选举事务处、环境保护署、医疗辅助队、惩教署、卫生署。各部门的职责基本覆盖了香港社会事务、公共服务及日常生活的方方面面，直接与社会民众发生联系。

（二）独立机构和公营机构

香港特别行政区的独立机构是政府机构体系中的重要组成部分，它与其他特别行政区的政府机构是相分离的，直接对行政长官负责，工作程序及财政支持均具有独立性，不受其他机构、组织或个人干预。香港特别行政区最为著名的独立机构就是廉政公署。除此以外，公务员叙用委员会、申诉专员公署、审计署和政策创新与统筹办公室都具有一定的独立性。

香港特别行政区的公营机构是指由中华人民共和国香港特别行政区政府出资成立并保障运营，负责特定公共服务或政府认为需要较多社会人士参与的工作，其本质上是不完全属政府部门的半官方机构。这些机构有些根据机关条例成立（在这种情况下又可称其为法定机构），而有些则不是。它们的职能虽然和政府部门的相似，但不属于政府体系，成员皆不属香港公务员，相较于政府部门有更多的自主权，其主要决策者均由政府或行政长官邀请社会人士担任。如管理全香港所有公立医院及诊所的医院管理局，[①] 协助香港工业发展的生产力促进局 [②] 等都是公营机构。

（三）行政会议

《中华人民共和国香港特别行政区基本法》第五十四、五十五、五十六条规定，香港特别行政区行政会议是协助行政长官决策的机构。香港特别行政区行政会议由行政长官主持，成员由行政长官从行政机关的主要官员、立法会议员和社会人士中委托产生，其任免由行政长官决定。行政会议成员任期不得超过委任他的行政长官的任期。香港特别行政区行政会议成员必须是香港特别行政区永久性居民中的中国公民，且在外国无居留权。截至 2022 年 7 月 1 日，香港特别行政区的行政会议共有 38 位成员，包括 1 位行政长官（主席）、21 位现职问责官员及 16 位非官方人士。

根据《中华人民共和国香港特别行政区基本法》五十六条规定，行政会议由行政长官主持。行政长官在作出重要决策、向立法会提交法案、制定附属法规和解散立法会前，须征询行政会议的意见。而在人事任免、纪律制裁和紧急情况下采取措施的事宜上，行政长官则无须征询行政会议的意见。行政长官如不采纳行政会议多数成员的意见，应将具体理由记录在案。

根据《中华人民共和国香港特别行政区基本法》的规定，行政长官在作出重要决策前，都必须征询行政会议的意见。但行政会议并不以少数服从多数为原则，集体决议后仍由行政长官掌握最终的决定权。所以，行政会议更加具有咨询机构的属性，在香港特别行政区政府的决策与执行中具有重要的影响力。

二、澳门特别行政区政府机构

依据《中华人民共和国澳门特别行政区基本法》，澳门特别行政区的政府机构设置与香港特别行政区大致相同，由行政机构、独立机构、公共

---

① 香港医院管理局香港特别行政区负责管理公立医院及诊所的法定机构，于 1990 年 12 月 1 日根据香港法例第 113 章《医院管理局条例》成立，1991 年 12 月 1 日起正式接管全香港公立医院。

② 香港生产力促进局是香港的工业支援机构，于 1967 年依据《香港生产力促进局条例》成立。

事业机构和决策协助机构组成。与香港特别行政区政府机构相比，澳门特别行政区的政府机构数量相对偏少，但职责范畴更加宽泛。

（一）行政机构

《中华人民共和国澳门特别行政区基本法》第六十二条规定澳门特别行政区的行政机构设司、局、厅、处。其总体上也分为三个层级。

1. 司

行政法务司、经济财政司、保安司、社会文化司和运输工务司这五大司是澳门特别行政区政府的主体，是其政府的组成部门。司是在行政长官直接领导下负责某一方面行政事务的政府工作机构。① 行政法务司主要负责制定法务方面的政策并监督具体执行，指导并协调登记及公证体系，制作特别行政区公报等。行政法务司职责范围较广，既涉及传统的公共行政事务，也涉及城市管理的具体事务。同时，行政法务司还需要负责立法、司法方面的行政工作及法律翻译、社会重返等职责。② 经济财政司的主要职责是制定经济发展政策及经济政策运行监督；营造良好的营商环境，监察相关法律的实施情况；协调特别行政区参加各类经济合作组织和专题会议的情况等。经济财政司的职责覆盖面较为宽泛，涉及传统的财政、商业、金融、税收、商业、数据统计等，也涉及劳工就业、职业培训、消费者保护、财产管理等。值得注意的是，因为澳门特别行政区博彩业繁荣，所以经济财政司具有监督博彩业发展的职责。③ 保安司主要职责是制定特别行政区的保安政策并监督其执行情况；监察特别行政区海上交通的政策运行及违法处罚；特别行政区日常治安管理、监狱管理、刑事侦查、出入境管理等。④ 社会文化司主要履行社会文化方面的政策制定及执行监督，其职责范畴包括教育、文化、卫生、社会工作、旅游、体育、青年事务、公共服务和社会保障等领域。⑤ 运输工务司的主要职责是负责制定公共运输方面的政策制定及执行监督；规划并推进特别行政区基础建设的发展，协调并执行大型交通项目建设，协调轻轨体系的设置与运行，推进交通运输的现代化发展，更新交通运输工具等。运输工务司的职责范围涉及运输、交通、通信、土地治理、公共工程与基础设施建设、环境保护、住房保障、气象、能源等领域。

2. 职能局

各司根据行政事务设置的二级机构即职能司。职能局在司长的领导下，根据所属司的职责负责具体的行政事务，职能局的工作受所属司的监督。如法务局、博彩监察协调局、公证署、统计暨普查局、劳工事务局、澳门金融管理局等，都是澳门特别行政区的职能局。值得注意的是，澳门特别行政区的职能局都由各司设置管理，并不直接对行政长官负责。但是警察总局由保安司和行政长官共同负责，澳门特别行政区海关对行政长官负责，对口联络行政长官办公室。

3. 工作部门

各职能局下设的负责具体政策执行和行政事务管理的机构即工作部门，其具有较强的执行性特征。

（二）独立机构与公共事业机构

与香港特别行政区类似，澳门特别行政区的独立机构是指与其他政府机构相分离，直接对行政长官负责的工作部门。独立机构的人事、财务及管理均不受其他机构或个人的干预和影响。澳门特别行政区的独立机构是根据《中华人民共和国澳门特别行政区基本法》设置的，在设置和工作上具有较强的独立性。澳门的独立机构有廉政公署①和审计署②。

澳门特别行政区设有公共事业机构，从本质上来说，其并不是澳门特别行政区政府的组成机构，却履行了相当一部分行政事务的管理和运行工作，承担了不少行政性职责。澳门特别行政区的公共事业机构组织较为复杂，多是以"会""基金会""有限公司"的组织形式运行，也有以"实验室""学会"等形式组织的。如澳门律师公会、澳门电力股份有限公司、澳门土木工程实验室、澳门广播电视股份有限公司等都是澳门特别行政区的公共事业机构。

（三）行政会

依据《中华人民共和国澳门特别行政区基本法》第五十六条，澳门特别行政区行政会是协助特别行政区行政长官决策的机构。澳门特别行政区行政会的会议召开频率低于香港行政会议的每周一次，为每月召开一次。③行政长官在作出重要行政决策、向立法会提交法案、制定行政法规和解散立法会前，须征询行政会的意见。但是，行政长官在人事任免、纪

① 《中华人民共和国澳门特别行政区基本法》第五十九条规定，澳门特别行政区设立廉政公署，独立工作。廉政专员对行政长官负责。

② 《中华人民共和国澳门特别行政区基本法》第六十条规定，澳门特别行政区设立审计署，独立工作。审计长对行政长官负责。

③ 据《中华人民共和国澳门特别行政区基本法》第五十八条规定，行政会议每月至少举行一次。

律制裁和紧急突发状态下采取的措施则无须征求行政会的意见。[①]澳门特别行政区行政会成员均以个人身份发表意见，但行政会所作出的决议属于集体决定。行政长官根据法律规定，在做涉及行政会职责范畴内的各项事务的决策时，必须听取行政会的意见，并尽量以多数人的意见作为决议。若行政长官不采纳或不接受行政会的意见，则须明确具体理由并记录在案。[②]行政长官在必要时可以邀请决策事务的相关人士列席行政会会议。值得注意的是，澳门特别行政区行政会的成员要求是澳门特别行政区永久居民中的中国公民，但是并未像香港特别行政区行政会议要求其成员必须无外国居留权。[③]

① 详见《中华人民共和国澳门特别行政区基本法》第五十八条。
② 详见《中华人民共和国澳门特别行政区基本法》第五十八条。
③ 详见《中华人民共和国澳门特别行政区基本法》第五十七条。

CHAPTER FOUR

第四章
政府制度

政府制度即保证政府正常运行的一系列工作制度的总称。政府制度是一个体系，包括领导制度、会议制度、公务员制度、公文制度、信息公开制度、行政问责制度等。政府制度对政府行政过程具有普遍的约束力，并规范政府各项行政行为，保证政府行政管理过程的科学化、法治化。

第一节　领导制度

领导制度是政府制度中的基础性制度，其规定了政府权力的来源、分配及归属，奠定了政府行政的基本规则。一般而言，领导制度可以分为外部和内部两个方面：外部方面主要是指政府权力的来源及依据，如党的政治领导制度、人大对政府的责任领导制度等；而内部方面主要是指政府内部的权力关系及运行规则的领导，如行政领导制度。领导制度的外部和内部两方面共同构成政府行政的基本规范，以及政府治理的合法性基础。

一、党的领导

习近平总书记指出，中国特色社会主义，最本质的特征是中国共产党领导。[①] 党的领导是我国政府体制建设及运行的核心原则和根本制度。《中国共产党章程》规定“中国共产党是中国工人阶级的先锋队，同时是中国人民和中华民族的先锋队，是中国特色社会主义事业的领导核心”。

① 参见《习近平谈治国理政》(第四卷)，外文出版社 2022 年版，第 46 页。

这表明中国共产党是包括政府在内全国各类组织及其活动的核心领导。《中国人民共和国宪法》指出："一九四九年，以毛泽东主席为领袖的中国共产党领导中国各族人民，在经历了长期的艰难曲折的武装斗争和其他形式的斗争以后，终于推翻了帝国主义、封建主义和官僚资本主义的统治，取得了新民主主义革命的伟大胜利，建立了中华人民共和国。"这表明中华人民共和国是在中国共产党领导下建立的，党确立了中国政治体制与政府形态，因此中国政府必然要在党的领导下开展工作。在此基础上，中国共产党通过特定的形式嵌入政府结构之中，建立党政同构的"一体"形态，实现对政府的有效领导。[①] 在中央政府层面，党通过政治领导、功能协调、人事管理、内部控制和外部监督等方式实现领导。而在地方政府层面，党通过对社会、经济事务的管理以及自身的组织制度，实现对地方政府的领导。[②]

党对政府的领导具体通过下面这些制度和方式实现。① 在国家行政机关设置党组。《中国共产党章程》规定，"在中央和地方国家机关、人民团体、经济组织、文化组织和其他非党组织的领导机关中，可以成立党组。党组发挥领导作用"。党组的设立是党对政府及其组成机构领导的重要体现，是政府贯彻党政治领导、组织领导和思想领导的主要方式，也是党对政府绝对领导的制度保证。② 党的领导人或负责人在国家行政机构中担任职务。在党政一体的体制下，党中央的领导人或地方党委的负责人会在各级国家行政机构中担任职务。如国务院总理通常为政治局常委，国务院副总理为政治局常委或政治局委员，地方政府的行政首长一般为同级党委副书记等。这不仅是党政体制的协同性的体现，还是党对政府的绝对领导的形式呈现。③ 党组织通过"归口"管理强化对国家行政机关的领导。通常党的组成部门具有较强的"复合"属性，能够领导相关领域中的多个国家行政机关或机构。如党的宣传部门通过"归口"领导政府中的新闻出版、文化教育等机构，党的政法部门领导司法、国家安全、公安等机构。党的"归口"管理是我国党政体制的综合展现。④ 党政机构的整合。通过数次机构改革，特别是 2018 年党和国家机构改革，我国实现较大程度的党政机构整合。因为党政分工的原因，很多党的领导工作需要通过政府机构的相应功能来实现，因此"党政合署""一个机构、两块牌子"

---

① 参见李瑞昌主编：《行政逻辑：当代中国政府治理原理》，上海人民出版社 2021 年版。

② 景跃进、陈明明、肖滨主编：《当代中国政府与政治》，中国人民大学出版社 2016 年版，第 27 页。

等情形就出现了。“两个机构、一块牌子”也是党政机构整合的形式。如中央机构编制委员会办公室，既是党的机构，也是政府机构。党政机构整合是党对政府领导的加强，但是并不意味着以党代政。⑤ 领导小组的设置。领导小组通常是为了处理特定时期的特定事务而建立的，具有跨部门、跨领域的协调能力，中央与地方都设有对口的领导小组。领导小组是我国党政一体体制下特有的一种组织方式和工作机制，其能够强化党的领导，充分实现党政协同。通常领导小组组长都由党中央主要领导人或地方党委主要负责人兼任，如习近平总书记就兼任中央全面深化改革领导小组组长。

二、责任领导

责任领导可以理解为行政机关应该依法向谁负责，接受谁在责任层面的领导与监督。责任领导不同于政治领导与行政领导，其本质上是一种合法性与监督性的体现。《中华人民共和国宪法》第二条明确规定“中华人民共和国的一切权力属于人民。人民行使国家权力的机关是全国人民代表大会和地方各级人民代表大会”。这表明人民代表大会是我国的权力机关，是人民履行国家权力的机构，具有最高的责任领导地位，是行政机关的负责对象。同时，《中华人民共和国宪法》和相关法律也规定了国务院的最高行政领导地位及地方各级政府间的领导关系。据此，我国行政机关的责任领导体现在两个层面：一是行政机关要向本级权力机关负责，并接受其监督；二是地方行政机关要接受上级行政机关的责任领导，在特定方面对上级行政机关负责。因而，责任领导可具体分为中央政府的责任领导和地方政府的责任领导。

（一）中央政府的责任领导

《中华人民共和国宪法》第九十二条规定“国务院对全国人民代表大会负责并报告工作；在全国人民代表大会闭会期间，对全国人民代表大会常务委员会负责并报告工作”。这体现了中央政府和全国人大在责任方面的领导关系。具体而言，中央政府即国务院，要对全国人大及其常委会负责，并接受其监督。这具体体现为以下三个方面。第一，国务院总理的产生由国家主席提名，须经全国人大表决通过。因此，其需要对全国人大及其常委会负责。具体来说，国务院总理需要向全国人大及其常委会定期报告政府工作情况。一般在年度的全国人大会议上，国务院总理要向全国人大做政府工作报告，并提请全国人大审议。在全国人大闭会期间，国务院也需要就特定的工作或某个部门的具体事务向全国人大常委会或全国人大某个专门委员会做专题、专项报告。同时，国务院需要根据全国人大常委会或专门委员会提出的意见，提交书面的处理报告。第二，全国人大负有对国务院进行监督的责任。全国人大及其常委会可以对国务院进行各项监督，如监督国务院实施法律法规、监督国务院执行全国人大决议、监督国务院领导人员及组成部门主要领导履行职责及廉洁守纪情况、监督国务院日常工作情况等。基于此，全国人大及其常委会有权依法撤销国务院违法或不适当的决议和命令，并有权对国务院及其组成部门的具体工作提出质询。同时，全国人大及其常委会也有权对国务院领导及其组成部门主要领导的违法违纪、渎职失职、越权侵权等行为提出质询、调查，并可依法通过相应程序予以罢免或撤职。第三，国务院编制的一系列报告与草案，如国民经济和社会发展规划、国家预算和决算草案，还有提出的审计机关关于上一年度预算执行和其他财政收支的审计工作报告等都需要提交全国人大常委会审查和批准。同时，相关报告、草案的执行情况也要形成报告提请全国人大常委会审议和批准。

（二）地方政府的责任领导

《中华人民共和国宪法》规定“地方各级人民政府是地方各级国家权力机关的执行机关，是地方各级国家行政机关”，同时也明确规定“地方各级人民政府对本级人民代表大会负责并报告工作。县级以上的地方各级人民政府在本级人民代表大会闭会期间，对本级人民代表大会常务委员会负责并报告工作”。这明确地方各级人民代表大会及其常务委员会是地方政府的责任领导主体，地方政府对本级人大及其常委会负责，并受其监督。和中央政府一样，地方各级政府的行政首长要向本级人大及其常委会做报告，并由本级人大及其常委会审议其国民经济和社会发展规划、财政预算及其执行情况报告等。地方各级人大及其常委会有权撤销本级政府不适当的决定和命令，有权任免本级政府组成人员，并有权对本级政府的工作提出质询和调查等。

同时，根据《中华人民共和国宪法》规定，“地方各级人民政府对上一级国家行政机关负责并报告工作。全国地方各级人民政府都是国务院统一领导下的国家行政机关，都服从国务院”。我国地方政府还需要对上级政府负责，并接受上级政府的领导和监督。《中华人民共和国地方各级人民代表大会和地方各级人民政府组织法》中的相关规定也明确地方各级政府需要接受上级政府的领导，并服从上级政府的命令。这也属于责任领导的范畴。但是为了区分行政领导与责任领导，地方各级政府接受上级政府领导的部分还是归于行政领导之中。

三、行政领导

《中华人民共和国宪法》规定，“地方各级人民政府对上一级国家行政机关负责并报告工作。全国地方各级人民政府都是国务院统一领导下的国家行政机关，都服从国务院”。“县级以上的地方各级人民政府领导所属各工作部门和下级人民政府的工作，有权改变或者撤销所属各工作部门和下级人民政府的不适当的决定。”《中华人民共和国地方各级人民代表大会和地方各级人民政府组织法》也明确规定：“地方各级人民政府分别实行省长、自治区主席、市长、州长、县长、区长、乡长、镇长负责制。”同时，政府组成部门也实行行政首长负责制。基于此，我国政府的行政领导一般从两个方面加以体现：一是地方各级政府要服从上级政府的领导，向上级政府负责。同时，地方各级人民政府都要服从国务院。二是各级政府实行首长负责制，通过行政首长实现各级政府及组成部门的行政领导。

（一）政府间的行政领导

根据宪法及相关法律法规的规定，我国地方各级政府除了对本级人大及其常委会负责外，还需要对上级政府负责，接受上级政府监督。我国上下级政府之间属于领导和被领导的关系，下级政府要向上级政府汇报工作，并接受上级政府的指示和命令。下级政府的机构设置需要得到上级政府的批准。上级政府在必要时可以通过派驻或派出的方式在下级政府设置机构来开展工作。同时，下级政府部门负责人在经本级人大决定后须报上级政府备案，且下级政府部门要接受上级政府对口部门的业务指导。下级政府的决定在被上级政府认为不适当时，可以被上级政府撤销或终止。政府间的行政领导是由我国单一制国家结构形式和中国特色政府体系所决定的，是我国政府政令纵向贯通的保证。

（二）中央政府的行政领导

根据《中华人民共和国宪法》和《中华人民共和国国务院组织法》的规定，中央政府的行政领导主要体现在国务院和国务院部门两个层面：在国务院层面实行总理领导，而在国务院部门方面则实行部门行政首长领导。

国务院总理领导制度是指总理作为国务院的负责人，领导国务院各项工作，承担全面责任，并对外代表国务院。其具体体现在三个方面：一是国务院总理是国务院工作的领导者，国务院副总理、国务委员、秘书长、副秘书长都是协助总理开展工作的。国务院部门行政负责人在国务院总理的统一领导下开展工作，且各部门、委员会的所有规划、政策、方针及各项重大事务都需要向国务院总理报告，由国务院决定。二是总理对国务院组成人员及各部门负责人具有提名权。国务院副总理、国务委员、秘书长、各部部长、各委员会主任等均由国务院总理向全国人大及其常委会提名，经全国人大及其常委会决定人选后，由国家主席任命并发布。这是总理领导制度中人事提名权的体现。三是国务院发布的各项决定、命令、法规，向全国人大及其常委会提交的议案、人员任免建议或决定等都需要由国务院总理签署。这是国务院总理领导制度的具体体现。同时，国务院总理作为政府首脑，对外代表中央政府，外事文件、协议等都需要由国务院总理签署或由总理委托代理人签署方能生效。

国务院各部门实行行政首长领导是指国务院各组成部门的日常行政事务由部门行政首长领导和负责，部门对外代表为行政首长。具体而言，国务院各部部长、各委员会主任、审计长、各总局局长、各办公室主任、中国人民银行行长负责本部门的日常行政工作，有权召集并主持本部门的各项会议，在集体讨论的基础上作出最终决策，国务院部门行政首长同时也具有最终的否决权。国务院各部门的文件、报告、请示、命令、指示等需要部门行政首长签署或委托代理人签署方可生效。同时，国务院各部门行政首长有权领导或指导本系统的专业职能性工作，统筹相关领域的发展，保证具体政策措施能够上通下达、执行到位。

（三）地方政府的行政领导

根据宪法和相关法律的规定，地方各级政府的行政首长是地方各级政府的负责人，全面领导各级政府的行政工作，对辖区内的各项事务具有全面领导权，对外代表所领导负责的政府。地方各级政府的副职领导人都是协助行政首长工作的，在行政首长统一领导下分管具体的工作，直接对行政首长负责。地方政府行政首长对于本辖区内的重大事务，在经集体讨论的基础上具有最终决定权，在特定情况下也具有否决权。地方各级政府行政首长对本级政府的部门负责人具有向本级人大常委会提名的人事提名权（对政府副职人选具有建议权）。

地方各级政府的工作部门均实行行政首长领导制度，行政首长全面负责相应部门的行政工作，并对外代表相应行政部门。与地方各级政府一样，地方各级政府工作部门的副职领导也是协助行政负责人工作的，在行政负责人的统一领导下分管具体的工作，对行政负责人负责。

第二节　会议制度

会议制度是我国政府运行的重要方式。依据我国政府会议制度，政府会议大致可以分为常规型会议和特殊型会议两类，其中常规型会议主要包括政府的常务会议和全体会议，特殊型会议主要包括专题会议、部际联席会议、办公会议等。会议制度的具体实施根据不同层级政府的实际情况而定。

一、国务院会议制度①

依据国务院会议制度，国务院会议主要由常规的常务会议、全体会议和特殊的专题会议、部际联席会议等组成。国务院会议制度是我国中央政府运行的重要制度。

（一）常规型会议

国务院全体会议和常务会议属于国务院会议制度中的常规型会议。国务院全体会议和常务会议的形成是一个发展与完善的过程。中华人民共和国成立初期，当时的中央人民政府组织法规定，中央人民政府委员会的会议要两个月召开一次，由中央人民政府主席负责召集。中央人民政府政务院的政务会议，每周举行一次，由政务院总理负责召集。1954 年第一部宪法颁布，虽建立了国务院，并授权总理领导国务院工作，主持国务院会议，但并没有明确国务院会议的制度形式。因此，中央人民政府委员会会议和政务院政务会议可以被认为是国务院全体会议和常务会议的前身。1982 年宪法颁布，明确规定国务院全体会议和常务会议的组成人员及召集人，从法制层面确定了国务院基本会议制度。2013 年颁布的《国务院工作规则》进一步细化了国务院全体会议和常务会议的组成、程序、任务等。根据宪法、国务院组织法和《国务院工作规则》的规定，国务院工作中的

① 关于国务院会议制度的内容可参见《中华人民共和国宪法》《中华人民共和国国务院组织法》《国务院工作规则》等相关法律法规。

重大事项必须经过国务院全体会议或常务会议讨论决定，国务院全体会议和常务会议的组织工作均由国务院办公厅负责。

1. 国务院全体会议

国务院全体会议由总理、副总理、国务委员、各部部长、各委员会主任、审计长、秘书长、人民银行行长组成，由国务院总理负责召集并主持。国务院全体会议在需要时，可以有相关单位的负责人列席会议，但其只能发表意见或参与讨论，无表决权。国务院全体会议的职责主要为讨论并决定国务院工作中的重要事项，规划及部署国务院的各项工作安排，通报国内外形势发展等。国务院全体会议一般每年召开两次，也可依照现实情况的需要进行相应调整。

2. 国务院常务会议

国务院常务会议由总理、副总理、国务委员、秘书长组成，国务院总理负责召集并主持。国务院常务会议的职责主要是讨论并决定国务院工作中的重要事务、重大事项及人事安排，审议行政法规草案及讨论相关法律草案，通报国内外形势发展及重要事项等。国务院常务会议一般每周召开 1 次，但如有特殊需要可临时召开或调整会议时间。国务院常务会议上，相关部门和单位的负责人也可根据实际需要列席。值得注意的是，在 1982 年宪法颁布之前，国务院未设国务委员，国务委员作为国务院常务会议组成人员是在 1982 年宪法颁布后实行的。国务委员通常兼任某个重要部门的负责人或具体分管某一方面工作，这有利于常务会议召开时能够既保证人员数量控制，又能有效讨论并处理问题。

目前，国务院全体会议和常务会议并没有地位上的差异，两者均可以以国务院的名义作出决定或决议，两者的决定或决议具有相同的行政效力。国务院全体会议和常务会议讨论的议题需提前由分管领导审核，再经国务院办公厅汇总整理后报国务院总理确定。国务院全体会议和常务会议的文件由主要负责部门起草，或由主要负责部门牵头会同相关部门起草，经国务院办公厅审核，由国务院总理批准印发。国务院全体会议和常务会议的会议纪要，由国务院办公厅草拟，经总理审批后签发。

（二）特殊型会议

特殊型会议是指除国务院全体会议和常务会议外，根据实际工作需要而召开的其他类型会议，其主要有专题会议、部际联席会议、总理办公会议等。

1. 专题会议

专题会议是指国务院按照特定议题而召开的会议，如安全生产专题会议、生态环境保护专题会议等。国务院专题会议通常由国务院总理召集并主持，也可以委托或依据专题内容由分管相关工作的副总理或国务委员召集并主持。国务院专题会议召开并没有固定的时间要求，会议组成人员也不固定，会议召开和参会人员都根据专题会议的实际内容确定。国务院专题会议的任务主要是研究并处理国务院工作中的专门性问题，并协调相关部门的工作。国务院专题会议一般围绕一个单一的议题召开，就某项工作进行专门研究，并作出相应部署。从总体来看，国务院专题会议具有较强的协调性和专门性特征。

2. 部际联席会议

部际联席会议是为协调办理涉及多个部门或单位职责的事项而由国务院批准建立的会议，其本质上是以相关部门或单位为成员，适时进行沟通、协调的一种工作机制。部际联席会议可以由国务院领导牵头，以国务院的名义召开，如国务院减轻企业负担部际联席会议，这类部际联席会议主要由分管相关工作的国务院副总理或国务委员召集。同时，部际联席会议也可以由牵头部门负责人召集召开，不冠以“国务院”，如以市场监督管理总局为牵头单位，由国家发展和改革委员会、工业和信息化部、司法部等 12 个部门组成的扶持个体工商户发展部际联席会议。部际联席会议的建立必须履行正式的审批手续。一般情况下，部际联席会议的建立需要由牵头部门申请，报国务院批准。在相关任务完成后，部际联席会议依据特定程序报批撤销。部际联席会议秉持能不设立就不设立的原则，不刻公章，不正式发文，如确实需要发文则一般以牵头部门发文或相关成员部门联合发文。相对于专题会议，部际联席会议具有严格的报批审批程序，并有严格的成员单位规定，其任务的解决更加聚焦多部门的协调配合，以解决涉及多部门职责的重大事务。

3. 总理办公会议

总理办公会议是已经取消的特殊型会议，但是其曾经在政府行政管理中发挥过重要的作用。总理办公会议在 1954 年设立国务院后逐步发展而成，一度与国务院全体会议和常务会议同级。总理办公会议一般情况下由总理主持召开，也可以委托副总理主持召开。总理办公会议主要研究较为重大的事项，其参加人员并不法定，会议时间也具有较大的灵活性。虽然从法制的角度来看，总理办公会议并没有决策权限，但是其依然在中央政府的决策中发挥了重要的作用。我国很多重大事项的决策都是在总理办公会议上形成的，如青藏铁路的设计方案和建设规划就是在2001年2月召开的总理办公会议上批准的。在此情况下，地方各级政府也相应建立了行政首长办公会议制度，并一直延续至今。但是因为总理办公会议从法制角度来看与宪法和国务院组织法中的规定不相符，且与国务院全体会议和常务会议形成较多“重叠”，因此总理办公会议于2004年取消。

二、县级及县级以上地方政府会议制度

根据宪法和地方各级人民政府组织法的规定，我国地方政府存在“以县为界”的特征，县级及县级以上的地方政府形成较为系统的制度体系。乡镇政府作为基层政府，其在政府制度体系上与县级及县级以上地方政府存在一定的差异性。当然，在会议制度方面也存在这样的差别。根据《中华人民共和国地方各级人民代表大会和地方各级人民政府组织法》的规定，县级及县级以上地方政府会议制度大致可以分为全体会议、常务会议、办公会议、专题会议、现场办公会议等。

（一）全体会议

县级及县级以上地方政府全体会议通常由本级政府的全体组成人员组成，如市政府全体会议一般由市长、副市长、秘书长、各局局长、各委员会主任等组成，全体会议通常由本级政府的行政首长召集并主持。全体会议主要是讨论、研究和决定本级政府行政工作中的重要事项，规划部署本级政府的总体工作和重要工作。根据法律法规的规定，县级及县级以上地方政府全体会议通常每年召开两次，如有特殊需要可依照程序召开。县级及县级以上地方政府的全体会议根据实际需要可以安排相关单位或部门的负责人列席，但其无表决权。

（二）常务会议

根据地方各级人民政府组织法的规定，县级及县级以上地方政府的常务会议的组成分为两个方面：省、自治区、直辖市、设区的市（地级市）和自治州政府的常务会议由政府行政首长、行政副职和政府秘书长组成；而县（旗）、自治县（自治旗）、不设区的市（县级市）、市辖区的政府常务会议由政府行政首长和行政副职组成，县级政府不设置秘书长职位。县级及县级以上地方政府的常务会议一般由行政首长负责召集并主

持，也可以委托行政副职召集主持。在必要时，县级及县级以上地方政府的常务会议可以根据会议的议题内容安排相关单位、部门的人员列席。会议的主要任务为：一是传达贯彻党中央、国务院的重要指示精神和决策决定；二是传达贯彻上级党委和政府的指示和决定；三是贯彻执行本级党委的指示和决定；四是讨论决定提请本级人大及其常委会审议的政府工作报告、议案等文件材料；五是讨论决定提请上级党委政府和本级党委审批的重要事项；六是讨论决定本级政府的重要事项及人事任免、奖励惩处等；七是研究分析本级政府辖区内经济发展规划等其他事项；八是讨论决定以本级政府名义发布的决定、命令；等等。常务会议的召开时间并没有明确的规定，一般情况由各地自行决定，通常为1—2周召开1次。

（三）办公会议

县级及县级以上地方政府的办公会议最初是以与总理办公会议对口的形式建立的，在总理办公会议取消后，地方政府的办公会议得以保留，并在地方政府行政工作中继续发挥作用。县级及县级以上地方政府的办公会议一般由本级政府的行政首长召集并主持，也可由行政首长委托行政副职领导召集并主持。办公会议的参会人员主要为政府行政首长、行政副职领导、秘书长（县级以上政府）或办公室主任（县级政府）、办公会议议题相关部门负责人等。会议的任务主要为研究和处理本级政府行政工作中的各项问题，提出具体的解决方案，并督促相关部门具体执行等。其并没有明确的召开时间规定，由各地方政府根据本级政府的实际情况组织召开。

（四）地方政府其他会议

县级及县级以上地方政府还会根据实际需要召开专题会议或现场办公会议等其他形式的会议，这类会议也是地方政府会议制度的重要内容。

县级及县级以上地方政府的专题会议由本级政府行政首长或由其委托的行政副职领导、分管相关工作的行政副职领导召集并主持。专题会议的任务主要是研究本级政府及其辖区内的专门性问题，并根据本地区的实际情况提出解决办法并确定执行主体。

县级及县级以上地方政府的现场办公会议主要是指本级政府为处理、协调、解决特定问题或加快推进某项目的进展而联合相关部门或单位召开的会议。现场办公会议一般由行政首长委托行政副职领导、分管领导或主管部门负责人召集并主持，会议的地点多设于项目建设、抢险救灾、应急管理、矛盾化解等事务发生和问题出现的现场。现场办公会议没有固定的会议形式、会议时间和参会人员，具有较强的灵活性。现场办公会议的主要任务是解决处理突发性的问题或矛盾，贯彻落实上级政府的指示和要求。因而，现场办公会议需要明确会议的目标任务、完成时间、执行人员、考核验收等，会后也会进行跟踪监督、成效反馈、情况通报等，用以保证现场办公会的有效性。

三、乡镇政府会议制度

乡镇政府是我国的基层政府，其事务多为公共服务和基层治理方面的执行性事务，并不涉及过多的决策类事务。乡镇政府会议制度表现为以下几个特点。首先，乡镇政府会议没有统一的法律规定，多由乡镇政府自己确定，因而会议的名称、形式及时间都不一样。其次，乡镇政府会议多为例会形式，在例会的基础上再根据乡镇的具体事务临时举行会议。再次，乡镇政府会议在形式上通常较为简化，其议题多为贯彻上级政府决策指示或直接针对现实问题提出实施方案，决策和规划方面的议题非常少。

根据我国乡镇政府会议召开的现实情况，通过归纳概括，其目前大致有三种形式的会议。

第一，乡镇政府全体会议或办公会议。因为乡镇政府的规模较小，因而所谓的全体会议和办公会议在参会人员和会议形式上具有很大的相似性。通常乡镇政府的全体会议由乡镇长、副乡镇长、各站所负责人组成，设有乡镇长助理职位的乡镇，乡镇长助理也可参加全体会议。乡镇办公会议组成人员主要是乡镇长、副乡镇长和因实际议题需要参加的站所负责人等。乡镇政府的全体会议和办公会议一般由乡镇长或其委托的副乡镇长召集并主持，主要任务是贯彻执行上级党委和政府的决定、指示与命令，讨论决定乡镇政府工作中的重要问题，讨论决定上报上级政府、本级党委和乡镇人大的报告，研究讨论乡镇发展规划等。乡镇政府全体会议和办公会议中，乡镇党委、人大的负责人、办公室主任等都可以列席参加。

第二，乡镇党政联席会议。因为乡镇规模较小且直面基层治理，乡镇党委和政府的工作往往交融在一起，且很多部门党政合并办公，无法明确分工，所以党政联席会议就成为乡镇政府会议的一种形式。乡镇党政联席会议通常由乡镇党委书记、副书记，乡镇长、副乡镇长，人大主席、副主席等组成，相关部门和站所负责人可以根据实际需要列席会议，参与讨论。乡镇联席会议的主要任务是贯彻执行党中央、国务院和上级党委、政府的各项路线、方针、政策、决定、指示、命令等，对乡镇经济社会发展中的重要问题进行讨论并作出决策，讨论并决定乡镇干部任免及奖惩问题等。乡镇党政联席会议对乡镇工作实行全面的领导，是我国基层政府有效治理的特殊会议形式，能有效避免基层政府政出多门、职责交叉、决策重叠等问题，有利于保障乡镇政府在贯彻执行上级党委、政府各项决定和命令时的有效性，并有助于乡镇政府行政资源整合及行政效率的提升。

第三，乡镇政府专题会议。乡镇政府专题会议一般由乡镇长或分管的副乡镇长召集和主持，在基层政府党政一体的领导体制下，也可以由乡镇党委书记或副书记、乡镇人大主席或副主席召集并主持。乡镇政府专题会议一般讨论乡镇中某一方面的具体问题，或应对发生的突发事件。专题会议也可以就某一问题的统筹协调或推进实施方面的现实需要而召开。乡镇专题会议具有较强的灵活性和临时性特征。

第三节　公务员制度

公务员制度即国家公务员制度，是我国政府人事干部管理的重要制度。公务员制度的完善是现代政府建设与发展的重要内容，也是提升政府治理效能的重要制度。国家公务员制度是指党和国家对国家公务员进行管理的法律、法规、政策等的统称，其为公务员在考试录用、职位分类、考核奖惩、职务晋升、纪律规范、培训交流、工资福利、解职退休、申诉控告等方面的一系列法律、法规、政策、制度的总和。

一、公务员的义务与权利

根据公务员法的规定，公务员是指依法履行公职、纳入国家行政编制、由国家财政负担工资福利的工作人员。公务员是干部队伍的重要组成部分，是社会主义事业的中坚力量，是人民的公仆。公务员的权利和义务是公务员制度的重要基础，其从法律层面明确了公务员的职责。公务员的权利与义务是相互依存的，在履行权利的同时必然需要承担相应的义务，根据所承担的义务也享有相应的权利。

根据公务员法，公务员的义务为：忠于宪法，模范遵守、自觉维护宪法和法律，自觉接受中国共产党领导；忠于国家，维护国家的安全、荣誉和利益；忠于人民，全心全意为人民服务，接受人民监督；忠于职守，勤勉尽责，服从和执行上级依法作出的决定和命令，按照规定的权限和程序履行职责，努力提高工作质量和效率；保守国家秘密和工作秘密；带头践行社会主义核心价值观，坚守法治，遵守纪律，恪守职业道德，模范遵守社会公德、家庭美德；清正廉洁，公道正派；法律规定的其他义务。

根据公务员法，我国公务员的权利有：获得履行职责应当具有的工作条件；非因法定事由、非经法定程序，不被免职、降职、辞退或者处分；获得工资报酬，享受福利、保险待遇；参加培训；对机关工作和领导人员提出批评和建议；提出申诉和控告；申请辞职；法律规定的其他权利。

二、公务员的职位、职务与职级

根据公务员法的规定，公务员职位类别按照公务员职位的性质、特点和管理需要，划分为综合管理类、专业技术类和行政执法类等类别。对于具有职位特殊性，需要单独管理的，可以增设其他职位类别。各职位类别的适用范围由国家另行规定。因而，我国公务员的职位分类就是根据国家行政机关的工作需要，根据工作性质、工作难度、工作条件、工作要求等进行岗位分类。目前，我国政府在公务员职位的分类方面主要是以“三定”（定职责、定机构和定编制）为依据，即国家行政机关提出相关方案，经由编制管理部门审查后提交国务院或上级政府审批执行。

依据公务员法，我国实行公务员职务与职级并行制度，根据公务员职位类别和职责设置公务员领导职务、职级序列。因此，我国公务员的职级可以分为两大方面：一是领导职务层次分为国家级正职、国家级副职、省部级正职、省部级副职、厅局级正职、厅局级副职、县处级正职、县处级副职、乡科级正职、乡科级副职。二是综合管理类公务员职级序列分为：一级巡视员、二级巡视员、一级调研员、二级调研员、三级调研员、四级调研员、一级主任科员、二级主任科员、三级主任科员、四级主任科员、一级科员、二级科员。综合管理类以外其他职位类别公务员的职级序列，根据《中华人民共和国公务员法》由国家另行规定。

公务员的领导职务、职级与级别是确定公务员工资、其他待遇及公务员考试、任用、考核、培训及晋升的核心依据。

三、公务员的录用

公务员录用是指国家行政机关根据法律法规的规定，按照一定的标准、条件、程序，通过公开考试或考核的方式，择优录取符合条件的合格人员进入公务员队伍工作。根据公务员法的规定，录用担任一级主任科员以下及其他相当职级层次的公务员，采取公开考试、严格考察、平等竞争、择优录取的办法。其中，民族自治地方政府在录用公务员时，依照法律和有关规定对少数民族报考者予以适当照顾。通常，中央机关及其直属机构公务员的录用，由中央公务员主管部门负责组织。地方各级机关公务员的录用，由省级公务员主管部门负责组织，必要时省级公务员主管部门可以授权设区的市级公务员主管部门组织。

我国公务员招录具有如下特点：一是遵循公开、公正、公平的原则。凡是符合公务员招录要求的公民都可以报考、考试及录用，不得以民族、性别、相貌、出身等为公务员录用的条件，保证公务员报考者在录用程序中的平等。二是能力考试与道德考察相结合。公开的行政能力考试及专业要求是公务员录用的重要条件与方式，在此基础上也要对拟招录人员进行道德品质的综合考察，避免唯能力考试论，注重公务员录用的整体质量，选拔德才兼备的人才。三是实行招考与录用分开的方式。一般情况下，公务员录用考试由政府人力资源管理部门主要负责组织，会同招录单位共同进行。而公务员录用的具体程序性工作则由公务员招录单位负责组织。这样可以在保证公务员录用的客观性的同时，确保用人单位的自主性。四是兼顾不同地区经济社会发展的实际情况进行公务员录用，保证地区的协同发展。

根据公务员法规定，录用公务员应当在规定的编制限额内，并有相应的职位空缺。如有因犯罪受过刑事处罚的人员、被开除中国共产党党籍的人员、被开除公职的人员、被依法列为失信联合惩戒对象的人员和有法律规定不得录用为公务员的其他情形的人员，不得以任何方式录用为国家公务员。

四、公务员的考核

公务员的考核是指国家行政机关依照相应的管理权限，依据有关法律法规的规定程序，对公务员的履职情况和德才表现进行定期或不定期的考察，并作出差异化评价。公务员的考核结果将作为公务员奖惩、晋升及福利调整的依据。

根据公务员法的规定，公务员的考核标准为公务员的德、能、勤、绩、廉五个方面，将其作为公务员考核的重要指标。其中德是指公务员的道德品质与政治信仰，能是指公务员的专业技能和行政能力，勤是指公务员工作的积极性，绩是指公务员工作的实际成效，廉是指公务员廉洁奉公的情况。

公务员的考核指标根据不同职位类别、不同层级机关分别设置。公务员的考核分为平时考核、专项考核和定期考核等方式。定期考核以平时考核、专项考核为基础。其中，非领导成员公务员的定期考核采取年度考核的方式。公务员考核的程序先由个人按照职位职责和有关要求进行总结，主管领导在听取群众意见后，提出考核等次建议，由本机关负责人或者授权的考核委员会确定考核等次。定期考核的结果分为优秀、称职、基本称职和不称职四个等次。定期考核的结果应当以书面形式通知公务员本人。

五、公务员职务职级的升降与任免

公务员职务职级的升降主要分为职务职级晋升和降低。公务员职务职级的升降关系到公务员的荣誉、福利和地位等，直接影响公务员工作积极性的发挥。同时，也关系到能否做到人尽其才，让有能力、有知识、有道德的人才到合理的岗位上发挥作用，让不符合职位职务要求的人退出工作岗位。公务员职务职级升降中最为核心的部分就是公务员晋升。所谓晋升，是指公务员所任职务职级由低向高逐步升级的现象。根据公务员法的规定，公务员晋升领导职务，应当具备拟任职务所要求的政治素质、工作能力、文化程度和任职经历等方面的条件和资格。公务员领导职务应当逐级晋升。特别优秀的或者工作性质特殊的，可以按照规定破格或越级晋升。根据公务员法的规定，公务员晋升领导职务的程序为：① 相关部门领导提出动议；② 进行民主推荐；③ 确定考察对象，组织考察；④ 按照管理权限讨论决定；⑤ 履行任职手续。公务员晋升领导职务的，应当按照有关规定实行任职前公示制度和任职试用期制度。在职务职级晋升的同时也要通过考察，将不按职履责的人员从岗位上降下来。具体而言，公务员的职务职级实行能上能下的原则，对不适宜或者不胜任现任职务、职级的，应当进行调整。公务员在年度考核中被确定为不称职的，按照规定程序降低一个职务或者职级层次任职。

公务员职务职级的任免是指有任免权的国家行政机关通过法定程序决定公务员担任或免去某一职务的过程。根据公务员法的规定，我国公务员职务任免中，公务员领导职务实行选任制、委任制和聘任制，公务员职级实行委任制和聘任制。选任制主要是指依照法定程序选举或选择决定某一职务人选的制度，如目前各级政府中的行政负责人多通过选任制产生。委任制是指具有任免权限的国家行政机关或行政机关负责人，依照法律法规及职权范围任命某一职务的制度，如国务院组成部门的行政负责人的选拔多依据委任制。聘任制是指国家行政机关通过签订合法的聘用合同任用公务人员的制度，如聘请某一方面的专家学者从事政府机构咨询、监督、论证等工作。

六、公务员的奖惩

公务员的奖惩制度是公务员制度的重要内容，也是人事管理中的重要激励措施。公务员的奖励主要是指国家行政机关对工作表现突出，有显著成绩和贡献，或者有其他突出事迹的公务员或者公务员集体给予奖励的行为。根据公务员法的规定，公务员的奖励措施坚持定期奖励与及时奖励相结合，精神奖励与物质奖励相结合、以精神奖励为主的原则。给予公务员奖励的范围主要是：工作实绩显著；模范作用突出；在工作中有发明创造或者提出合理化建议，取得显著经济效益或者社会效益；为增进民族团结，维护社会稳定作出突出贡献；爱护公共财产，对节约国家资财有突出成绩；防止或者消除事故有功，使国家和人民群众利益免受或者减少损失；在抢险、救灾等特定环境中作出突出贡献；同违纪违法行为作斗争有功绩；在对外交往中为国家争得荣誉和利益；有其他突出功绩。公务员奖励的等级通常分为嘉奖、记三等功、记二等功、记一等功、授予称号。

公务员惩戒是指国家行政机关依据法定程序对在工作中出现过失且造成一定国家或群众利益损失的公务员给予行政处分的制度。公务员的惩戒是为了使被惩戒的公务员认识到自身的过失或错误，并使其他人员吸取教训、引以为戒，其根本目的是规范公务员的行为。根据公务员法的规定，可以采取惩戒的范畴主要是：散布有损宪法权威、中国共产党和国家声誉的言论，组织或者参加旨在反对宪法、中国共产党领导和国家的集会、游行、示威等活动；组织或者参加非法组织，组织或者参加罢工；挑拨、破坏民族关系，参加民族分裂活动或者组织、利用宗教活动破坏民族团结和社会稳定；不担当，不作为，玩忽职守，贻误工作；拒绝执行上级依法作出的决定和命令；对批评、申诉、控告、检举进行压制或者打击报复；弄虚作假，误导、欺骗领导和公众；贪污贿赂，利用职务之便为自己或者他人谋取私利；违反财经纪律，浪费国家资财；滥用职权，侵害公民、法人或者其他组织的合法权益；泄露国家秘密或者工作秘密；在对外交往中损害国家荣誉和利益；参与或者支持色情、吸毒、赌博、迷信等活动；违反职业道德、社会公德和家庭美德；违反有关规定参与禁止的网络传播行为或者网络活动；违反有关规定从事或者参与营利性活动，在企业或者其他营利性组织中兼任职务；旷工或者因公外出、请假期满无正当理由逾期不归；违纪违法的其他行为。惩戒处分分为：警告、记过、记大过、降级、撤职、开除。

七、公务员的培训、交流与回避

公务员的培训是指国家行政机关为提升公务员专业素质与理论水平而进行的有计划、有组织的专门性培训与训练。公务员的培训由国家建立的专门培训机构负责，对公务员进行分类分级培训。在需要时，国家行政机关也可以委托其他培训机构承担公务员培训任务。根据公务员法的规定，公务员培训大致可以分为：一是国家行政机关对新录用人员应当在试用期内进行初任培训；二是国家行政机关对晋升领导职务的公务员应当在任职前或者任职后一年内进行任职培训；三是国家行政机关对从事专项工作的公务员应当进行专门业务培训；四是国家行政机关对全体公务员应当进行提高政治素质和工作能力、更新知识的在职培训，其中对专业技术类公务员应当进行专业技术培训。公务员培训情况及学习成绩会作为公务员考核的内容和任职、晋升的依据之一。

公务员的交流是指国家行政机关根据工作需要或出于培养公务员的目的，对公务员进行跨区域、跨行业的调动，使其任职于不同岗位，从而实现公务员综合素质的提升。根据公务员法的规定，公务员可以在公务员和参照公务员法管理的工作人员队伍内部交流，也可以与国有企业和不参照公务员法管理的事业单位中从事公务工作的人员交流。同时，根据现实工作需要，国家行政机关可以采用挂职方式选派公务员承担各类工程、项目、任务及专项工作，公务员在挂职期间不转人事关系。因此，公务员交流的方式主要有调任、专任和挂职，公务员应当服从国家行政机关的交流决定。

公务员回避是指为防止国家公务员利用职权为亲属徇情营私而对其任职和执行公务所采取的一种限制性的措施，是政府依法行政及廉政建设的重要内容。根据公务员法的规定，目前我国公务员回避形式主要有亲属回避和公务回避。亲属回避是指有夫妻关系、直系血亲关系、三代以内旁系血亲关系以及近姻亲关系的，不得在同一机关双方直接隶属于同一领导人员的职位或者有直接上下级领导关系的职位工作，也不得在其中一方担任领导职务的机关从事组织、人事、纪检、监察、审计和财务工作。同时，公务员不得在其配偶、子女及其配偶经营的企业、营利性组织的行业监管或者主管部门担任领导成员。公务回避是指公务员在执行公务时，凡涉及处理与自己有夫妻关系、直系血亲关系、同胞兄弟姐妹关系以及儿女姻亲关系的问题，必须回避，且不得以任何方式进行干预或施加影响。除此以外，在涉及地域利益工作的时候，也应该注意地域回避，如公务员进行相关工作时涉及其原籍或利益相关地区，可依法根据程序进行回避。

八、公务员的工资、福利与保险

公务员的工资、福利与保险是满足国家公务员生活的保障，其作用是满足公务员基本生活需求并解决其生活中的困难，使其能够具有维持基本工作的能力。根据公务员法的规定，公务员的工资以按劳分配为原则，兼顾工作中的职责、能力、业绩、资历等因素，保持不同领导职务、职级、级别之间的合理工资差距。公务员的工资水平应当与国民经济发展相协调、与社会进步相适应。公务员工资包括基本工资、津贴、补贴和奖金。具体而言，公务员按照国家规定享受地区附加津贴、艰苦边远地区津贴、岗位津贴等津贴，按照国家规定享受住房、医疗等补贴、补助，在定期考核中被确定为优秀、称职的，按照国家规定享受年终奖金。国家应当按时足额发放公务员工资，并建立公务员工资的正常增长机制。公务员按照国家规定享受各类福利待遇，可在国家基本要求的基础上根据各地经济社会发展的实际水平进行适度提升。公务员执行国家规定的工时制度，按照国家规定享受休假。公务员在法定工作日之外加班的，应当给予相应的补休，不能补休的按照国家规定给予补助。在社会保险方面，公务员依法参加社会保险，按照国家规定享受保险待遇。若公务员因公牺牲或者病故的，其亲属享受国家规定的抚恤和优待。任何机关不得违反国家规定自行更改公务员工资、福利、保险政策，擅自提高或者降低公务员的工资、福利、保险待遇。任何机关不得扣减或者拖欠公务员的工资。

九、公务员的辞职、辞退与退休

公务员的辞职是指公务员根据本人意愿，依法辞去现任职务或解除与行政机关关系的行为。辞职是公务员的法定权利，但是需要遵循一定的条件。根据公务员法的规定，有以下情况者不得辞职：未满国家规定的最低服务年限；在涉及国家秘密等特殊职位任职或者离开上述职位不满国家规定的脱密期限；重要公务尚未处理完毕，且须由本人继续处理；正在接受审计、纪律审查、监察调查，或者涉嫌犯罪，司法程序尚未终结；法律、行政法规规定的其他不得辞去公职的情形。担任领导职务的公务员，因个人或者其他原因，可以自愿提出辞去领导职务。领导成员因工作严重失误、失职造成重大损失或者恶劣社会影响的，或者对重大事故负有领导责任的，应当引咎辞去领导职务。领导成员因其他原因不再适合担任现任领导职务的，或者应当引咎辞职本人不提出辞职的，应当责令其辞去领导职务。

公务员的辞退是指国家行政机关依法解除国家公务员职务关系的行为。根据公务员法的规定，国家公务员存在以下行为的，可以予以辞退：在年度考核中，连续两年被确定为不称职；不胜任现职工作，又不接受其他安排；因所在机关调整、撤销、合并或者缩减编制员额需要调整工作，本人拒绝合理安排；不履行公务员义务，不遵守法律和公务员纪律，经教育仍无转变，不适合继续在机关工作，又不宜给予开除处分；旷工或者因公外出、请假期满无正当理由逾期不归连续超过十五天，或者一年内累计超过三十天的。若存在如下情况，则不得辞退公务员：因公致残，被确认丧失或者部分丧失工作能力的；患病或者负伤，在规定的医疗期内的；女性公务员在孕期、产假、哺乳期内的；法律、行政法规规定的其他不得辞退的情形。辞退决定应当以书面形式通知被辞退的公务员，并应当告知辞退依据和理由。被辞退的公务员，可以领取辞退费或者根据国家有关规定享受失业保险，并完成事务交接和接受审计。

公务员的退休是指国家公务员达到国家规定的退休年龄或者完全丧失工作能力后而退职休养。根据公务员法的规定，公务员符合下列条件之一的，本人自愿提出申请，经任免机关批准，可以提前退休：工作年限满三十年的；距国家规定的退休年龄不足五年，且工作年限满二十年的；符合国家规定的可以提前退休的其他情形的。公务员退休后，享受国家规定的养老金和其他待遇，国家为其生活和健康提供必要的服务和帮助，并鼓励发挥其个人专长，为社会发展做贡献。

十、公务员的申诉与控告

公务员的申诉与控告是公务员的基本权利，也是保障其自身利益的机制，其也是对国家机关的一种监督形式。根据公务员法的规定，公务员对涉及本人的处分、辞退或者取消录用、降职、定期考核定为不称职、免职、申请辞职或提前退休未予批准、不按照规定确定或者扣减工资福利和保险待遇等处理不服的，可以自知道该人事处理之日起三十日内向原处理机关申请复核；对复核结果不服的，可以自接到复核决定之日起十五日内，按照规定向同级公务员主管部门或者作出该人事处理的机关的上一级机关提出申诉；也可以不经复核，自接到该人事处理之日起三十日内直接提出申诉。公务员也可以对法律法规规定的其他情形进行申诉和控告。

公务员提出申诉后，受理机关应当组成公务员申诉公正委员会，负责受理和审理公务员的申诉案件。原处理机关应当自接到复核申请书后的三十日内作出复核决定，并以书面形式告知申请人。受理公务员申诉的机关应当自受理之日起六十日内作出处理决定；案情复杂的，可以适当延长，但是延长时间不得超过三十日。复核、申诉期间不停止人事处理的执行。公务员不因申请复核、提出申诉而被加重处理。

第四节 公文制度

公文即公务文书，是国家法定机关和组织为实施领导、履行职能、处理公务等活动而按照特定体例和程序形成和使用的书面文字材料。公文的应用非常广泛，党和国家路线、方针、政策的传达，法律法规的公布和解释，政府行政中的请示、答复、指导、部署、商洽、报告等都需要通过公文来完成。因此，科学合理的公文制度是政令畅通、行政规范、效能提升的重要保证。

一、公文的种类

依据《党政机关公文处理工作条例》，我国公文大致可分为 15 种形式。

一是命令（令）。命令（令）主要是上级机关对下级机关及其人员发布的指示性文件。通常，采取重大措施的时候会使用命令或令。命令（令）具有明显的强制性。根据用途不同，命令可以分为公布令、嘉奖令、任免令、通缉令、赦免令等。

二是决定。决定通常是用于对重要事项作出决策和部署、奖惩有关单位和人员、变更或撤销下级机关不适当的决定事项的公文。决定主要是政府机关在对某项政策性较强的事务进行具体部署或对事务运行进行重要安排时使用。因此，决定具有权威性、指导性的特点。决定可以作为行政规范性文件制定的依据。

三是公告。公告是指政府或其他组织向国内外正式公布重要事项或宣告法定事务的公文形式。公告的使用较为广泛。

四是通告。通告主要是行政机关或组织针对一定范围内的单位和群众发布的周知性文件或应遵守的规则。通告的使用范围较大，除行政机关、企事业单位外，一些具有管理职能的社会组织和临时性机构都可以使用。通告若具有一定强制性，则需要发文机关依据相应权限依法发布。

五是通知。通知属于知照性文件，主要是向特定对象告知或转达有关事项，让特定对象了解或执行相关事项的文件。通知适用于批转下级机关的公文，转发上级机关和不相隶属机关的公文；发布规章；传达要求下级机关办理和有关单位需要周知或共同执行的事项；任免和聘用干部；等等。通知一般由标题、主送单位、正文、落款四部分组成。通知一般分为发布性通知、批转性通知、转发性通知、指示性通知、任免性通知等。

六是通报。通报是行政机关或组织用于表彰先进、批评错误、传达重要精神、告知重要事项的公文形式。凡属于通报机关系统内的所有部门和组织都可以发送。通报具有一定程度的“播报”性质。

七是议案。议案是指国家行政机关向本级权力机关提交审议事项的公文形式。通常情况下，议案仅能由政府制定提交，对象为本级人大及其常委会。议案的受众范围狭窄，内容固定且具有严格的时效性，具有较强的专业性特征。

八是报告。报告是指行政机关或组织向上级机关汇报工作、反映情况、解释事务、回复询问的公文形式，报告的使用主体和使用范围都较为广泛。报告可以分为工作报告、调查报告和答复报告三类。

九是请示。请示是下级行政机关或组织向上级机关请求指示、批准的公文形式。请示的使用范围仅限于下级向上级，属于“上行文”。因此，请示必须是下级机关向上级机关的行文，请示的内容必须是自己无权作出决定和处理，或必须要向上级请求批准的事务。请示主要分为三类：请求指示的请示、请求批准的请示、请求批转的请示。

十是批复。批复是指上级机关答复下级机关请示所用的公文形式。批复具有指示性特征，因此一般具有明确的表态性回复。批复是机关中较为常用的公文，一般分为审批事项批复、审批法规批复和阐述政策批复三种。

十一是意见。意见是指行政机关或组织针对某一事项或问题提出的见解或处理建议。意见最初为党的文件形式，后逐步发展为行政机关的公文之一，并被《国家行政机关公文处理办法》正式确定。意见的使用范围较广，几乎所有的机关都会使用。同时，意见的使用方式也非常灵活，可以用于各类事项之中。意见与批复一样，具有较强的指示性。因此，意见具有灵活性、广泛性、指示性、时限性等特征。

十二是函。函是指无隶属关系的机关之间商洽工作、询问和答复问题、请求批准和答复审批事项时使用的公文形式。函属于平行文。函的使用非常广泛，其分类也较为复杂。根据函性质可以分为公函和便函；根据函的目的可分为发函和复函；根据函的用途可以分为商洽事宜函、通知事宜函、催办事宜函、邀请函、请示答复事宜函、转办函、催办函、报送材料函等。

十三是纪要。纪要是指记载会议概况要点、议定事项和会议精神的公文。会议纪要通常由标题、正文、落款三部分构成。多人会议需要明确会议谈论的内容，并由与会人员共同签字确认。正文一般由两部分组成：一是会议概况，二是会议的精神和议定事项。落款包括署名和时间两项内容。纪要具有指示性、政策性和约束性的特点，要忠于事实，不得主观引申发挥。

十四是决议。决议一般是指领导机关就重大事项或重要事务进行会议讨论后做决策并要求贯彻执行的公文。决议具有较强的指导性和权威性，一些大型企业也使用这种公文。决议一般分为公布性决议、批准性决议和阐述性决议三种类型。公布性决议是为公布某种法规、提案而作出的决议；批准性决议是为肯定或否定某种议案的文件；阐述性决议是对某些重大结论的具体内容加以阐述的文件。

十五是公报。公报是指公布重要决定或重大事项时所用的公文形式。重大或特殊的会议、决议等也可以使用公报。由政府编印的专门登载法律、法令、决议、命令、条约、协定或其他官方文件的刊物，有时也称“公报”。公报具有权威性、指导性和新闻性。公报大致可以分为事项公报、会议公报、联合公报。

二、公文的规范

公文具有特定的规范，主要包括公文的行文关系、行文方式、行文规则等。

（一）公文的行文关系

不同公文发送主体与对象之间的关系构成公文的行文关系。不同行文关系的公文，其公文种类、格式、用语、内容等都不相同。目前，我国公文的行文关系大致有三类：上行文、平行文和下行文。所谓“上行文”是指下级机关向上级机关递送的公文形式，如报告、请示等都是上行文。根据行政层级，上行文可分为逐级行文、多级行文和越级行文。“平行文”是指无隶属关系的机关或同等级机关之间互相递送的公文，如函就是典型的平行文。议案在一定程度上也可以被认为是一种特殊的“平行文”，其具有平行文的特征和属性，但是并不意味着所有的议案都是平行文。“下行文”是指上级领导机关或业务主管部门对所属的下级机关、国家行政机关对公民递送或发布的公文形式，如“决定”“命令（令）”“公告”“批复”“通知”等都是下行文。下行文在公文中具有相当大的比重，主要发挥行政机关或组织间指导、部署工作，规范行政行为的作用。

（二）公文的行文方式

公文的行文方式分为主送和抄送两种。主送机关是指公文的主要受理机关，即对公文负主办或答复责任的机关。凡是对发文对象行文的，都应用“主送”。公文主送也分为上行文、平行文和下行文。通常，上行文只写一个主送机关，即递送上级机关。确定文件的主送机关后，还要正确选择标注主送机关的形式。主送机关常见的标注形式有三种：一是全称。只要主送机关名称不是很长，都可以采用这种形式，但普发性文件除外。二是规范化简称。这种形式可以浓缩那些常用但是较长的机关名称，使之简练上口。三是统称。统称就是同级或者同类型机关概括性的总称，一般用于下行文。统称具体又分为两种：一种为“泛称主送”；另一种为“递降称主送”。值得注意的是，公文中的部分类别一般是不需要标注主送机关的，例如直接向社会公众发布的周知性文件如公告、布告、通告，规范性文件如章程、条例、规定、办法，计划性文件如方案、规划、计划，还有决议、决定、会议纪要等。

公文的抄送机关指除主送机关之外的需要了解公文内容的下级、平级或无隶属关系的机关。根据《党政机关公文处理工作条例》的规定，公文中应当抄送的有：除主送机关外，需要知晓公文的其他机关；面向下级机关或者本系统的重要行文，应当同时抄送直接上级机关；上级机关向受双重领导的下级机关行文，必要时应当抄送其另一个上级机关；下级机关因特殊情况必须越级请示时，应抄送被越过的上级机关；上级机关越级向下级机关行文时，可以抄送受文机关的直接上级机关。不应抄送的情况为：请示不得抄送其下级机关；接受抄送公文的机关不必再向其他机关转抄、转送；凡与公文办理无关的单位一律不予抄送。

（三）公文的行文规则

根据《党政机关公文处理工作条例》的规定，我国公文行文规则遵循“确有必要，讲求实效，注重针对性和可操作性”的原则。具体而言：一是公文一般根据行政隶属关系，在本机关职权范围内行文，不越级行文和多头报文。二是联合行文或共同行文必须取得一致。政府多个部门可以就某一事项联合行文或共同行文，在行文前需协商一致，并形成共同意见。若未达成一致或存在矛盾冲突，则不能联合行文或共同行文。联合行文的部门不得单独向下行文。三是公文行文必须依规进行。如通常情况下，各级政府不得越级请示，政府发文单位为办公厅，其他部门不得对外正式发文。政府部门向上级主管或对口部门请示、报告，必须经本级政府同意等。公文行文必须按照既有的规范进行，不得以个人意志随意调整。四是公文一般不得以个人名义或向个人行文。正常情况下，下级机关不得以机关名义向上级机关负责人个人报送公文，也不得以本级机关负责人的名义向上级机关报送公文。

三、公文程序

公文程序即公务文书办理的程序，主要分为公文制定、公文收发与公文管理三个环节。

（一）公文制定

公文制定主要分为起草、审核和签发三个部分。

公文的起草具有严格的规范：一是公文起草要依据国家的法律法规，贯彻党和国家的路线、方针、政策，一切从现实出发，根据实际需要起草公文内容；二是公文起草前需要进行广泛、深入的调研，听取各方意见和建议，使公文内容客观公正，切中要点；三是公文起草要内容简明、语言精练、表述严谨、突出主题，公文行文条理清晰、层次分明、格式规范，尽量用简单的语言表述清楚；四是公文涉及政府部门等的内容要和相关部门或地区进行交流协商，综合各方意见形成共识，力求使公文内容符合实际需要。

公文在起草完成后需要经过审核方可签发。一般情况下，公文的审批由政府的办公厅或办公室履行。审批内容主要是审查公文内容是否与现行法律法规或政策相抵触，公文格式、表述等是否符合公文规范等。若办公厅或办公室认为公文内容有不妥或不适宜之处可退回起草单位修改并说明缘由，待起草单位修改完成后再报送办公厅或办公室审核。

公文在审核后由机关负责人签发。上行文和涉及重要事务的公文一般由发文机关的负责人或常务副职签发。政府办公厅或办公室依据负责人签发意见或依照有关规定发布公文。联合发文的公文由相关机关负责人共同会签。

（二）公文收发

公文在签发后需要经历收文、发文和整理归档三个环节。

收文机关在收到公文后需要进行清点，并编号登记，将不符合要求或规定的公文及时退回发文机关并说明理由。收文机关签收后，公文办理部门根据公文的内容和性质将其递送领导人批示或交由业务部门办理。若涉及多个部门，则明确主办或主管部门后送交相关部门处理。公文办理部门需要根据公文的紧迫程度设定办理时限，对于超过时限的公文需要适时催办。

发文机关需要对制发公文在发文前进行手续、内容、格式等规范性审批，若需要修改的公文经修改后要报原签发人复核，并再次签发。复核后的公文也要重新进行登记，并在印制后进入核发程序，向对应机关或部门分发。公文发文需要设定密级，并根据不同的密级采取不同的保密措施。

公文都需要整理归档，对不同类型的公文进行系统的编号登记，进行分类整理归档，并做好核对工作，防止遗漏公文。两个以上机关联合办理的公文，主办机关归档原件，相关机关保留复印件存档备案。

（三）公文管理

公文办理完结后需要进行妥善的管理。根据相关规定，公文办结后应及时将公文的原稿、正本及相关材料整理归档，并立卷保存。公文立卷要保证公文及相关材料的完整性，并根据公文的内容和性质分类管理，以便后期查阅。

公文应该由专门机关的专业人员进行管理，并依照密级对公文进行分类保存。涉密公文查阅、利用、复制、公开等均须严格履行不同密级的要求和程序。公文相关机关调整、整合或合并时，相应公文应随之调整、整合或合并到新机关管理。若公文涉及机关撤销，相应公文应移交档案管理部门管理。

公文的撤销和废止均由发文机关、上级机关或权力机关根据职权范围并依据法律法规决定。公文被撤销则被视为无效，公文被废止则从废止之日起失效。超过保存时效或失去价值的公文，须经主管部门负责人批准，方可依照程序定期销毁。销毁涉密公文需要进行登记备案，并由专人负责监督销毁过程，防止公文外泄或遗漏。

第五节 信息公开制度

信息公开制度是指国家行政机关及其所属的工作部门，以及依据相关法律、法规和行政规章授权或委托的组织，在行使国家行政管理职权过程中依据法定程序和形式主动将政府行政信息向社会公开或根据社会组织与个人的申请而特定公开的制度。政府信息公开制度具有两方面的意义：一是信息公开制度体现宪法中保障公民知情权的要求，使公民能够充分了解政府行政管理过程中的各类信息，这是对公民权利的保障的一种制度性体现。二是信息公开制度有助于提升政府行政的透明度，增强社会公民对政府行政管理过程的监督，完善行政监督机制，这也是我国建设法治政府的需要。

我国政府信息公开制度的建立起步较晚，且由地方政府先行出台相关制度并执行，进而逐步推广形成自上而下系统性的信息公开制度。

2002年11月，广州市政府发布《广州市政府信息公开规定》，其也成为我国第一个实行政府信息公开制度的市政府。在此之后，上海、杭州、成都、深圳等地市政府陆续出台信息公开制度，虽然各地的制度建立及执行具有一定差异，但总体趋势基本一致。2007年4月，国务院正式发布政府信息公开条例，标志着中国政府信息公开制度的正式建立。2008年5月1日，政府信息公开条例实施后，其根据现实需求几经调整，并优化制度执行程序，由此完善了我国政府信息公开制度。2019年4月，国务院对政府信息公开条例进行了较大程度的修订，特别是对政府信息公开的基本原则、主体内容、程序方式、监督责任等进行了细化规定，建立起新时代中国特色的政府信息公开制度。现行政府信息公开条例于2019年5月15日正式施行。以下内容依据现行条例进行阐述。

一、信息公开的原则与范围

根据《中华人民共和国政府信息公开条例》的规定，行政机关公开政府信息，应当坚持以公开为常态、不公开为例外，遵循公正、公平、便民的原则。公正即遵循客观公正的态度如实公开相关信息，不因为特殊原因遮掩或删改信息，保证政府信息公开的公正性。公平即政府信息公开要面向全体社会公民和依法申请的相关人员，不得在信息公开中主观选择公开对象。便民是指在信息公开或依照申请公开的信息要以最为便捷的方式向社会公众或信息公开申请人发布，不得人为设置影响信息公开便捷性的障碍。

根据《中华人民共和国政府信息公开条例》第十九条的规定，国家行政机关对涉及公众利益调整、需要公众广泛知晓或者需要公众参与决策的政府信息，应当主动公开。行政机关应当依照《中华人民共和国政府信息公开条例》的相关规定，主动公开下列政府信息：行政法规、规章和规范性文件；机关职能、机构设置、办公地址、办公时间、联系方式、负责人姓名；国民经济和社会发展规划、专项规划、区域规划及相关政策；国民经济和社会发展统计信息；办理行政许可和其他对外管理服务事项的依据、条件、程序以及办理结果；实施行政处罚、行政强制的依据、条件、程序以及本行政机关认为具有一定社会影响的行政处罚决定；财政预算、决算信息；行政事业性收费项目及其依据、标准；政府集中采购项目的目录、标准及实施情况；重大建设项目的批准和实施情况；扶贫、教育、医疗、社会保障、促进就业等方面的政策、措施及其实施情况；突发公共事件的应急预案、预警信息及应对情况；环境保护、公共卫生、安全生产、食品药品、产品质量的监督检查情况；公务员招考的职位、名额、报考条件等事项以及录用结果；法律、法规、规章和国家有关规定应当主动公开的其他政府信息。

此外，设区的市级、县级人民政府及其部门还应当根据本地方的具体情况，主动公开涉及市政建设、公共服务、公益事业、土地征收、房屋征收、治安管理、社会救助等方面的政府信息；乡（镇）人民政府还应当根据本地方的具体情况，主动公开贯彻落实农业农村政策、农田水利工程建设运营、农村土地承包经营权流转、宅基地使用情况审核、土地征收、房屋征收、筹资筹劳、社会救助等方面的政府信息。

二、信息公开的方式与程序

目前，政府信息公开的方式主要有主动公开和申请公开两类。主动公开是政府根据程序定期通过特定方式向社会公开政府相关信息，而申请公开是公民或社会组织等根据法律法规，通过规定程序向政府提交所需获得信息的申请，政府机关在接到申请后，根据法律和规定决定是否向申请者公开相关信息。

（一）主动公开

根据《中华人民共和国政府信息公开条例》规定，国家行政机关应该主动公开法律允许或不涉密的政府信息，并通过政府公报、政府网站、新闻发布会以及报刊、广播、电视、网络等便民、快捷的方式公开。政府信息公开主体为行政机关及其工作部门，行政机关制作的政府信息，由制作该政府信息的行政机关负责公开。行政机关从公民、法人或者其他组织获取的政府信息，由保存该政府信息的行政机关负责公开。法律、法规对政府信息公开的权限另有规定的，从其规定。主动公开的信息范围依照《中华人民共和国政府信息公开条例》的规定执行。

凡属于政府主动公开范围的政府信息，应当自该政府信息形成或者变更之日起 20 个工作日内予以公开。法律、法规对政府信息公开的期限另有规定的，从其规定。同时，行政机关应当编制、公布政府信息公开指南和政府信息公开目录，并及时更新。政府信息公开指南，应当包括政府信息的分类、编排体系、获取方式，政府信息公开工作机构的名称、办公地址、办公时间、联系电话、传真号码、电子邮箱等内容。政府信息公开目录，应当包括政府信息的索引、名称、内容概述、生成日期等内容。

（二）申请公开

申请公开是指信息公开申请人根据法定程序向县级以上政府提交信息公开申请，县级以上政府依据申请，经审核后进行信息公开的过程。依照《中华人民共和国政府信息公开条例》的规定可以向行政机关申请获取政府信息的公民、法人或者其他组织，应当采用书面形式（包括数据电文形式）提交申请。如果采用书面形式确有困难的，申请人可以口头提出，由受理该申请的行政机关代为填写政府信息公开申请。行政机关收到政府信息公开申请，能够当场答复的，应当当场予以答复。行政机关不能当场答复的，应当自收到申请之日起 20 个工作日内予以答复；如需延长答复期限的，应当经政府信息公开工作机构负责人同意，并告知申请人，延长答复的期限最长不得超过 20 个工作日。若申请公开的政府信息中含有不应当公开的内容，但是能够作区分处理的，行政机关应当向申请人提供可以公开的信息内容。行政机关依申请公开政府信息，应当按照申请人要求的形式予以提供；无法按照申请人要求的形式提供的，可以通过安排申请人查阅相关资料、提供复制件或者其他适当形式提供。

行政机关认为申请公开的政府信息涉及商业秘密、个人隐私，公开后可能损害第三方合法权益的，应当书面征求第三方的意见。第三方不同意公开的，不得公开。但是，行政机关认为不公开可能对公共利益造成重大影响的，应当予以公开，并将决定公开的政府信息内容和理由书面通知第三方。行政机关依申请提供政府信息，除可以收取检索、复制、邮寄等成本费用外，不得收取其他费用。行政机关不得通过其他组织、个人以有偿服务方式提供政府信息。行政机关收取检索、复制、邮寄等成本费用的标准由国务院价格主管部门会同国务院财政部门制定。

三、信息公开的监督与保障

各级国家行政机关都设置主管部门或特定工作机构以管理政府信息公开的具体工作，并建立相应的实施保障措施。通常，各级政府的办公厅（办公室）是各级政府信息公开的主管部门，主要负责指导、协调、推进、监督、保障本行政区内的政府信息公开工作。政府信息公开工作主管部门和监察机关负责对行政机关政府信息公开的实施情况进行监督和检查。

根据《中华人民共和国政府信息公开条例》的规定，各级政府应当建立健全政府信息公开工作考核制度、社会评议制度和责任追究制度，定期对政府信息公开工作进行考核、评议。其中，各级行政机关应当在每年1月31日前公布本行政机关的政府信息公开工作年度报告。在报告中，各级政府需要汇报主动公开政府信息的情况，依照申请公开信息的情况和因故不予公开信息的情况。同时，还应该报告政府工作中涉及信息公开申请行政复议或提起行政诉讼的情况。报告要总结信息公开制度执行中发现的问题，并对相应问题提出改进措施。

上级机关、监察机关和政府信息公开工作的主管部门对政府信息公开负有监察责任。公民、法人或者其他组织认为行政机关不依法履行政府信息公开义务的，可以向上级行政机关、监察机关或者政府信息公开工作主管部门举报。收到举报的机关应当予以调查处理。行政机关违反《中华人民共和国政府信息公开条例》及未建立健全政府信息发布保密审查机制的，由监察机关、上一级行政机关责令改正；情节严重的，对行政机关主要负责人依法给予处分。对各级行政机关出现不依法履行政府信息公开职能，不及时更新公开的政府信息内容、政府信息指南和政府信息公开目录，以及违反《中华人民共和国政府信息公开条例》规定的其他情形由上一级行政机关责令改正。情节严重的，对负有责任的领导人员和直接责任人员依法给予处分。若构成犯罪的，依法追究刑事责任。

CHAPTER FIVE

第五章

政府法制

政府法制又称行政法制，其可以从广义和狭义两个层面进行理解：广义的政府法制包括行政立法、行政执法和行政司法，其构成当代中国政府法制完整体系；而狭义的政府法制就是指行政立法，即具有行政立法权限的国家行政机关制定行政法律规范性文件的总称。政府法制是现代国家法制体系和立法制度中不可缺少的重要部分，在政府行政体制中也具有极其重要的作用。本章将从广义的角度来概述我国政府的法制体系。

第一节　行政立法

行政立法是政府创制法规或规章的过程，具有规范的程序。具体而言，就是国家行政机关依据法定程序，在自己的职权范围内制定、颁行、修改或废止行政法律规范性文件的活动，是行政管理事项普遍应用规则调整的过程。行政立法是国家行政机关运行的重要依据，也是规范政府管理行为的重要保障。

一、行政立法的内容分类

我国行政立法的内容主要为制定行政法规。广义的行政法规包括由国务院制定的行政法规及拥有行政立法权限的国务院部门和地方政府制定的行政规章。而狭义的行政法规则仅指国务院制定的行政法规。本部分从广义层面来探讨我国行政立法的内容分类。

（一）行政法规

行政法规是国务院根据宪法和法律或国家权力机关的授权，按照法定程序制定和颁布的各类法律规范文件的总称。根据《中华人民共和国宪法》第八十九条规定，国务院可以“根据宪法和法律，规定行政措施，制定行政法规，发布决定和命令”，这表明国务院制定和颁布行政法规的根本法律来源是宪法，因此具有最高的法律保障及法制效力。根据立法法的规定，国务院制定行政法规一方面是为保证宪法赋予其的职权能够有效行使，另一方面是为了保证行政执行具有细化的法律支撑。通常，行政法规以“条例”“办法”或“规定”命名。条例主要是指对某一特定方面的行政工作进行系统规定的法律性文件，如《行政区划管理条例》《国务院行政机构设置编制管理条例》《中华人民共和国政府信息公开条例》等。办法主要是对某一项行政工作进行具体规定的文件，如《科学数据管理办法》《互联网信息服务管理办法》等。规定主要是指对行政事务或行政工作的特定方面或部分进行规定的文件，如《国务院关于鼓励华侨和香港澳门同胞投资的规定》《中华人民共和国无线电管制规定》等。值得注意的是，条例一般仅用于行政法规，而办法和规定既可以用于行政法规，也可以用于行政规章，如国务院学位委员会印发的《学士学位授权与授予管理办法》就是部门性行政规章。

根据行政法规内容和功能，还可以对其进一步细化分类。中国政法大学潘小娟教授①根据立法法及相关法律法规，将行政法规分为创制性行政法规、执行性行政法规和补充性行政法规三类。

1. 创制性行政法规

创制性行政法规是指国家行政机关依据宪法、相关法律法规或特别的法律授权，对现有法律法规尚未规定的行政管理事项加以规定的法律规范性文件。创制性行政法规主要是国家行政机关为满足行政管理工作需要，或增加行政管理工作的法律支撑性而主动进行的行政立法的结果。我国现有的很多行政法规都属于创制性行政法规，如《国家科学技术奖励条例》等。虽然创制性行政法规在一定程度上填补了相关法律的空白，但是其不能等同于法律，而须在宪法和相关法律的授权范围内进行设置和使用。

---

① 参见潘小娟：《中国政府体制：结构与运行》，中国言实出版社 2021 年版。

2. 执行性行政法规

执行性行政法规是国家行政机关在行政管理过程中，为执行法律法规而制定的行政法律规范性文件。执行性行政法规的作用是将国家行政机关需要执行的法律法规具体化、明确化，以保障法律法规顺利实施并充分发挥效力。因此，执行性行政法规多被称为“实施细则”“实施办法”“实施条例”，如《中华人民共和国统计法实施细则》《国务院实施〈中华人民共和国民族区域自治法〉若干规定》等。执行性行政法规依托于相应法律法规，如果相应法律法规变更或废止，对应的执行性法规也相应终止。执行性法规涉及诸多行政执行的细则，因此在实际执行过程中不能超越其立法依据的法律法规或在立法依据的法律法规外创制新的规定。

3. 补充性行政法规

补充性行政法规是指国家行政机关在行政管理过程中，为补充法律法规的特定内容而制定的行政法律规范性文件。由于法律法规在制定过程中不可能预见所有事件，并且也不宜作出过细的规定，因此，国家行政机关就需要对特定的问题和事务，或者对法律法规未规定或未详尽规定的事项进行必要的补充，作出更加切合时宜的规定。补充性行政法规一般被称为“补充规定”“补充办法”等，如《国务院关于高级专家退休问题的补充规定》《国务院关于劳动教养的补充规定》等。补充性行政法规必须依据特定的法律授权，在相应补充的法律法规变更或废止后，其不能再进行制定和颁布。若补充性行政法规与新颁布的相关法律法规未发生抵触，则仍具有一定的效力；若补充性行政法规与新颁布的相关法律法规发生抵触，则自动失效。

（二）行政规章

行政规章是指拥有立法权限的国务院部门和地方政府，依据宪法和地方政府组织法等法律的规定，所制定的行政法律性文件的总称。行政规章可以根据立法主体分为部门规章和地方政府规章。部门规章是国务院部门根据宪法和法律，国务院行政法规及决定、命令等，在其部门权限范围内所制定的规定、办法、规则、实施细则等一系列法律规范性文件，如交通运输部发布的《国内水路运输管理条例》、财政部发布的《中华人民共和国发票管理办法》等。地方政府规章主要是由各省、自治区、直辖市和拥有立法权限的地级市等根据相关法律法规，依据特定程序所制定的适用于本辖区的各类规定、办法、规则、实施细则等法律规范性文件，如《江苏省省级财政专项资金管理办法》《重庆市建设工程造价管理规定》等。

二、行政立法的原则

行政立法是制定行政管理规则的行为，其必须遵循以下特定的原则。

（一）政治原则

政治原则是行政立法的基础原则，是我国政府行政立法工作的根本导向，行政立法的其他原则在一定程度上都是政治原则的细化。立法法中明确了行政立法的政治原则，即立法应当遵循宪法的基本原则，以经济建设为中心，坚持社会主义道路、坚持人民民主专政、坚持中国共产党的领导、坚持马克思列宁主义毛泽东思想邓小平理论，坚持改革开放。立法应当依照法定的权限和程序，从国家整体利益出发，维护社会主义法制的统一和尊严。立法应当体现人民的意志，发扬社会主义民主，坚持立法公开，保障人民通过多种途径参与立法活动。立法应当从实际出发，适应经济社会发展和全面深化改革的要求，科学合理地规定公民、法人和其他组织的权利与义务、国家机关的权力与责任。

（二）依法原则

行政立法的依法原则主要体现为四个层面：一是要遵循宪法和法律，符合宪法和法律的基本精神，不得出现违反宪法和法律的内容；二是行政立法要拥有明确的法律依据，或得到国家权力机关的明确授权；三是行政立法要严格遵守立法权限，按照立法法等法律规定的法定程序进行，否则行政立法便不予成立；四是行政立法要遵循法治理念，尊重法治环境，履行下位法服从上位法的原则。

（三）民主原则

我国是人民民主专政的社会主义国家，国家的一切权力属于人民，政府行政管理工作从本质上说也是以为人民服务为宗旨的。因此，作为规范政府行政管理工作的行政立法也必然需要满足人民群众的知情权，充分尊重人民群众的诉求和意愿，彰显民主原则，突出以人民为中心。行政立法从本质上来说也可以理解为是人民意志的体现。民主原则在行政立法过程中的具体体现为召开听证会、座谈会等公民参与方式来拓展行政立法的信息来源，提升行政立法程序的透明性和公开性，充分了解人民的诉求和意见，使行政立法能够更加满足人民的需求和意愿。

（四）规范原则

行政立法的规范原则主要体现在两个方面。一是行政立法要以我国的实际国情为基础。行政立法要符合我国政治、经济、社会的发展规律和实际需求，并根据现实发展适时调整行政立法的内容。二是行政立法要有严格的法律文本制定规范。行政立法的名称条目、内容结构、行文语序、逻辑关系等都要规范、合理，简明扼要地展现行政立法的目标和内容，防止出现模糊不清、冗长烦琐的表述和解释。

（五）合理原则

合理原则是行政立法有效性的重要保障。行政立法合理原则需要充分尊重政府行政的基本理念，如精简统一效能、转变政府职能、降低行政成本、优化行政流程等，使行政立法与政府治理保持高度的一致性。同时，行政立法的合理原则也反映在行政立法的灵活性上，即充分考虑不同地区经济社会发展情况，保证行政立法能够适应不同地区在不同发展阶段的现实需要，充分体现其合理性。

（六）保障原则

从政府角度来看，行政立法要保障政府的行政管理具有法律保障，其行政行为具有法律依据，能够合理、合法地行使行政权力。而从社会的角度来看，行政立法要保障人民群众的基本利益、维护社会公平正义，防止政府行政权力无节制地延伸，明确政府与社会、政府与市场的边界。

三、行政立法的权限

我国享有行政立法权限的主体可以分为两个层次：一是国务院和国务院部门，其主要制定行政法规和部门规章；二是享有立法权限的地方政府，包括省级政府和享有立法权限的市级政府，其主要制定地方政府规章。国务院和国务院部门制定的行政法规和部门规章通常在全国范围内具有法律效力，而享有行政立法权限的地方政府所制定的地方政府规章主要在特定的地区具有法律效力。据此，我国政府行政立法权限从国务院、国务院部门和地方政府三个方面来划分。

（一）国务院的立法权限

国务院立法权限的来源主要有两个方面。一是宪法和法律所规定的立法权限。宪法和法律是国务院立法权限的基础来源与根本保障，而国务院立法权限及其所制定的行政法规不得超越宪法和法律的范畴。二是全国人大及其常委会的授权。相较于宪法和法律，全国人大及其常委会授予的立法权限更加灵活，可以根据国务院行政工作的实际需要适时调整。但是，全国人大及其常委会制定相关法律后，其相应的立法授权事项便自动终止。

具体而言，国务院立法权限主要体现在以下几个方面。

1. 制定并解释行政法规

宪法规定，国务院可以根据宪法和法律，规定行政措施，制定行政法规，发布决定和命令。因而，制定行政法规是国务院拥有的最为基本的立法权限，也是国务院主要的职权之一。行政法规一般称为“条例”，也可以称为“规则”“办法”等。国务院的立法权限中还包括对其所制定的法规进行解释的权限，即国务院对行政法规的条文做补充规定或明确界限。行政法规的解释由国务院法制机构研究拟订，经国务院审议同意后发布。行政法规的解释与行政法规具有相同的法律效力。国务院各部门和各省、自治区、直辖市对行政法规可以提出解释请求，由国务院法制机构研究后，经国务院同意进行答复。同时，国务院也可以向全国人大及其常委会提出解释相关法律的请求。

2. 提出立法议案

根据宪法规定，国务院有权向全国人民代表大会或者全国人民代表大会常务委员会提出议案。提出立法议案可以分为三个方面：（1）提出制定新法律的建议。在行政事务中既没有相关法律，也没有授权制定的行政法规，但实际行政中又确实需要立法的情况下，国务院可以拟订法律草案，提请全国人大或全国人大常委会审议。（2）提出将行政法规上升为法律的建议。国务院可以将业已制定并实施的行政法规，经过完善，形成法律草案，提请全国人大或全国人大常委会审议，使之上升为法律，以发挥更大的效力。（3）提出修改法律的建议。对已经制定颁布的法律在无法适应现实需要或形势变化的情况下，国务院可以拟订修改草案或修正案草案，提请全国人大或全国人大常委会审议，对相关法律进行修改。在这个过程中，国务院可以将相关行政法规的内容融入修改草案或修正案草案中，并加以说明。

3. 备案并审查地方性法规和行政规章

根据《中华人民共和国立法法》和《法规规章备案条例》等法律法规的规定，地方性法规、国务院部门规章和地方政府规章都要报国务院备案，并由国务院审查。因此，国务院有权审查地方性法规、部门规章和地方政府规章是否同法律和行政法规相抵触，或者法规、规章之间是否存在矛盾冲突等。国务院也可以对各类规章和法规的制定程序、效力范围及溯及力等进行审查。针对审查中存在不合规的法规和规章，国务院有权告知制定机关进行修改或废止，也可提请全国人大及其常委会予以撤销。同时，国务院也有权改变或撤销各部门或各地方政府制定的不适当的行政规章及发布的命令、指示等。备案审查有助于完善社会主义法治体系，加强对地方性法规、部门规章及地方政府规章的监督管理。

4. 立法争议裁决

依据《中华人民共和国立法法》第九十五条，国务院立法争议裁决是其权限的重要组成部分，具体有以下几种情况：一是当地方性法规与部门规章对同一事务或事项的规定，且无法确定如何适用时，由国务院提出具体意见。若国务院认为适用地方性法规，则作出该地方适用地方性法规的裁决；若国务院认为应当适用部门规章，则提请全国人大常委会裁决。二是当部门规章之间、部门规章与地方政府规章之间就某一事务或事项发生冲突时，由国务院法制机构进行协调。若无法达成协调，则由国务院法制机构提出裁决意见，报国务院裁决。

（二）国务院部门的立法权限

《中华人民共和国宪法》第九十条规定："各部、各委员会根据法律和国务院的行政法规、决定、命令，在本部门的权限内，发布命令、指示和规章。"《中华人民共和国国务院组织法》第十条规定："根据法律和国务院的规定，主管部、委员会可以在本部门的权限内发布命令、指示和规章。"立法法也明确规定国务院各部、各委员会、中国人民银行、审计署和具有行政管理职能的直属机构均享有制定部门规章的权限。这是国务院部门立法权限的法律来源。

法律和行政法规的适用范围较大，具有较强的普遍性特征，大部分具体条文都带有一定的纲领性和概括性。同时，法律和行政法规的制定与修改程序也较为复杂。因此，国务院部门依据宪法和法律，基于相关行政业务，制定更具有实施性和专业性的行政规章是非常有必要的。国务院部门制定行政规章主要是在职权范围内根据法律和行政法规、规范性文件和本部门实际工作需要，这是其立法权限的具体范畴。

（三）地方政府的立法权限

根据宪法、地方各级人民政府组织法和立法法的规定，我国省、自治区、直辖市和设区的市、自治州的政府均具有制定地方政府规章的立法权限。其中，立法法对设区的市、自治州的政府制定地方政府规章的具体事项进行了规制，其权限主要体现在城乡建设管理、生态环境保护、历史文化保护等方面。但总体而言，我国政府的三级行政立法体系业已形成，行政立法权限在政府体系中得到延伸。具体而言，我国地方政府的立法权限主要体现为这样几个方面。一是地方政府有权向本级人大及其常委会提出地方性法规草案。如前文所述，地方性法规主要是为对法律和行政法规中涉及本地区具体事项进行具体规定，或地方性事务需要具体规定而制定的规范性文件。虽然其由地方人大及其常委会制定颁布，但其中多数内容涉及行政，需要由政府提供建议或拟订草案，再提交本级人大审议通过。二是地方政府根据法律、行政法规和地方性法规制定地方政府规章的权限。这主要是根据地方现实需要将法律法规做具体化的规定，使其更加具有操作性和针对性。三是在职权范围内根据辖区管理需要制定规章的权限。我国地域辽阔，不同地区之间的差异较大，各地区需要结合本地区的实际情况来制定规章并具体实施。同时，单纯靠行政指令进行行政管理活动一方面不具有稳定性，主观随意性较强。所以，地方政府制定规章规范政府行为，优化行政过程，是我国政府治理现代化推进的重要形式。

（四）特殊行政立法权限

因为历史发展、经济建设等因素的影响，我国一些地区形成了特别的政府体制及行政制度，宪法和相关法律也赋予这些地区政府特殊的立法权限。

1. 民族自治地方政府的立法权限

从范畴来看，民族自治地方政府的立法权限是大于一般地方政府的。一方面，民族自治地方政府拥有一般地方政府的立法权限，可以制定地方政府规章及提出地方性法规的草案等。另一方面，民族自治地方政府依法享有特定的立法权限，在不抵触宪法和法律的基础上可根据本地区、本民族的特殊性，制定特殊的行政规章。同时，民族自治地方政府若认为上级机关作出的决定、命令、指示等不符合本地区、本民族的实际情况，在报上级国家机关批准后，可以决定变通执行或停止执行。值得注意的是，民族自治地方的人民代表大会及其常务委员会，可以根据本地区的特殊情况制定自治条例或单行条例，这与民族自治地方政府的特殊立法权限共同构成巩固民族区域自治制度的法治保障。

2. 经济特区政府的立法权限

经济特区就是实行特殊经济政策和经济体制的地区。经济特区的设立是为了适应改革开放的需要，划定专门的区域，实行特殊经济政策，采取灵活的经济措施，充分吸引外部投资，加快经济发展。经济特区既然实行特殊的经济政策和经济体制，那么经济特区政府就必然具有特殊的立法权限。立法法和相关法律法规允许经济特区政府有权在本区域内拟订适用于本区域的法规草案和制定行政规章。同时，经济特区政府在获得授权的情况下，可以结合本地区的实际情况对行政法规、地方性法规做变通性执行。

3. 特别行政区政府的立法权限

根据《中华人民共和国宪法》《中华人民共和国香港特别行政区基本法》《中华人民共和国澳门特别行政区基本法》的规定，特别行政区政府享有高于一般地方政府和民族自治地方政府的立法权限。特别行政区政府可以拟订并提出议案、法案、附属法规；签署立法会通过的法案并公布法律。如果特别行政区政府认为立法会通过的法案不符合特别行政区的整体利益，有权发回立法会重新审议，或拒绝签署立法会通过的法案；特别行政区政府有权制定行政法规并颁布执行，不过香港特别行政区的基本法中并未明确颁布执行的条款；特别行政区政府经过授权，对行政法规具有较高程度的变通权与裁量权等。

四、行政立法的程序

行政立法程序是指国家行政机关依法制定、修改、废止行政法规或行政规章的过程，具体包括行政立法应遵循的方法、顺序、效力、时效等。当前，我国行政立法程序的设置主要依据《中华人民共和国立法法》《行政法规制定程序条例》和《法规规章备案条例》等法律法规。通常，我国行政立法程序可以分为规划、起草、审查、公布、备案五个步骤。

（一）规划

制定行政法规或行政规章，首先要列入行政立法规划或计划。行政立法规划或计划是国家行政立法机关或行政机关的法制部门根据经济社会的发展的需要，对拟立法的项目进行综合考量，编制用以指导国家行政机关立法工作的规划。我国行政立法规范一般分为五年规划和年度计划。五年规划主要是根据经济社会发展的总体形势规划行政立法的项目，一般是一个较为笼统的纲领性、计划性的文件，与国家经济社会发展的五年规划基本保持一致。年度计划主要是根据五年规划和下一年度的具体事务而制订的，与实际需求联系较为紧密，计划相对具体。

行政法规的立法规划由国务院相关部门根据业务工作需要提出申请，经国务院法制机构综合考虑后列入立法规划或计划，报国务院批准后正式立项。国务院的立法规划在 1998 年机构改革前由国务院法制局负责编制，1998 年后由国务院法制办公室负责编制，由国务院审议确定。2001 年后，国务院每年年初编制年度立法计划。行政法规的立法申请能否列入规划或计划，需要从经济社会发展的现实需求、立法项目的基础条件、法规与相关法律的边界范围等多方面综合考量。在执行过程中，可根据实际情况对所制订的规划或计划进行调整。

行政规章的立法规划工作由拥有行政立法权限的国务院部门主管政策法规的机构或地方政府法制机构负责。部门规章一般由部门内设机构或其他机构提出申请，而地方政府规章则由本级政府的部门或下级政府提出申请，经由国务院部门的政策法规机构或地方政府法制机构汇总审核，拟订立法规划和年度计划，报国务院部门或地方政府批准后执行。在执行过程中，可以根据实际情况对立法规划或计划进行调整。

（二）起草

起草就是将已经列入规划的行政法规或行政规章由特定的部门或机构草拟为规范性文本。行政法规和行政规章的起草必须严格遵循立法法等法律法规的原则和规范。

行政法规由国务院组织起草。国务院根据列入立法规划项目的具体内容确定负责起草的主体。若拟起草的行政法规主要与一个部门的行政业务相关，那么原则上便由该部门负责起草工作；若拟起草的行政法规与多个部门的行政业务相关，那么既可以由国务院指定一个部门牵头，其他部门配合起草，也可以由国务院法制机构组织相关部门共同起草，或可由国务院法制机构直接起草。

部门规章由国务院有关部门组织起草。根据列入立法规划的部门规章的内容，由主管部门确定具体起草负责主体。拟起草部门规章的主体既可以是具体机构，也可以由几个机构共同组成。具体起草可以由部门法制机构负责，或由其组织多方参与起草。同时，部门规章也可以根据相关规定，由牵头部门组织或委托专家学者进行起草。

地方政府规章由地方政府确定负责起草工作的主体。地方政府规章的起草工作和部门规章一样，既可以由一个部门或几个部门起草，也可以由地方政府法制机构起草或组织起草。地方政府规章也可以根据相关规定，由地方政府或主管部门组织或委托专家学者进行起草。

行政法规和行政规章的起草必须严格按照法律法规的程序进行，通过座谈、论证、咨询等方式充分调研，最大限度地听取相关部门、地方政府和社会各界的意见和建议。行政法规和行政规章起草中要注重协商，尽可能做到负责起草的部门与相关部门、地方政府取得一致。如果通过协商无法达成一致，要在上报草案时说明情况及理由。对于涉及国家重要体制方面的问题，负责起草的主体要提出具体的意见或建议，报国务院决定。在提交行政法规和行政规章草案时，起草主体需要附送相关说明材料，阐明立法目标、立法内容、涉及主体、关联制度、意见建议等。草案规定由主管部门制定实施细则的，需要同时附送实施细则的草案。草案提交，须由草案起草部门负责人签署，若草案为多个部门共同起草的，则由所有参与的部门负责人共同签署。

（三）审查

审查就是对行政法规或行政规章的草案进行核查。行政法规和行政规章的草案完成后，起草责任主体将草案按照程序报送给国务院、国务院部门或地方政府的法制机构审查。审查的主要内容是对草案的合宪性、合法性、合规性、合理性等方面进行综合核查。在审查过程中，除了上述内容的核查外，审核主体还需要将草案或草案中的相关部分发给有关部门与社会各界，充分听取相关部门、专家学者、社会团体及公民个人的意见和建议。如果审查中发现问题，就可以将相关问题反馈给起草主体进行修改或协调，待起草主体修改完成后再次按照程序提交审查。

在对行政法规和行政规章草案审查完毕后，可以提交国务院或地方政府审议。审议主要通过国务院或地方政府的常务会议完成，也可以直接由国务院或地方政府审批，草案审议通过后方可进入发布程序。

（四）公布

行政规章或行政法规草案提请国务院或地方政府审议并作出通过决定后，由拥有行政立法权限机关的行政首长签署命令，并通过特定程序发布行政规章或行政法规。

行政法规在审议后，国务院法制机构要根据国务院审议意见对行政法规草案进行适当修改或调整，形成草案修改稿，报国务院总理签署。行政法规经国务院总理签署后予以公布，进而产生法律效力。行政法规公布后，要及时通过主流媒体进行发布。

行政规章的公布程序与行政法规基本一致。部门规章草案报主管部门的行政首长或分管领导核查后，提请部务会议或委员会会议审议决定。地方政府规章由本级政府常务会议或全体会议审议决定。决定通过后，部门或地方政府法制机构要根据相关会议的审议意见，对草案进行修改或调整，形成草案修改稿，报请部门或地方政府行政首长签署公布。部门规章若涉及多个部门的则由相关部门行政首长共同签署公布。行政规章公布后，国务院公报、地方政府公报和辖区内的主要报刊要及时发布。

（五）备案

备案是指主管机构对提交的行政法规或行政规章依照程序进行存档，以备核查。立法法规定行政法规和行政规章应在公布后30日报有关机关进行备案。《行政法规制定程序条例》规定，行政法规在公布后的30日内由国务院办公厅报全国人大常委会备案。因此，备案是行政立法程序的重要环节，只有通过备案并登记，行政法规和行政规章才具有效力。

根据立法法规定，行政法规报全国人大常委会备案；部门规章报国务院备案，其中几个部门联合制定的规章由主办部门报国务院备案；地方政府规章报国务院和本级人大常委会备案。备案材料除了行政法规或行政规章，还需要提交草案说明、审议报告、发布公告和备案报告等，若手续或材料不全则暂缓办理，待补齐后再进行备案。经过备案登记的行政法规或行政规章分别由全国人大常委会办公厅秘书局、国务院法制机构定期公布简报及目录。备案后，国务院法制机构有权对备案登记的行政法规或行政规章进行审查监督。

五、行政立法的内容比较

（一）行政法规和行政规章的区别

行政法规和行政规章作为政府行政立法的重要内容，都具有合法性、规范性和强制性的特征。但两者间也存在较大的区别：一是制定主体不同。行政法规是由国务院制定的，一般由总理以国务院令的方式签署发布；而行政规章是由拥有行政立法权限的国务院部门和地方政府制定的，由部门行政首长或地方政府行政首长签署发布。二是作用对象不同。行政法规的作用对象一般是政府行政管理中具有普遍性、系统性的问题；行政规章的作用对象一般是政府行政管理过程中出现的局部性、具体性的问题。三是法律效力不同。行政法规的法律效力仅次于宪法和法律，而行政规章效力低于行政法规，如果行政规章与行政法规发生抵触，行政规章则无效。四是适用范围不同。行政法规的适用范围覆盖全国，贯穿各级政府行政管理所涉及的各类相关事务，且对社会组织、公民个人等都具有普遍的约束力。而行政规章的约束力只存在于某个部门、某个地方或某项特定事务中，相较于行政法规要小很多。

（二）地方政府规章和地方性法规的区别

地方政府规章和地方性法规是具有较大区别的。《中华人民共和国宪法》第一百条规定："省、直辖市的人民代表大会和它们的常务委员会，在不同宪法、法律、行政法规相抵触的前提下，可以制定地方性法规，报全国人民代表大会常务委员会备案。设区的市的人民代表大会和它们的常务委员会，在不同宪法、法律、行政法规和本省、自治区的地方性法规相抵触的前提下，可以依照法律规定制定地方性法规，报本省、自治区人民代表大会常务委员会批准后施行。"由此可见，地方性法规是指法定的地方国家权力机关依照法定的权限，在不同宪法、法律和行政法规相抵触的前提下，制定和颁布的在本行政区域范围内实施的规范性文件。地方性法规和地方政府规章的区别主要在于：① 地方性法规的指定主体为地方权力机关，而地方政府规章的制定主体是拥有立法权限的地方政府。② 若法律需要具体化、解释化的，制定地方性法规；若行政法规需要具体化、解释化的，制定规章。③ 若涉及司法行为的，制定地方性法规；若仅是行政机关行为调整的，制定规章。④ 若法律和行政法规未做明确规定，但确需创设新的实体权利和义务的，制定地方性法规；不创设新的实体上的权利和义务的，制定规章。⑤ 本行政区域内政治、经济、文化等方面的重大事项，一般由地方性法规规定；其他事项，可制定规章进行规定。

第二节　行政执法

行政执法是指行政执法主体依照法律法规，按照一定的程序，对具体事件或特定对象采取的直接影响相对人权利和义务的行政法律行为。同时，行政主体对相对人权利义务的形式和履行情况进行监督检查并产生法律效果的具体行政行为也属于行政执法的范畴。当前我国在行政执法方面尚未形成系统的法律体系，其多是以法规规定为依据。因此，行政执法是行政执法主体在执行相关法律、行政法规或特定约束性条文时所采取的具体办法和步骤，是为了保证行政法规的有效执行，对特定的人或特定的事件所做的具体的行政行为。从这个意义上看，行政执法在相当程度上是对行政立法的执行。

一、行政执法的主体

行政执法的主体，是指承担行政执法的相关责任，具备经国家有关机关许可的相应的执法条件或执法资格的行政执法活动的执行者。因此，根据宪法、法律及相关法规的规定，行政执法主体应具备下列条件：第一，行政执法主体必须是法人组织，而非自然人。虽然行政执法行为是由具体的行政执法人员实施，但他们的执法行为并非是以个人的名义开展的，而是依托相应的法人组织。因此，行政执法的自然人只能算是行政执法主体的要素，而并非行政执法主体本身。第二，行政执法主体必须有法律依据。行政执法主体的权限主要来自两方面：一是执法主体的承担机关或组织在设置时就天然具有行政执法的任务属性，二是通过法律法规赋予特定的机关组织行政执法权限。第三，行政执法主体的执法职责有严格范畴。行政执法主体执法的职责范畴是该组织形式执法权力的空间及边界，任何行政执法主体都必须在特定的范畴中履行执法职责和行使执法权限。任何行政执法都只能在法定的范围内活动，任何程度的越权都会导致该行为无效。职责范围不明确、不具体往往会造成执法上的混乱，妨碍执法工作的顺利进行。因此，在有交叉的职责范围内，相关的执法主体也必须确定主次，分清责任，才能有效地进行管理。第四，行政执法主体具有独立的行政执法能力且执法责任范畴明确。当有数个执法主体共同对某一事项进行执法或处罚时，各行政执法主体必须对所处理的事项都具有执法权，无相应执法权的主体不得参与执法。行政执法主体在执法过程中不得与非行政性质的组织签署处罚决定。

基于上述行政执法主体的条件，我国行政执法主体主要有这样几种类型。

（一）国家行政机关

国家行政机关是最为主要的行政执法机关。国家行政机关的执法主体地位是由《中华人民共和国宪法》《中华人民共和国国务院组织法》及《中华人民共和国地方各级人民代表大会和地方各级人民政府组织法》等法律法规确定的，可以说国家行政机关“天然”是行政执法主体。作为行政执法主体的国家行政机关具体是指依法享有或被赋予具体执法权的行政机关职能部门或直属机构等拥有独立行政管理职能的组织。而行政机关的办事机构、议事协调机构和监督机构等不能作为行政执法的主体。

（二）法律、法规或规章赋权的机关和组织

一些并非是行政机关的机关和组织，可以通过法律、法规或规章授予其行政执法权限，从而成为特定的行政执法主体。这主要体现在两个方面：一是法律、法规和规章直接赋予某些机关和组织行政执法权，使其具有行政执法主体资格；二是法律、法规或规章直接赋予行政机关下属的职能部门或直属机构一定的行政执法权，使其成为特定范畴内的行政执法主体。

（三）行政机关指定或委托的机关或组织

行政机关指定特定的机关或组织进行行政执法活动主要是因为行政机关在执法过程中，特别是在处理和认定特定违法行为时往往需要有专业技术力量支持，如计量检验、药品监督、卫生防疫等。被行政机关指定的机关或组织拥有一定的行政执法权，或有权参与特定的行政执法活动并作出裁量。同时，上级行政机关有权指定具有专门权限的行政机关进行执法。

行政机关也可以委托特定的机关或组织以委托行政机关的名义开展行政执法活动。委托行政机关和被委托的机关和组织之间是一种“委托—代理”的关系，行政执法的责任由委托行政机关承担。行政执法委托关系需要满足以下条件：一是被委托的机关和组织必须是合法的法人组织；二是被委托的行政执法内容仅限于社会性的行政管理事务；三是行政机关在执法过程中确实存在困难或不便；四是委托的行政执法事务相对违法违规情节较轻，处理决定不会产生较大的周延。因此，委托执法只是一种职务活动。

（四）各级地方政府根据需要设立的行政执法队伍

各级地方政府可以根据城市管理或特殊执法的需要，如市容监督、市场秩序维护等，设置特定的行政执法队伍。从政府职责体系建设的视角来看，地方政府行政执法应以区县为主，市级政府及相应部门不再直接干预。市级政府原执法人员的资源可根据现实需要适当下沉至区县，提升行政执法的有效性和精准性。若确需由市级政府执法的事项，区县不再重复设置执法队伍。值得注意的是，对一些经济发达的镇，可以通过法定程序委托或赋予其部分特定的行政执法权。[①]

二、行政执法的依据

法律依据是行政执法的总依据，一切行政执法活动都必须在法律的框架内进行。行政执法的法律依据可以分为两个方面。

（一）规范文本的依据

法律的规范文本是行政执法的重要参照依据。从行政执法的角度来看，法律规范文本主要可以分为四个层次：一是宪法，这是国家的根本大法，也是一切行政活动的根本原则。宪法是行政执法的首要依据。二是法律，这是政治、经济和社会等方面运行的具体依据。全国人民代表大会及其常务委员会所颁布的各项法律都是我国行政执法的重要依据。三是行政法规，这是行政执法的具体性依据。国务院制定并颁布的行政法规具有法律文件效力，可以作为行政执法较为具体的依据。四是地方性法规及行政规章，这是行政执法在不同领域、不同地区实施的依据。地方性法规由省级人民代表大会及其常务委员会制定发布，行政规章由国务院部门和省级、部分市级政府制定发布。两者分别从业务领域和地区范围构成行政执法的具体依据。

（二）事实要件的依据

行政执法的事实要件一般情况下是根据法律、法规和规章来确定的。事实要件是具体执法过程中的现实依据。通常，行政执法的事实要件主要有违法行为的构成要件，有关办法许可的条件及申请人的条件等；行政相对人的合法权益是否受到损害及损害程度，与行政执法行为有无因果关系

---

① 丁煌、陈晓方：《整体性政府视角下市县政府职责体系构建研究——以汕头市濠江区行政体制改革为例》，《中国行政管理》2017年第8期。

的事实。行政执法主体的具体执法行为所依据的事实必须清晰，并应有相应的证明依据。[①]

三、行政执法的方式

行政执法的方式是行政执法主体贯彻落实法律、法规和规章中相关规定，对特定事项进行执法活动的具体手段。我国行政执法的方式主要有行政许可、行政措施、行政处罚、行政强制等。

（一）行政许可

行政许可是指行政机关根据公民、法人或者其他组织的申请，经依法审查，准予其从事特定活动的行为。就过程的角度而言，行政许可中行政机关对特定事项进行调控时不直接干预经济社会活动主体的正常活动。而从行政许可的性质、功能和适用条件的角度来看，其大体可以划分为五类：普通许可、特许、认可、核准、登记。根据行政许可法等法律法规的规定，行政许可的作用主要体现为：一是有利于对政治、经济、社会、文化等进行非行政命令式的间接宏观调控；二是有利于维护经济社会运行和发展秩序，保障人民群众的基本权益；三是有利于保障公共利益，维护公共安全和社会秩序；四是有利于资源的合理配置，促进人与自然、人与社会的和谐发展；五是有利于保障民族经济和地区经济的健康发展，调控进出口贸易；等等。

根据《中华人民共和国行政许可法》第十二条的规定，行政许可的范围大致为：第一，直接涉及国家安全、公共安全、经济宏观调控、生态环境保护以及直接关系人身健康、生命财产安全等的特定活动，需要按照法定条件予以批准的事项；第二，有限自然资源的开发利用、公共资源配置以及直接关系公共利益的特定行业的市场准入等，需要赋予特定权利的事项；第三，提供公众服务并且直接关系公共利益的职业、行业，需要确定具备特殊信誉、特殊条件或者特殊技能等资格、资质的事项；第四，直接关系公共安全、人身健康、生命财产安全的重要设备、设施、产品、物品，需要按照技术标准、技能规范，通过检验、检测、检疫等方式进行审定的事项；第五，企业或者其他组织的设立等，需要确定主体资格的事项；第六，法律、行政法规规定可以设定行政许可的其他事项。

---

① 魏娜、吴爱明：《当代中国政府与行政》（第四版），中国人民大学出版社 2017 年版，第 114 页。

（二）行政措施

《中华人民共和国宪法》和《中华人民共和国地方各级人民代表大会和地方各级人民政府组织法》等法律法规明确规定国务院和地方各级政府都有权“规定行政措施”。因此，行政措施可以理解为是行政执法主体根据宪法、法律、法规、规章等规定，对特定对象或具体事项采取的直接发生法律效力的行政执法行为。行政措施是行政管理及行政执法的重要方式，很多行政法规都通过行政措施得以落实。

我国行政措施的内容主要为审批与命令、许可与免除、赋予与剥夺、批准与拒绝、证明与确认等。行政措施具有下列情况之一的，应通过有关机关予以撤销：一是违反宪法、法律、法令和相应的行政法规规定的措施；二是违背社会公共利益的措施。撤销行为具有溯及力，行政措施撤销以后，即视为自始没有采取过该行政措施。

（三）行政处罚

行政处罚是指行政执法主体依照法定职权和程序对违反法律、法规或行政规章，却尚未构成刑事犯罪的相对人给予行政制裁的具体行政行为。行政处罚的特征主要有：第一，行政处罚是以对违法行为人的惩戒为目的，而不是以实现违法行为人义务为目的，这是其与行政强制的主要区别；第二，行政处罚的适用主体是行政机关或法律法规赋权的机关或组织，这是其与刑罚的区别；第三，行政处罚的适用对象是作为行政相对方的公民、法人或其他组织，属于外部行政行为，这是其与行政处分的区别；第四，行政处罚的前提是行政相对方实施了违反法律规范的行为，而非违反了刑法、民法等其他法律规范的行为。根据《中华人民共和国行政处罚法》的规定，我国行政处罚的种类主要有：警告、罚款、没收违法所得、没收非法财物、责令停产停业，暂扣或者吊销许可证，暂扣或者吊销执照，行政拘留，法律、行政法规规定的其他行政处罚等。

（四）行政强制

2011 年，十一届全国人大常委会第二十一次会议通过《中华人民共和国行政强制法》，使行政强制更加具有合法性和规范性。行政强制分为行政强制措施和行政强制执行，行政强制的设定和实施必须依法设定程序、范围及权限，原则上采用非强制方式可以达到行政管理目的的，不设定和实施行政强制。实施行政强制时，应坚持教育与强制相结合的原则。公民、法人或其他组织在行政措施实施过程中有权陈述、申辩，并且在行政强制中受到各类损害的有权要求行政执行主体予以合理赔偿。

行政强制措施是行政机关为制止违法行为、避免危害发生等情形，依法对公民的人身自由或公民、法人等的财产进行暂时性控制的行为。简言之，行政强制措施就是行政执法主体采取强制手段限制特定的相对人行使某项权利或强制履行某项义务的处置行为，一般是在尚未查清行为人的违法事实之前而采取的一种程序上的处置。法律以外的文件不得设定行政强制措施。根据《中华人民共和国行政强制法》第九条规定，行政强制措施的种类为：第一，限制公民人身自由；第二，查封场所、设施或者财物；第三，扣押财物；第四，冻结存款、汇款；第五，其他行政强制措施。

行政强制执行是指行政机关或者行政机关申请人民法院，对不履行行政决定的公民、法人或者其他组织，依法强制使其履行义务的行为。行政强制的执行以行政机关和法院为执行主体，且以已生效的具体行政行为所确定的义务为执行内容。行政强制执行的目的在于迫使相对人履行义务或用代执行等方式达到与履行义务相同的状态。根据行政强制法的规定，行政强制执行的方式有：一是对财产的行政强制执行方式，如强制划拨、强制扣缴、强行退还、强行拆除等；二是对人身的行政强制执行方式，如强制拘留、强制传唤、强制履行、遣送出境等；三是对行为的行政强制执行措施。

第三节 行政司法

行政司法是政府法制的重要组成部分，是对行政立法与执法的监督。党的二十大报告指出，“公正司法是维护社会公平主义的最后一道防线”。[①] 根据行政法、行政诉讼法和行政复议法等法律的规定，我国行政司法主要包括行政仲裁、行政复议和行政诉讼三个方面。

一、行政仲裁

行政仲裁是指行政机关以第三方的身份对当事人之间针对特定事项的争议按照法定程序予以调解裁决的制度。行政仲裁具有准司法性质，因

① 习近平：《高举中国特色社会主义伟大旗帜 为全面建设社会主义现代化国家而团结奋斗》，《党的二十大报告辅导读本》，人民出版社 2022 年版，第 37—38 页。

此属于行政司法的范畴。行政机关所设置的仲裁机关依法就当事人提交的民事争议进行调解裁决，具有法律效力。我国行政仲裁的法律依据由各项具体的法律法规组合而成，行政裁决来自法律法规的授权，如《中华人民共和国土地管理法》《中华人民共和国环境保护法》《中华人民共和国商标法》《中华人民共和国合同法》《中华人民共和国治安管理处罚条例》等。根据法律法规，我国行政仲裁的种类大致包括对行政处罚或行政处分的仲裁、对经济合同纠纷的仲裁、对房地产纠纷的仲裁、对劳动争议的仲裁、对产品质量责任争议的仲裁和对技术合同纠纷的仲裁等。所有的行政仲裁主体均为行政机关，其由业务主管机关根据法律、法规和规章的规定设立，受行政业务主管机关的领导。

行政仲裁具有规范的程序。第一，申请。当事人需要针对争议向行政机关提出仲裁申请。第二，受理。行政机关收到仲裁申请后进行审核，符合条件的进入仲裁程序。第三，审查。行政机关对当事人提出的争议进行审查，确定相关资料的真实性。第四，调解。通过说服教育争取当事人互相谅解，协商解决有关问题。调解主要通过人民调解、国家行政机关调解和司法调解完成。第五，裁决。在调解无效后，行政机关进入仲裁裁决阶段，依照法律法规的程序和方式进行仲裁。

二、行政复议

行政相对人认为行政机关或法律法规授权的机关和组织所作出的行政行为侵犯其合法利益，依法向具有法定权限的行政机关或法律法规授权的机关和组织申请复议，受理行政复议申请的行政机关对具体行政行为进行审查，并依据审查结果作出具体的处理决定，这个过程就是行政复议。行政复议对于监督和维护行政主体依法行使行政职权和保护行政相对人的合法权益等均具有重要的意义和作用。行政复议法是我国行政复议范围、管辖、机构、程序的主要依据。

（一）行政复议的范围

《中华人民共和国行政复议法》第六条明确规定我国公民、法人或其他组织可以申请行政复议的范围是：① 对行政机关作出的警告、罚款、没收违法所得、没收非法财物、责令停产停业、暂扣或者吊销许可证、暂扣或者吊销执照、行政拘留等行政处罚决定不服的；② 对行政机关作出的限制人身自由或者查封、扣押、冻结财产等行政强制措施决定不服的；

③ 对行政机关作出的有关许可证、执照、资质证、资格证等证书变更、中止、撤销的决定不服的；④ 对行政机关作出的关于确认土地、矿藏、水流、森林、山岭、草原、荒地、滩涂、海域等自然资源的所有权或者使用权的决定不服的；⑤ 认为行政机关侵犯合法的经营自主权的；⑥ 认为行政机关变更或者废止农业承包合同，侵犯其合法权益的；⑦ 认为行政机关违法集资、征收财物、摊派费用或者违法要求履行其他义务的；⑧ 认为符合法定条件，申请行政机关颁发许可证、执照、资质证、资格证等证书，或者申请行政机关审批、登记有关事项，行政机关没有依法办理的；⑨ 申请行政机关履行保护人身权利、财产权利、受教育权利的法定职责，行政机关没有依法履行的；⑩ 申请行政机关依法发放抚恤金、社会保险金或者最低生活保障费，行政机关没有依法发放的；⑪ 认为行政机关的其他具体行政行为侵犯其合法权益的。

根据《中华人民共和国行政复议法》第七条规定，公民、法人或者其他组织认为行政机关的具体行政行为所依据的下列规定不合法，在对具体行政行为申请行政复议时，可以一并向行政复议机关提出对该规定的审查申请。具体规定范围为：① 国务院部门的规定；② 县级以上地方各级人民政府及其工作部门的规定；③ 乡、镇人民政府的规定。

（二）行政复议的管辖

行政复议的管辖是行政机关受理各类行政复议申请的权限划分。根据行政复议法的规定，我国行政复议的管辖具体指：① 对县级以上地方各级人民政府工作部门的具体行政行为不服的，由申请人选择，可以向该部门的本级人民政府申请行政复议，也可以向上一级主管部门申请行政复议；② 对海关、金融、国税、外汇管理等实行垂直领导的行政机关和国家安全机关的具体行政行为不服的，向上一级主管部门申请行政复议；③ 对地方各级人民政府的具体行政行为不服的，向上一级地方人民政府申请行政复议，其中对省、自治区人民政府依法设立的派出机关所属的县级地方人民政府的具体行政行为不服的，向该派出机关申请行政复议；④ 对国务院部门或者省、自治区、直辖市人民政府的具体行政行为不服的，向作出该具体行政行为的国务院部门或者省、自治区、直辖市人民政府申请行政复议，对行政复议决定不服的，可以向人民法院提起行政诉讼，也可以向国务院申请裁决，国务院依照本法的规定作出最终裁决。

对上述以外的其他行政机关、组织的具体行政行为不服的，行政复议管辖具体为：① 对县级以上地方人民政府依法设立的派出机关的具体行政行为不服的，向设立该派出机关的人民政府申请行政复议；② 对政府工作部门依法设立的派出机构依照法律、法规或者规章规定，以自己的名义作出的具体行政行为不服的，向设立该派出机构的部门或者该部门的本级地方人民政府申请行政复议；③ 对法律、法规授权的组织的具体行政行为不服的，分别向直接管理该组织的地方人民政府、地方人民政府工作部门或者国务院部门申请行政复议；④ 对两个或者两个以上行政机关以共同的名义作出的具体行政行为不服的，向其共同上一级行政机关申请行政复议；⑤ 对被撤销的行政机关在撤销前所作出的具体行政行为不服的，向继续行使其职权的行政机关的上一级行政机关申请行政复议。有前款所列情形之一的，申请人也可以向具体行政行为发生地的县级地方人民政府提出行政复议申请，由接受申请的县级地方人民政府依照行政复议法的相关规定办理。

（三）行政复议的机构和程序

行政复议的机构是指依照行政复议法履行行政复议职责的行政机关。一般情况下，行政复议机关负责法制工作的行政机构为行政复议机构，负责具体办理行政复议的事项。

根据行政复议法的规定，我国行政复议的程序大致分为申请、受理、审理、决定、送达五个步骤。

1. 申请

（1）申请时效。申请人申请行政复议，应当在被申请人行政行为作出之日起 60 日内提出（法律另有规定的除外）。因不可抗力或者其他正当理由耽误法定申请期限的，申请期限自障碍消除之日起继续计算。

（2）申请条件。有明确的行政复议申请人且认为行政行为侵犯其合法权益的相对人。申请人有具体的复议请求和事实根据，属于依法可申请行政复议的范围；提出的行政复议申请由具体的行政复议机关管辖；符合法律法规规定的其他条件。

（3）申请方式。申请人申请行政复议，可以书面申请，也可以口头申请。口头申请的，行政复议机关应当当场记录申请人的基本情况、行政复议请求、申请行政复议的主要事实、理由和时间。申请人采取书面方式向行政复议机关申请行政复议时，需要递交行政复议申请书，并明确基本信息及事项要件。

2. 受理

根据行政复议法及相关法律法规的规定，行政复议机关收到行政复议申请后，应当在 5 日内进行审查，对不符合行政复议法规定的行政复议申请不予受理，并书面告知申请人；对符合行政复议法规定，但是不属于本机关受理的行政复议申请，应当告知申请人向有关行政复议机关提出。除上述规定外，行政复议申请自行政复议机构收到之日起即为受理。公民、法人或者其他组织依法提出行政复议申请，行政复议机关无正当理由不予受理的，上级行政机关应当责令其受理；必要时，上级行政机关也可以直接受理。行政复议期间具体行政行为不停止执行。

3. 审理

审理是行政复议的筹备阶段，具体分为送达行政复议申请书及副本、审阅复议有关材料、调查取证并收集证据、通知符合条件的对象参加复议活动、确定复议案件的审理方式等。在复议申请受理之后、行政复议决定作出之前，申请人基于某种考虑主动要求撤回复议申请的，经向行政复议机关说明理由，可以撤回。撤回行政复议申请的，行政复议终止。

4. 决定

行政复议机关应当在受理行政复议 60 日内作出行政复议决定，若情况复杂，不能在规定期限内作出行政复议决定的，经行政复议机关的负责人批准，可以适当延长，并告知申请人和被申请人；但是延长期限最多不超过 30 日。行政复议机关作出的行政复议决定形成行政复议决定书，具有法律效力。

5. 送达

行政复议决定书须由行政复议机关的法定代表人署名，加盖行政复议机关的印章方可生效，并进行送达。行政复议决定书一经送达，即发生法律效力。申请人对行政复议决定不服，可以在收到行政复议决定书之日起 15 日内，或法律法规规定的其他期限内，向人民法院提起行政诉讼。

三、行政诉讼

行政诉讼就是俗称的“民告官”，指公民、法人或者其他组织认为国家行政机关的具体行政行为侵犯其合法权利，因而依法向人民法院起诉，人民法院在当事人及其他诉讼参与人的参加下，依法对被诉具体行政行为进行审查并作出裁判，从而解决行政争议的制度。行政诉讼是我国政府法制的重要组成部分，对于完善政府行政行为和维护公民、法人及其他组织的合法权益具有重要的意义。我国行政诉讼的受案范围、管辖等都由行政诉讼法规定。

（一）行政诉讼的受案范围

行政诉讼法明确规定，我国行政诉讼的受案范围为：① 对行政拘留、暂扣或者吊销许可证和执照、责令停产停业、没收违法所得、没收非法财物、罚款、警告等行政处罚不服的；② 对限制人身自由或者对财产的查封、扣押、冻结等行政强制措施和行政强制执行不服的；③ 申请行政许可，行政机关拒绝或者在法定期限内不予答复，或者对行政机关作出的有关行政许可的其他决定不服的；④ 对行政机关作出的关于确认土地、矿藏、水流、森林、山岭、草原、荒地、滩涂、海域等自然资源的所有权或者使用权的决定不服的；⑤ 对征收、征用决定及其补偿决定不服的；⑥ 申请行政机关履行保护人身权、财产权等合法权益的法定职责，行政机关拒绝履行或者不予答复的；⑦ 认为行政机关侵犯其经营自主权或者农村土地承包经营权、农村土地经营权的；⑧ 认为行政机关滥用行政权力排除或者限制竞争的；⑨ 认为行政机关违法集资、摊派费用或者违法要求履行其他义务的；⑩ 认为行政机关没有依法支付抚恤金、最低生活保障待遇或者社会保险待遇的；⑪ 认为行政机关不依法履行、未按照约定履行或者违法变更、解除政府特许经营协议、土地房屋征收补偿协议等协议的；⑫ 认为行政机关侵犯其他人身权、财产权等合法权益的。

（二）行政诉讼的管辖

第一，基层人民法院管辖第一审行政案件。

第二，中级人民法院管辖下列第一审行政案件：对国务院部门或者县级以上地方人民政府所作的行政行为提起诉讼的案件；海关处理的案件；本辖区内重大、复杂的案件。其他法律规定由中级人民法院管辖的案件。

第三，高级人民法院管辖本辖区内重大、复杂的第一审行政案件。

第四，最高人民法院管辖全国范围内重大、复杂的第一审行政案件。

第五，行政案件由最初作出行政行为的行政机关所在地人民法院管辖。经复议的案件，也可以由复议机关所在地人民法院管辖。经最高人民法院批准，高级人民法院可以根据审判工作的实际情况，确定若干人民法院跨行政区域管辖行政案件。

第六，对限制人身自由的行政强制措施不服提起的诉讼，由被告所在地或者原告所在地人民法院管辖。

第七，因不动产提起的行政诉讼，由不动产所在地人民法院管辖。

第八，两个以上人民法院都有管辖权的案件，原告可以选择其中一个人民法院提起诉讼。原告向两个以上有管辖权的人民法院提起诉讼的，由最先立案的人民法院管辖。

在行政诉讼中，人民法院发现受理的案件不属于本院管辖的，应当移送有管辖权的人民法院，受移送的人民法院应当受理。受移送的人民法院认为受移送的案件按照规定不属于本院管辖的，应当报请上级人民法院指定管辖，不得再自行移送。

值得注意的是，有管辖权的人民法院由于特殊原因不能行使管辖权的，由上级人民法院指定管辖。人民法院对管辖权发生争议，由争议双方协商解决。协商不成的，报请它们的共同上级人民法院指定管辖。

通常，上级人民法院有权审理下级人民法院管辖的第一审行政案件。下级人民法院对其管辖的第一审行政案件，认为需要由上级人民法院审理或者指定管辖的，可以报请上级人民法院决定。

（三）行政诉讼的作用

行政诉讼制度在我国政府法制与国家法治建设中具有重要的意义和作用。一是行政诉讼制度使公民、法人和其他组织在认为其合法利益受到国家行政机关侵犯时，可以通过合法程序寻求解决，保障了社会的公平和正义，维护了社会秩序的稳定。二是行政诉讼制度使国家行政机关在行使行政权力时能够更加注重合法性与合理性，保证行政行为的法律约束性，推进政府行政的现代化和法治化。三是行政诉讼制度完善了我国政府法制，推进社会主义法治化建设的进程。

CHAPTER SIX

第六章
政府监督

政府监督是政府诸多职能中的重要组成部分，它对于提高政府行政效能、保证国家法律法规得以正确规范地贯彻实施，发挥着至关重要的保障作用。一般而言，政府监督具有广义和狭义之分。从广义上看，我国的政府监督是一个完整且全面的监督系统，它包含人大监督、司法监督、政党监督、社会监督和行政监督等。其中，人大监督、司法监督、政党监督、社会监督属于行政系统外部监督；最后一类监督属于行政系统内部监督。从狭义上看，我国的政府监督就是指行政系统内部的监督，即行政监督。[①]本书所讨论的政府监督主要是指广义层面的对政府行政的监督。基于此，本章主要是在政府监督的广义层面阐释分析政府监督的基本理论、主要内容和进一步完善的思路与对策。

第一节　政府监督的基本理论

一、政府监督的内涵和依据

（一）政府监督的内涵

在阐释政府监督的内涵之前，有必要对“监督”一词做一简要说明。早在我国古代《后汉书·荀彧传》中就曾提到“监督”一词，“古之遣将，上设监督之重”，此处的“监督”意为监察与督促。此外，在我国古时官名中亦有监督一职，如清朝的十三仓监督。而在英语语言中，“监

① 魏娜、吴爱明：《当代中国政府与行政》（第四版），中国人民大学出版社 2017 年版，第 63 页。

督”一词对应的英文为“supervision”，表示上对下的监察和控制。不难发现，不论是在我国还是在西方语境中，“监督”一词的含义大体一致。

那么，对于政府监督而言，这一概念又做何界定呢？其实，目前学术界对政府监督的界定尚未达成统一共识，但基本是将其限定在广义的政府监督的层面进行探讨，并形成了一些有代表性的观点。

张永桃认为，政府监督是指对国家行政的监督，包括对国家行政机关及其工作人员在行政管理活动中执行法律和遵守纪律的情况进行检查、督促、指导和纠正的活动。①尤光付认为，政府监督是指基于勤政廉政的出发点，政府为保证行政目标的实现，根据法定的权限、程序与方式，对行政决策及其实施的合理性、合法性和公正性进行的检查、督导与约束。②陈奇星等人认为，政府监督是指为了使行政机关及其公务人员的政务活动合法、合理，由国家机关、社会团体（含政党）或个人对其进行的约束、检查督促，防止权力的滥用、错用。③章剑生认为，政府监督是指监督主体依法对政府机关是否合理、合法地行使行政权力所进行的督察与纠偏等行为。④

综上所述，政府监督是指在国家法定框架下，国家机关、政党组织、社会团体、公共舆论和人民群众依法对拥有行政权力的政府机关及其工作人员行政行为的合法性、合理性、公正性进行检查、督促、约束和纠偏，以防止权力被错用、滥用。换言之，政府监督，即监督政府。

（二）政府监督的依据

为何需要政府监督，亦即为何需要监督政府，其依据是什么？本书认为政府监督主要有三个方面的理论基础。

一是人民主权论。人民主权最早由法国思想家让·雅克·卢梭提出，他认为主权是人民通过社会契约让渡给政治体的，因此主权属于人民。汉密尔顿等人认为，“人民是权力的唯一合法泉源”。⑤我国作为社会主义国家，我国宪法规定“中华人民共和国的一切权力属于人民”，表明人民是国家的主人。因此，人民包括代表人民利益的政党组织、由人民选举产生的国家机关和由人民组成的社会团体等有权在法定框架下通过多种形式对

① 张永桃主编：《行政管理学》，高等教育出版社 2003 年版，第 245 页。
② 尤光付：《中国监督制度比较》，商务印书馆 2003 年版，第 117 页。
③ 陈奇星等：《行政监督论》，上海人民出版社 2001 年版，第 5 页。
④ 章剑生：《行政监督研究》，人民出版社 2001 年版，第 1 页。
⑤ [美] 汉密尔顿、杰伊、麦迪逊：《联邦党人文集》，程逢如、在汉、舒逊译，商务印书馆 1980 年版，第 257 页。

政府进行监督。

二是权力腐败论。学术界关于权力的概念界定多种多样，如权力是一种具有公共性的支配力、控制力、影响力、强制力等。权力利用得好，它就能促进社会发展，为人民谋福祉；相反，权力用得不好，则会阻碍社会进步，损害人民的利益。而从实际情况看，“一切有权力的人都容易滥用权力，这是万古不易的一条经验”，[①] 最终产生了权力的异化——腐败。因此，一方面要将权力关在制度的“笼子”里，另一方面要对权力进行有效监督。本书观照的就是对政府行政权力的监督。

三是认识有限论。在认识论看来，人的认识是有限的。列宁就曾指出，各政党、各阶级的任何代表，作为个人是可能犯错误的。这就意味着包括行政机关在内的组织或个人可能会由于认识上的局限性出现决策失误、执行偏差等问题。因此，为避免或减少这类情况的发生，政府机关及其工作人员就需要进行自我监督以及接受来自外界方面的监督，确保行政活动准确高效。

二、政府监督的特点与功能

（一）政府监督的特点

作为现代的、科学的和有效的政府监督，一般具有以下五个特征。

一是权威性。监督意味着一种权力对另一种权力的监控和制约，要想让这种监控和制约发挥作用，就需要有一种默认一致的权威基础。在现代社会，这个基础就是法律。政府监督的权威性是指在法律制度框架下，国家宪法和法律赋予了政府监督主体相应的监督权力，使得政府监督具有了法律保护下的权威性。换言之，这种权威性亦是法律性，即政府监督是一种法律化了的制度形式，该形式可以对被监督者产生法定的约束力。

二是强制性。不同于其他的交往行为和经济行为，政府监督行为不是建立在被监督者自愿接受监督基础之上，而是根据外部刚性的法律法规建立起来。不论被监督者是否自愿，政府监督都客观存在，行政机关及其工作人员也均处在政府监督之下。因此，政府监督具有强制性的特点。不仅如此，在现代社会，有的国家为了增强政府监督的有效性，还赋予政府监督主体一定的处置权。即便有些监督主体并不具备处置权，如舆论监

① ［法］孟德斯鸠：《论法的精神》（上册），张雁深译，商务印书馆 1961 年版，第 154 页。

督，但在客观上也会发挥较强的监督作用，加速问题的解决。

三是相对独立性。政府监督的相对独立性是指政府监督主体在对客体进行行政监督时不受外在因素的影响，依照法律法规和既定程序开展监督活动、履行监督职责。因此，政府监督的相对独立性有两个方面的含义：一方面，政府监督主体不应和被监督者有业务上的依附关系，更不能是两位一体；另一方面，政府监督是一种程序化了的法律制度，其监督行为必须遵循监督程序，这也是对被监督者合法权利的程序性保障。

四是多样性。在现代社会，随着人类文明程度的不断加深，人们的权利意识和参与意识也在不断增强，所以政府监督主体的构成也越来越多样，不再像过去传统社会一般单一。除了常见的国家机关和政党组织监督政府外，社会监督政府、舆论监督政府、群众监督政府、个人监督政府等现象已屡见不鲜，可以说是形成了一种多层次、多样化、多极化的政府监督主体网络体系。这也恰恰说明现代政府监督的科学性、进步性。

五是整体性。从监督主体去看，政府监督主体具有多样性和广泛性；从监督客体去看，政府监督是对监督客体的一种全方位监督，具有全面性。而不论是政府监督的主体还是政府监督的客体，它们彼此联系、相互衔接、不可分割，又共同构成了一个具有某些共性特点的、完整的政府监督体系。即若要行政行为合法、合理、公正、高效，那么，政府监督客体就离不开政府监督主体，政府监督主体亦不能离开政府监督客体。因此，政府监督客观上又兼具了整体性的特征。

（二）政府监督的功能

政府监督主体对客体的监督，其目的是保障国家的行政行为和行政活动正常进行，通过一定的程序和方式对行政机关及其工作人员进行监督，而不是干预行政系统的正常工作与秩序。从这个意义上说，政府监督的功能主要表现为以下五个方面。

一是预防功能。由于单独的制裁并不能从根源上解决行政机关及其工作人员违法违规行使职权的问题，因此，政府监督的目的不是单纯地为了惩处行政机关及其工作人员的违法违纪行为，而更多地是为了通过制度设立增强对某一行政行为后果的预见性，以此预防违法违纪行为的发生。因此，政府监督的预防功能主要是借助于事前监督，使监督主体和监督客体能较早地发现行政过程中的隐患，进而防患于未然，避免造成更大的损失。

二是反馈功能。政府监督的反馈功能指的是通过行政监督，对被监督者的活动过程及其结果的可靠性、真实性与准确性作出评价，不仅为决策者而且为执行者提供改进工作的科学依据。这也表明政府监督的反馈功能亦具有改进功能，即通过政府监督发现问题、总结经验，进而促进政府及其工作人员改进工作，提高行动效率和效益。

三是纠偏功能。政府监督的纠偏功能又被称为矫正功能，其所起的是补救作用。在行政系统中，行政机关及其工作人员在行政过程中，可能会出现基于认知差异而产生政策执行上的偏差，这就必然要通过政府的外部监督和内部监督发现和纠正违反国家行政管理原则、法律、规章的行为，及时迅速地消除组织或个人的这种偏差，以减少损失和失误。

四是惩戒功能。政府监督的惩戒功能不是目的，而是为了起到警示的作用。政府监督的惩戒是防止行政违法失职行为蔓延的一种手段，它既是国家对违法失职行为的否定，也是对其他行政部门和公职人员的警醒。因此，一方面，政府监督制度的建立必须要明确相应的惩戒内容、方式与程序等；另一方面，要对违法失职行为通过政府监督依法追究有关行政机关及其工作人员的法律责任。

五是保障功能。从本质上看，行政违法失职行为破坏了现有利益关系的均衡性，所以需要有以惩戒为基础的政府监督制度，来保护因行政违法失职行为而受到损害的诸多主体的利益，从而维护社会运转和发展所需要的良好秩序。因此，政府监督的保障功能所起的是控制和约束的作用，制度化、全方位、过程性的政府监督可以确保行政目标得以有效实现，确保国家财产和人民利益不受非法侵犯。

三、政府监督的基本原则

一般而言，政府监督需要遵循五项基本原则，即法治原则、及时原则、公开原则、公正原则和回避原则。

（一）法治原则

依法行政是依法治国的重要组成部分。其中，依法行政内含有对行政机关及其工作人员的依法监督。因此，有效的政府监督自然离不开法治原则，即对政府行政的法治监督原则。也就是说，法治监督原则是法治行政原则在政府监督制度中的延伸，也是法治行政原则在政府监督中的具体落实。[①]总之，政府监督的法治原则就是政府监督的主体在对行政机关及其工作人员进行监督时，必须依据我国的法律、法规，如宪法、行政监察法等，做到监督有理有据、合规合法合理。

（二）及时原则

及时监督是政府监督程序上的一个原则，它是指有监督权的监督主体对被监督者或监督案件进行及时监督并及时采取相应举措，以此减少行政违法行为对社会和个人产生的不利影响。当然，需要注意的是，任何政府监督的及时性都必须以监督行为符合法律规定为前提，任何离开法律规定而强调及时的政府监督都是没有法律意义的。在现代社会，对政府公权力行使进行及时监督是基于现代社会发展的需要，[②]更是基于政府行政的现实需求。具体而言，政府监督及时性原则的确立有两个方面的依据：一是提高行政效率，二是遏止行政违法。

（三）公开原则

公开监督是政府监督主体在行使监督权时，除涉及国家机密、个人隐私和商业机密外，必须向被监督者和社会公开与政府监督有关的事项或行为。政府监督公开原则的确立有两条依据：一是实现公民知情权的需要，二是制约行政机关的违法行为。这既是政府监督主体的法定职责，同时又是被监督者的正当权利。一般来说，对政府行政的公开监督包括三个方面的内容，即事前公开监督职权依据、事中公开监督决定过程、事后公开监督结论。因此，从本质上来说，公开监督是通过一种法律程序实现对政府行政权的制约。

（四）公正原则

公正监督是政府监督的内生性原则之一，其内含有两个特点，即客观性和公正性，二者紧密关联、不可分割。这就意味着，在政府监督过程中，监督主体必须实事求是，客观对待每一个行政组织、行政人员和公共行政事务，确保能够运用全面的、辩证的、科学的分析方法对相关行政行为进行研判。当然，在进行公正客观监督的同时，同样要求政府监督主体必须以法律为准绳，以事实为依据，进而作出符合法律规定的、经得起历史和实践检验的监督结论。[③]

---

① 章剑生:《行政监督研究》，人民出版社 2001 年版，第 100 页。

② 章剑生:《行政监督研究》，人民出版社 2001 年版，第 105 页。

③ 李树军:《行政监督》，世界知识出版社 2007 年版，第 7 页。

（五）回避原则

回避监督是指政府监督主体在行使监督权过程中，因其与被监督者或被监督事项具有利害关系，为保证实体处理结果和程序进展的公平公正，其应当回避当次监督，移交由他人行使。[①]之所以确立回避原则，其依据主要有两条：一是血亲、姻亲和人情等诸多关系，二是每个人在社会生活中因利益诉求而产生的个人偏私心理。因此，在法律制度中设立回避原则是人们追求公正行为结果的需要。一般来说，回避的方式有两种，即自行回避和申请回避。自行回避是指监督主体中的人员遇到法定回避情形的，经监督主体负责人同意后，移交他人行使监督职权。申请回避是指被监督者认为监督主体中有法定回避情形而不回避的，可以向法定机关申请其回避的权利。回避的范围大致包括：一是本人为被监督对象，二是被监督者是其近亲属，三是因与被监督者有利害关系而可能影响监督公正性的。

第二节　政府监督的主要内容

一、政府监督的主体

根据我国政府监督体系所依托的社会与政治生态环境，可以将政府监督主体划分为中国共产党、人民代表大会、人民政协、人民法院、人民检察院、监察委员会、行政复议机关、审计机关，以及社会监督，如各种社会团体、群众组织和公民个人等。

一是中国共产党。中国共产党的监督是中国最高层次的政治监督。中国共产党作为居于领导地位的执政党，对政府过程的监督既是其权利又是其义务。中国共产党监督各个国家机关的决策和决策的执行是否符合中国人民的根本利益和党在一个时期的基本路线及方针、政策，是否坚持了社会主义民主和法治的原则，是否合乎社会主义精神文明规范等。

二是人民代表大会。人民代表大会作为政府监督的主体是指全国人民代表大会和地方各级人民代表大会。根据我国宪法和法律的规定，我国的一切权力属于人民，人民在民主普选的基础上选派代表，组成全国人民代表大会和地方各级人民代表大会作为行使国家权力的机关，国务

① 章剑生：《行政监督研究》，人民出版社2001年版，第113页。

院和地方各级人民政府由同级人民代表大会产生，受其监督，对其负责。因此，确立人民代表大会为我国的政府监督主体是具有充分的宪法和法律依据的。

三是人民政协。中国人民政治协商会议是中国人民爱国统一战线的组织，是中国共产党领导的多党合作和政治协商的重要机构，是我国政治生活中发扬社会主义民主的重要形式，是社会主义协商民主的重要渠道和专门协商机构，是国家治理体系的重要组成部分，是具有中国特色的制度安排。其主要职能是政治协商、民主监督、参政议政。其中，民主监督是对国家宪法、法律和法规的实施，重大方针政策、重大改革举措、重要决策部署的贯彻执行情况，涉及人民群众切身利益的实际问题解决落实情况，国家机关及其工作人员的工作等，通过提出意见、批评、建议的方式进行的协商式监督。因此，人民政协是政府监督的主体之一。

四是人民法院。人民法院是国家的审判机关，它通过行使国家审判权来解决纠纷。作为政府监督主体的人民法院，主要是通过行政审判来实现对政府机关的法律监督。我国在 1989 年已通过行政诉讼法创设了较为科学的行政诉讼制度，在具体的行政诉讼实践中，人民法院在督促行政机关依法行政方面已经较好地发挥了政府监督的作用。

五是人民检察院。人民检察院是我国专门的法律监督机关。人民检察院的法律监督权是国家维护法制统一的一项重要的权力。人民检察院作为政府监督的主体，一方面是通过它对行政诉讼的监督来体现，另一方面是通过对行政机关及其工作人员的职务犯罪的侦查、起诉来实现对行政机关及其工作人员的监督。

六是监察委员会。中华人民共和国国家监察委员会是最高监察机关，领导地方各级监察委员会的工作。根据《中华人民共和国监察法》的规定，就政府监督而言，其职能主要包括对公职人员依法履职、秉公用权、廉洁从政以及道德操守情况进行监督检查，对涉嫌职务违法和职务犯罪的行为进行调查并作出政务处分决定，对履行职责不力、失职失责的领导人员进行问责。

七是行政复议机关。行政复议是因行政相对人的申请，行政机关依法对被申请的具体行政行为进行复查并做出相应决定的一种行政活动。依照行政复议法的规定，履行行政复议职责的行政机关是行政复议机关。行政复议的目的是防止和纠正违法的或者不当的具体行政行为，保障和监督政府行政机关依法行使职权。因此，行政复议机关也是政府监督的主体。

八是审计机关。审计机关是根据审计法的规定，对政府及其各职能部门的财政收支、对国家的财政金融机构和企事业组织的财政收支进行审计监督的行政机关。审计机关依法独立行使职权，不受其他行政机关、社会团体和个人的干涉。因此，审计机关是国家专门的监督主体，有权对政府进行监督。其目的是督促和助力财务行政部门将财经活动纳入国家法制的轨道，维护经济秩序，为打击经济违法犯罪活动提供事实依据。

九是社会监督。社会对政府行政行为的监督是政府监督主体的重要组成部分，其主要包括社会团体、群众组织、新闻舆论和公民个人。其中，社会团体包括工会、共青团和妇联等。群众组织的监督组织则多种多样。新闻舆论监督主要是指报纸、杂志、广播、电视、网络、自媒体等通过公开合法的形式，对政府机关及其工作人员的行为进行检查、督促和制约。公民个体的监督是指公民运用宪法赋予的权利，以宪法和法律为依据，以维护国家和集体利益、个人的合法权益为目的，对政府机关及其工作人员的行政行为进行监督。

综上所述，我国对政府监督的主体总体可划归为六类，即政党监督、政协监督、立法监督、司法监督、监察监督和社会监督等。进一步分析可以看到，我国的政府监督主体具有多元化的特点，这一特点与现代社会的多元化不谋而合。

二、政府监督的客体

政府监督主要是对行政行为和行政权力的监督，而行政行为与行政权力的载体是政府及其工作人员，所以政府监督的指向和客体为政府及其工作人员。因此，政府监督的客体即是政府监督的对象，其中也包含了政府监督的内容，即对政府及其工作人员在行政工作中是否失范和失效进行监督。

失范是指政府及其工作人员在行使行政权力时违反了法律的有关规定，包括实体性的规定和程序上的规定。失效主要是指政府及其工作人员在行使行政权力的过程中，尽管投入了较多的人力、物力和财力，但始终没有达到预期的既定目标，造成了行政过程中太多损耗而陷入行政效率低下的困境。具体来说，政府监督的客体主要包括三个方面。

一是对行政立法的监督。它主要是监督行政立法是否符合法定的程序和规范化的要求。

二是对行政活动的监督。它主要包括行政的主体和对象、行政活动方式和程序、行政活动的范围和目的等行政要件是否具有合法性，行政活动、行政指导、行政强制等是否有效。

三是对行政人员的监督。行政立法和行政活动可能是以一定的行政机关为主体，也可能是以其工作人员为主体。为防止工作人员以权谋私，需要对工作人员进行相应监督。

总之，政府监督主要是针对其行政行为的一种监督，因此各种行政行为和行政活动都是行政监督的客体。行政行为可以分为抽象的行政行为和具体的行政行为。前者主要是政府对行政法规、行政规章以及其他具有普遍约束力的决定和命令的制定，后者则主要是指政府依照职权执行法规、政策、命令等具体的行政行为。怎样保证对抽象的行政行为和具体的行政行为监督的有效性，特别是对抽象行政行为的监督，是政府监督研究的重要课题。

三、政府监督的基本手段

对政府及其工作人员行政行为的监督方式多种多样，但均需在宪法和法律框架下实施。政府监督的基本手段包括主要包括以下三种。

（一）行政问责制度

行政问责制度是指一级政府对本级政府负责人、本级政府工作部门负责人、本级政府管辖的下级政府负责人在工作中由于故意、过失、不作为等引发法定职责未能有效履行，以致政府行政工作效率降低、行政秩序失序，造成行政管理相对人合法利益受损，给政府形象和工作带来不良后果的行为，进行内部监督并追责的制度。其具有三个特点：一是行政问责本质上是国家行政机构的内部监督，二是行政问责具有较强的独立性，三是行政问责的根本目标在于维护公共利益。根据《中华人民共和国公务员法》《中华人民共和国监察法》等法律、行政法规和地方政府规章，我国行政问责主体主要是各级政府及其所属机构，政府是行政问责的主要领导者和实施者。

（二）行政检查

行政检查包括上级行政机关对下级行政机关、行政机关首脑对其内设机构或下属机构、行政机关首脑和行政机构负责人对一般行政工作人员，在行政工作中运用各种可能的行政检查手段所进行的检查和督促，以便及时纠正不当的行政行为，改变不当的行政决定，提高工作效率。

（三）社会对政府的监督

这是近年来涌现的较有特点的一种监督手段。伴随着网络媒体的兴起和广泛运用，社会利用这一平台对政府及其工作人员的行政活动和行政行为展开监督成了一种新常态。例如，2021 年 12 月 9 日有媒体和网民发现 S 市 L 区不动产大厅工作人员上班期间玩游戏，且经核查发现情况属实，这促使了当地政府认真整改。不得不说，舆论监督在我国虽然起步较晚，但在党的十八大以来的运用却正当其时。

总体而言，政府监督主体在对政府及其工作人员行政行为进行监督时，往往是多种方式并用，常见的方式除了上述行政手段和社会手段外，还包括法律手段、经济手段、教育手段等。

第三节　政府监督体制的形成与发展

一、中国政府监督体制的建立

中华人民共和国成立初期至 20 世纪 50 年代末，社会主义中国行政监督体制的建立过程，大体上可分为“形成”和“调整”两个阶段。

1949 年至 1954 年是行政监督体制基本格局的形成期。在这期间，中央和地方各级人民监察委员会、人民检察机关等监督机构逐步建立。颁布的《中华人民共和国中央人民政府组织法》及《政务院人民监察委员会试行组织条例》等法律法规，对国家行政监督机关的法律地位、组织机构、工作任务、职权职责、监督方式等做了较为明确的规定，这标志着中国行政监督体制的基本形成。

1954 年至 1959 年是行政监督体制的调整时期，在这期间通过了《中华人民共和国宪法》《中华人民共和国国务院组织法》《监察部组织简则》《中华人民共和国检察院组织法》等法律法规。宪法明确赋予了人民代表大会及常委会对国家行政机关及其工作人员的监督权，各级政府机关内部的监察机构、各级人民检察院也根据当时国家政权建设和经济建设的需要，对自身的机构设置、领导体制、任务职权、监督方式等方面做了适当调整和完善，确立了国家权力机关、行政监察机关、检察机关对行政机关及其工作人员的监督以及党的纪律检查机关的党纪监督和人民群众的民主监督，建立了社会主义中国的行政监督体制。

二、中国政府监督体制的恢复和发展

1976 年“文化大革命”结束，我国开始进入一个新的发展时期。特别是 1978 年 12 月，党的十一届三中全会召开，全党全国的工作重点转移到了以经济建设为中心的正确轨道上。伴随着国民经济的发展，国家政治生活逐步走向正常，国家的行政监督体制逐步得到恢复和发展，各级党委领导下的纪律检查委员会率先建立。纪检部门的产生方式、地位也得到进一步改进与提高，各级纪委的产生，由过去的同级党的委员会选举改为由党的各级代表大会选举，领导体制由过去受同级党委领导改为同级党委和上级纪委双重领导，并有权对同级党委及其成员实行监督。

国家权力机关的行政监督主体资格在 1978 年宪法中重新得到了肯定，1982 年修改的宪法重新明确了全国及地方各级权力机关的监督权限。国家检察机关也得以恢复，但不再行使对行政机关的一般监督权。

同时，根据 1982 年宪法，国家设立审计机关，实施审计监督。1983 年 9 月，国务院审计署正式挂牌。此后，地方县级以上各级人民政府也陆续设立了审计部门。国家审计署在国务院总理的领导下，依照法律规定，对国务院各部门和地方各级政府的财政收支，以及国家财政金融机构和企事业单位的财政收支和经济活动独立行使审计监督权，不受其他行政机关、社会团体和个人的干涉。地方审计部门行使双重领导体制，即在上级审计机关和同级人民政府的领导下，独立依法行使审计监督权。

其间，国家监察机构的建制也得到了恢复和确立。1986 年 11 月 18 日，国务院向全国人大常委会提出了《关于提请设立中华人民共和国监察部的议案》，并提交了设立国家行政监察机关的方案。同年 12 月，第六届全国人大常委会第十八次会议通过了《关于设立中华人民共和国监察部的决定》，这是总结中华人民共和国成立以来我国行政监督的经验和教训，完善我国行政监督体制的一项重大决定。1987 年国家监察部重新组建，到 1988 年，各省级人民政府的监察厅（局）相继成立，地县两级人民政府的监察机关也在此基础上建立起来。重新组建的国家行政监察机关，不是对 20 世纪 50 年代末被撤销的行政监察机关的简单重建，而是依据改革开放的新形势，在监督对象、监督职责、监督权限、领导体制等方面都赋予其新的内容。如监督对象更加集中，主要是对国家行政机关及其工作人员进行监督。监察机关实行双重领导体制，即县级以上地方各级人民政府监察机关负责本行政区域内的监察工作，对本级人民政府和上一级监察机关负责并报告工作，监察业务以上级监察机关领导为主。在职责权限上，国家行政监察机关除有检查权、调查权和建议权之外，还具有处分权，可以对国家行政机关工作人员和行政机关任命的其他人员处以记大过以下的行政处分。

行政监察机关的重新组建、审计机关的设立、国家权力机关监督主体地位的重新肯定以及党的纪律检查机关的恢复，使中国行政监督体制得以重建并加强。近年来，随着经济体制改革的深化，社会主义市场经济体制的确立，政治体制改革的逐步推进，社会主义民主与法治建设的不断发展，以及为了更好地适应改革开放新形势下反腐败斗争和加强党风廉政建设的需要，我国行政监督体制进行了一系列改革。其中一项重大改革，就是在党的十四大后，中央决定党的纪律检查机关和国家行政监察机关合署办公。这主要是由于中国共产党是执政党，国家行政机关工作人员及其他部门中由国家行政机关任命的领导干部绝大多数都是共产党员，党政监督机构分开设置，有时会出现重复调查、重复核查、重复检查和重复设置办事机构，以及工作中有时发生的相互推诿、甚至无人负责的现象，对行政机关工作人员，特别是党员干部进行行政、党纪处分，在程序上有时不够有协调性，这不利于发挥党政监督机关的整体作用。

为了解决这些问题，根据党的十四大精神，本着有利于在党中央和各级党委的统一领导下进一步强化党的纪律检查和政府行政监察两项职能，有利于国务院和地方各级政府继续加强对行政监察工作的领导，使各级监察机关领导班子便于继续向政府负责，有利于避免纪检、监察工作的交叉和重复，有利于精简机构和人员的原则，1993年，党的纪律检查机关和国家行政监察机关实行合署办公，实行“一套工作机构、两个机关名称、履行两种职能”的体制。合署后的中央纪委履行党的纪律检查和政府行政监察两种职能，对党中央全面负责；监察部按照宪法规定，仍属于国务院序列，接受国务院领导。地方各级监察机关与党的纪委合署后，实行由所在地政府和上级纪检监察机关双重领导的体制，按照《中华人民共和国行政监察条例》规定的职责、权力和工作程序开展工作。各级党委、政府对合署后的纪检监察机关进一步加强领导，并在工作条件方面给予大力支持。

通过上述改革，我国行政监督体制得到了进一步发展，目前已经形成了较为系统的具有中国特色的行政监督体制，在维护党的方针、政策和国家法律、法规的正确贯彻实施，维护政治与社会稳定，促进改革开放，推动经济发展，惩治腐败，加强政府机关的廉政建设，提高行政效能等方面，起着极为重要的保障作用。

三、新时代我国政府监督体制的改进

伴随着我国政治领域改革的不断深化，目前我国政府监督体制不断改进，尤其是新时代以来，我国在政府监督的对象、内容、程序等方面均得到进一步完善，主要表现为监督权法治化、监督权制度化、监督权协调化、监督权公开化和反腐败常态化。[①]

（一）监督权法治化

对政府监督进行立法是政府监督的基础，只有建立健全的政府监督法律法规，才能使政府监督有法可依，减少监督的盲目性，这也是政府监督法治化的基本要求。党的十八大以来，各监督主体出台了一系列法律法规来加强我国的政府监督体制，其中既有专门的监督制度，也有具体的实施程序。特别是针对新出现的问题，及时修订和完善政府监督方面的法律法规，这为政府监督提供了更有力的保障。

（二）监督权制度化

只有将监督权制度化，才能制约和监督权力的行使。一方面，建立决策问责和纠错制度。继续推进行政问责制度化、规范化，进一步明确问责范围、问责程序，加大问责力度，增强行政问责的针对性、操作性和时效性，坚决纠正行政不作为和乱作为。健全责令公开道歉、停止检查、引咎辞职、责令辞职、罢免等问责方式和程序，对负有领导责任、主管责任和直接责任的人员，根据其在违法行政行为中的表现与后果，分别给予程度不同的处理处分，以体现“有权必有责、用权受监督、违法必追究”的基本要求。建立纠错制度对于减少决策失误、及时纠正错误决策和挽回损失，具有十分重要的意义。另一方面，完善审计制度，保障依法独立行使审计监督权。对公共资金、国有资产、国有资源和领导干部履行经济责任情况实行审计全覆盖。强化上级审计机关对下级审计机关的领导。探索省

① 魏娜、吴爱明：《当代中国政府与行政》(第四版)，中国人民大学出版社2017年版，第75页。

以下地方审计机关人财物统一管理。推进审计职业化建设。

（三）监督权协调化

这要求加强党内监督、人大监督、民主监督、行政监督、司法监督、审计监督、社会监督等制度建设，强化对行政权力的制约和监督，形成科学有效的权力运行制约和监督体系，增强监督合力和实效。加强政府监督机制协调是一项系统的工程。具体来说，党的监督、人大监督、司法监督、审计监督等属于权力性监督，具有法律的强制性和行政的命令性，而民主监督、社会监督等则是权利性监督，是人民民主的一种表现形式。它们相辅相成，共同发挥着对政府的监督和制约作用。实践证明，诸多监督主体在履行监督过程中不可避免地会产生一些与经济社会发展不相适应、不协调的新情况和新问题，需要加强多主体间的协调配合，理顺各监督主体间的关系。例如，不仅监察机关、审计机关等监督机关密切配合，形成监督的内部合力，同时还应强化社会监督，提高政府监督的透明性、公正性。

（四）监督权公开化

在推进政务公开、司法公开和各领域办事公开的同时，对政府进行监督的监督权同样需要公开化。推进监督权公开化，是权力正确运行的重要保证。公开原则是政府监督的主要特点之一，更是监督制度创新的一项重要内容，标志着中国特色社会主义民主政治发展的一种趋势。监督权的公开化实现了多监督主体的良好互动，有利于增强监督的效果。尤其是在政府监督过程中，在国家宪法和法律框架下，凡是涉及经济社会发展重大事项、群众普遍关注的事项、容易发生腐败问题领域和环节的事项，都要做到及时公开，提高监督的透明度，保障人民群众的知情权，保障被监督者的合法权益。

（五）反腐败常态化

在监督环节，反腐败是其中关注的一个关键领域。党的十八大以来，采取的举措包括以下三个方面。一是各级党委（党组）担负党风廉政建设主体责任，纪委（纪检组）承担监督责任。健全反腐败领导体制和工作机制。党的组织、宣传、统战、政法等部门要把党风廉政建设的要求融入各自工作，人大、政府、政协和法院、检察院的党组织都要按照中央要求，履行党风廉政建设主体责任。二是确立切实可行的责任追究办法，加大问责工作力度，健全责任分解、检查监督、倒查追究的完整链条，有错必究，有责必问。对发生重大腐败案件和不正之风长期滋生蔓延的地方、部门和单位，实行“一案双查”，既要追究当事人责任，又要追究相关领导责任。三是严格审查和处置党员干部违反党纪政纪、涉嫌违法的行为，严肃查办发生在领导机关和领导干部中贪污贿赂、徇私枉法、腐化堕落、失职渎职案件，严肃查办发生在重点领域、关键环节和群众身边的腐败案件。

第四节　政府监督体制的完善

一、我国政府监督体制目前存在的主要问题

虽然我国的政府监督体制得到了优化，但它客观上仍然存在一些问题，① 主要表现为以下四个方面。

（一）权力机关监督的实际效力尚未充分发挥

我国各级人民代表大会是国家的权力机关，其监督应该最具权威性和强制性，但由于种种原因，目前其监督的实际效力没有充分发挥出来。从总体上看，我国的国家权力机关监督还不能适应不断发展的经济体制和政治体制改革的需要。当前亟待解决的问题是要实现国家权力机关监督的法律化与制度化，完善有关监督的实体规则和程序规则，通过法律明确规定这种监督的主体、客体、内容、方式、职权，并制定可操作的程序法。

（二）民主党派的监督作用发挥不够

由于民主党派对于行政机关及其工作人员的监督不具有法律约束力，因此，民主党派对政府的行政监督作用发挥得如何，往往取决于行政首脑的开明程度。一些行政首脑的民主作风好，善于听取不同意见，那么这些地方的民主党派的监督作用就发挥得好一些；反之则差一些。

（三）公民监督的影响力有待进一步释放

我国宪法规定，中华人民共和国的一切权力属于人民。人民依照宪法和法律的规定，通过各种途径和形式管理国家事务和经济、文化等社会事务。但是，由于政府办事的制度、程序、行政活动公开化的机制不够健全，透明度不高，群众和社会监督渠道不畅，因而在现实生活中，公民的

① 魏娜、吴爱明：《当代中国政府与行政》（第四版），中国人民大学出版社 2017 年版，第 72—73 页。

行政监督难以发挥较大的作用。

（四）舆论监督的规范性有待加强

在当前科技水平和信息化高速发展的大数据时代，新闻媒体对政府行政机关及其工作人员的舆论监督客观上起到了较好的约束作用。不过，伴随着舆论监督的兴起，网络社会中的虚假信息、误传信息等存在其中，国家对舆论监督的制度化规范尚不健全，这一现象和问题需要得到重视，并从具体机制层面针对性破解。

我国政府监督存在的问题除上述所列之外，还包括政府内部监督机制不够完善等。这些问题如不解决，政府监督则难以发挥应有的作用，不仅不利于有效地防止和遏止官僚主义、权力腐化现象，也会给我国的行政管理带来极大危害。因此，在改革开放的形势下，必须健全和强化对权力的监督、约束机制，使行政权力更好地服务于社会、造福于人民。

二、加强我国政府监督的几点思路

基于上述存在的几点问题，建议着重从以下五个方面针对性破解，[①]从而强化我国政府的监督职能。

（一）充分发挥政党监督的作用

为了充分发挥政党监督的作用，需要在制度上解决两个问题。一是进行政治体制改革，避免权力过分集中。一些严重腐败行为之所以不能及时揭露，与党内权力过分集中、监督机制失灵有直接关系。权力监督的重要途径是权力之间的合理划分和互相制约。如果党政不分，权力过分集中于个别领导，就会使以国家机关之间的权力划分与制约为核心的监督机制无法发挥作用。正如邓小平所说："权力过分集中于个人或少数人手里，多数办事的人无权决定，少数有权的人负担过重，必然造成官僚主义，必然要犯各种错误，必然要损害各级党和政府的民主生活、集体领导、民主集中制、个人分工负责制等。"[②]因此，通过政治体制改革，实行党政分开，是保证党的领导的重要步骤。二是党应当依据法律实施监督。党的监督目的是保证监督对象活动的合法性，因此，应当在法律程序内开展监督，保证党员和党组织严格依法办事。

① 魏娜、吴爱明：《当代中国政府与行政》（第四版），中国人民大学出版社 2017 年版，第 73—74 页。
② 参见《邓小平文选》（第 2 卷），人民出版社 1994 年版，第 329 页。

（二）进一步加强国家权力机关的监督

国家权力机关的监督是行政监督体制中最高层次的监督。加强国家权力机关的监督要注意解决好下列四大问题。一是加强机构建设。增设、充实高能高效的专司法律监督的专门委员会。例如，在全国人大设立专门负责宪法监督的宪法监督委员会，在各级人大设立专门负责廉政建设的廉政委员会，进一步充实、强化人大现有与监督有关的各专门委员会等。二是完善法律，明确职权。国家权力机关的行政监督权是宪法赋予国家权力机关的主要职权，是人民通过人民代表大会统一行使国家权力的主要方式。因此，应当通过法律规定，国家权力机关及其组成人员采用何种方式进行行政监督的行为是依法行使监督权的行为，是具有法律效力的行为，并应将国家权力机关的监督权和人事任免权有机结合起来，强化监督权的力度。同时，为使国家权力机关及其组成人员具有名副其实的监督权，应将国家行政机关及其工作人员接受人大监督作为法律义务并辅之以相应的法律责任。如果被监督的机关或个人阻挠国家权力机关监督权的实现，则必须承担相应的法律责任。三是完善监督程序。通过法律规定国家权力机关行政监督的程序和具体方法，实现人大监督方式的法律化，保证公正、合法、有效地开展行政监督。四是明确人大代表的任职资格及履行行政监督的法律职责，提高人大代表履行行政监督的自觉性，保证监督实效。

（三）进一步提高公民在政府监督中的地位和作用

在法理上，公民享有崇高地位，是重要的监督主体。提高公民的监督主体地位，亟须解决两个问题。一是要健全和完善行政的公开化和透明制度，能公开的应一律公开。要公开行政部门的职责权限、办事规则、程序、条件，防止滥用职权；要实行政府官员的财产申报和公开制度。二是要尽快制定公民监督法，具体、详细地规定公民监督的途径，完善对申诉人、揭发人、控告人的保护措施，明确规定对打击报复者的惩罚措施等，通过公民监督法使公民的行政监督纳入制度化、法治化轨道。

（四）进一步加强并规范舆论监督

西方资本主义国家称社会舆论为“第四种权力”或“无冕之王”，可见社会舆论监督的重要。我国是社会主义国家，但也完全可以充分发挥舆论监督的正确导向作用。当前我国的新闻舆论监督亟待加强和完善。一方面，新闻工作者的工作权利和舆论监督权利还缺乏充分的法律保护；另一方面，有些新闻报道由于个别从业人员受私利驱使不能做到客观、公正。

此外，开展舆论监督还应避免干扰司法机关依法独立行使职权，避免误导公众。依法引导、规范、保障舆论监督，使新闻舆论监督法律化、制度化，对于发挥舆论监督的作用有着重要意义。

（五）进一步健全政府机关内部的监督机制

落实政府机关内部的自我监督是加强政府自身建设的有力抓手和重要渠道。当前进一步健全政府机关内部的监督机制大致需要围绕以下四点内容展开：一是政府机关内部要制定严格和科学的岗位责任制、廉政责任制等工作规则和程序；二是要强化上下级、同级和部门之间的制约监督；三是要定期对行政领导进行民主评议，及时撤换腐败无能的官员；四是要坚决惩处贪污腐化行为，做到执法必严、违法必究。当然，更要从源头上预防和解决腐败问题，并将其寓于各项重要政策和措施之中。

CHAPTER SEVEN

第七章 政府关系

政府关系即政府间关系，是国家治理与政府发展的重要问题。从字面来看，政府关系具有两个维度的含义，一是国际政治视角下不同国家政府之间的关系，二是国内政府间的关系。本书所探讨的政府关系主要是指国内政府间关系。所谓国内政府间关系，就是指一个独立的主权国家内部各层级、各区域政府间的关系。这包括纵向向度上具有行政隶属关系的上下级政府间关系，也包括横向向度上无直接隶属关系的不同政府间的关系。“纵”“横”交织的政府关系决定了政府资源配置、行政决策、政策执行、行政监督、协调配合等一系列政府行为，直接影响政府治理有效性的程度。因为我国国家结构形式是单一制，所以政府关系的主流是纵向政府间关系，即中央政府与地方政府、地方各级政府间的关系。但是，随着政府治理现代化的推进，横向政府间关系也发挥着越来越重要的作用。

第一节　政府关系概述

“政府关系”是随着现代政府发展而产生的名词，不同国家的政府组织形式、政府发展过程和政府治理理念各不相同，因此不同国家对政府关系的解读也存在较大差异。我国是单一制的社会主义国家，在长期的探索发展中形成了中国特色政府关系的概念和特征，与西方国家的政府关系具有本质的差别。

一、政府关系的概念界定

政府关系一般可以理解为不同层级政府及其机构间的组织结构关系。对于政府关系的概念界定，存在着众多的解释。西方学界对于政府间关系的认定可以从美国学者威廉·安德森的界定开始，他从人的角度及公职人员关系为基础，首次提出“政府间关系”这一概念并将其界定为“各类和各级政府机构的一系列重要活动，以及它们之间的相互关系”。① 而狄尔·赖特在《对政府间关系的一般分析观察》中则认为政府间关系可以界定为涵盖联邦主义在内的，包括联邦与各州、各州之间、各州下属政府组织之间的所有关系的集合。② 这两者是基于美国联邦制国家组织形式及其政府运行模式来界定政府间关系的定义的。20 世纪 80 年代之后，西方政府间关系研究逐步系统化，对于政府间关系概念界定也越来越丰富。政府间关系从较为单纯的纵向方面的研究开始转向纵向与横向并重，形成了较为系统化的政府间关系研究体系。罗森布鲁姆认为，“联邦主义需要两种类型的协调与合作，其一是联邦政府与州政府的合作，其二是各州政府之间的合作”。③ 在实践方面，无论是美国还是欧洲，也并非采用绝对的联邦主义或单一制思维，而是在两者之间进行适时的调整与完善。随着时代的发展，政府间关系的界定还出现了关于城市地区政府与非城市地区政府之间的特殊定义，这些都是政府关系研究发展的标志。

当代中国对于政府关系的界定主要是以中国国内政府间关系为主流。林尚立教授于 1998 年出版的《国内政府间关系》一书，系统研究了中国政府间关系，并将政府间关系界定为“各级政府间和各地区政府间的关系，它包含纵向的中央政府与地方政府间关系、地方各级政府间关系和横向的各地区政府间关系”。④ 谢庆奎教授将政府间关系界定为“包括中央政府与地方政府之间、地方政府之间、政府部门之间、各地区政府之间的关系”，⑤ 并将该类政府间关系统称为“府际关系”。朱光磊教授认为中国政府间关系是一个长期发展的过程，在这个过程中融入了一系列改革的要

① 参见 Anderson William：*Intergovernmental Relations in Review*, Minneapolis：University of Minnesota Press, 1960.

② ［美］R·J·斯蒂尔曼：《公共行政学》（上册），李方、潘世强等译，中国社会科学出版社 1989 年版，第 253 页。

③ ［美］戴维·H·罗森布鲁姆、罗伯特·S·克拉夫丘克、德博拉·戈德曼·罗森布鲁姆：《公共行政学：管理、政治和法律的途径》（第五版），张成福等译，中国人民大学出版社 2002 年版，第 131—132 页。

④ 林尚立：《国内政府间关系》，浙江人民出版社 1998 年版，第 14 页。

⑤ 谢庆奎：《中国政府的府际关系研究》，《北京大学学报（哲学社会科学版）》2000 年第 1 期。

素，所以中国的政府间关系呈现出一种复合型的特征。[①] 陈国权教授认为，“所谓政府间关系，是指多边多级政府之间的利益博弈与权力互动的一种政治经济关系”。[②] 而陈振明教授则将政府间关系界定为一种网络化的关系，认为政府间关系实际就是中央政府与地方各级政府及其部门的一种交错式的网络体系。[③]

从上述有代表性的国内观点可以看出，目前学界对于政府间关系的界定主要还是从政府之间的互动关系出发，以传统的“中央—地方”关系为主线展开的。但是关于政府间关系，特别是当代中国政府间关系的实质性界定，完全统一的认定并未形成。所以，要界定当代中国政府间关系的概念及其内涵，需要先对政府间关系的几个研究角度的划分进行分析，明确政府关系的三个基本要素，即向度、范畴、属性。

（一）政府关系的向度

对政府关系向度的分析是最为传统的分析方式，即将政府关系划分为纵向政府关系和横向政府关系两个向度。纵向政府关系主要是指基于国家组织形式与行政区划来划分，以政府组织垂直体系为主要研究对象，通过政府管理层级与政府管理幅度，对各层级政府之间的实际关系进行分析与研究。而横向政府关系主要是地方政府之间的关系，其主要包含三个方面：相同行政层级地方政府之间的关系，同一行政层级政府中各部门间的关系，不同地区或不同层级政府及其部门之间的关系。

值得注意的是，中国政府间关系的纵横向度虽然是研究主流，但在实际的政府运行过程中并非是泾渭分明的两条线。当代中国的各级政府由各种职能部门和机构组成，从本质上各级政府并非是一个完全的整体，其通过各类职能部门和机构的运行互动履行政府职责，实现政府功能。而政府的各职能部门和机构又因其具有不同的管理属性，因而使中国政府形成“条块特征”，并影响当代中国政府间关系的发展。纵向政府间关系虽然是各级政府即“块”之间的关系，但是因为各级职能部门“条”的影响，使得纵向政府间关系不能单纯地以行政层级的角度来研究。同样横向政府间关系因为受到各地方政府的“块”的领导关系的影响，加之“条”的业务领导因素，横向政府间关系的各地区政府及其部门就成为“变量”。同

① 朱光磊：《当代中国政府过程》，天津人民出版社 2008 年版，第 260 页。
② 陈国权、李院林：《论长江三角洲一体化进程中的地方政府间关系》，《江海学刊》2004 年第 5 期。
③ 陈振明主编：《公共管理学：一种不同于传统行政学的研究途径》，中国人民大学出版社 2003 年版，第 145 页。

府组织法》中都没有对中央政府和地方政府的职责范畴进行明确的划分，这是造成政府关系中职责同构特征的法律原因。我国各级地方政府的行政权限都由中央政府赋予，各级地方政府同时也是执行中央政府决策的机构。因此，政府间的职责并不存在“分工”式的划分，而是一种政府职责的总量“分割”，[1]这是引发政府间职责同构的职责原因。长期以来高度集中的政府管理体制，特别是为保证中央政府政令贯通，行政决策执行有力的理念定位是职责同构发生的现实原因。

职责同构使中央政府的决策能够快速有效地传达及执行，保证政府行政的有效性。同时，职责同构也能够集中政府治理资源，保证政府治理目标的有效完成。但是，职责同构也引发了一些问题。如职责同构造成各级政府职责重叠交叉、边界模糊。同时，这也引发了因职责过度“分解”而造成政府职责逐级“下沉”，甚至“层层加码”，使基层政府的压力陡增，进而引发政府关系中职责与权限的“错位”，导致有责无权和有权无责现象的发生。但是，从我国政府关系的实际情况来看，要想完全打破职责同构是不现实的，所以只有通过“优化同构”，形成政府职责清单，建立政府职责体系，才能够有效理顺政府关系，促进政府间的伙伴关系和协同治理的实现。

（三）动态调整

我国政府关系的呈现并不是一成不变的，而是呈现一种灵活多样的动态化的形态，是根据经济社会发展的需要而适时调整的。这主要通过两个方面来体现：一是我国政府关系的形成及发展受到诸多因素的影响，包括政府体系内的因素，也包括体系外的各种因素。因此，政府关系是随着内外部各类要素的相互作用和发展变化而不断调整的，以求适应国家治理的现实需要。二是我国政府结构也使我国政府关系具有动态化的特征。如不同类型的行政区划，如直辖市、民族区域自治和特别行政区等，都使政府管理的方式和幅度有所不同，因而政府关系也必然具有变动性。同时，政府部门的组织性质和运行方式也存在差异，使政府关系中存在指导、领导及垂直管理等不同类型的关系形式，这是我国政府关系动态化的另一个影响因素。

虽然我国政府关系具有动态调整的特征，但是调整的主导力量依然

---

① 夏海：《中央与地方关系之理论与实践的思考》，《中国机构》1996年第1期。

是中央政府。因此，我国政府关系动态调整的总前提是保证中央政府领导的统一性，坚持单一制的国家结构形式，保证国家行政体系的完整性，这不仅是中国政府发展的必然性，更是国家治理现代化的现实要求。

（四）压力体制

压力体制是我国政府关系，特别是纵向政府间关系的一个重要特征。它是指一级地方政府为了完成上级下达的各项指标而采取的数量化任务分解的管理方式和物质化的评价体系。[①] 压力体制在政府关系中的具体表现是上级政府将行政任务分解后分配给下级政府及部门，进行定期的考核检查，并将任务完成情况与下级政府的奖惩关联。压力体制是依托行政层级运行的。第一，上级政府将行政任务进行数量化的分解，并将分解后的任务以行政责任的方式分配给下级政府，这主要是一种纵向上的压力体制。第二，任务下达后，需要一级政府各部门协同配合来完成任务。同时，虽然任务是分解的，但是同级政府及部门之间还是要共同参与到任务的完成过程中，因为分解任务实际也是为了完成整体任务。从这个角度来看，这是横向上的一种压力体制。第三，建立综合的评价指标体系，将任务的完成情况量化为各级指标，依据指标对任务完成情况进行评价，并将评价与晋升、增资等奖惩考核联系，甚至将任务完成质量作为决定性评价依据。这主要是综合性压力体制的体现。

压力体制是我国政府关系的特征，其在一定程度上具有积极意义，如可以整合资源完成特定任务，优化各级政府间的治理资源配置等。但是压力体制也容易造成忽略地方利益诉求、扭曲地方行政规划等。所以，作为政府关系一直存在的压力体制特征需要进行合理的规制，使其在一定限度内发挥作用。

（五）“条”“块”交融

在我国，“条”是指政府部门间的纵向管理模式，而“块”则是指地方政府的横向管理区域。“条块关系”就是纵向政府部门与横向地方行政管理区域之间在政府治理过程中相互协调配合时所发生的各类关系的总和。我国政府关系呈现出“条”“块”交融的特征。现代政府只要存在横向机构和纵向政府的职责及事权划分，就必然会产生不同程度的“条块关系”。因政府体系和机构设置的特殊形式，我国政府间“条”“块”的交

---

① 荣敬本等：《从压力型体制向民主合作体制的转变：县乡两级政治体制改革》，中央编译出版社 1998 年版，第 28 页。

融性很强，几乎所有的公共事务都被嵌入“条块关系”的框架之中。每一个政府部门和每一级地方政府都是“条块关系”中的“节点”。但是我国政府关系的“条”“块”交融并不是杂乱无章的，而是具有较强的规范性。在我国，中央政府掌握最高行政权，在公共行政方面具有最高的权威性和决策权。地方政府根据中央政府的赋权也具有一定的决策权限，但是被限制在其管辖区域内，即“属地管理”，这是“块”的体现。中央政府职能机构通过业务领导、业务指导和垂直管理等方式分别对设在地方上的各类机构进行管理，形成了“条”。合理有序的“条块关系”有利于强化中央权威，保证国家行政权力的统一和稳定，调动地方的积极性和创新性，实现政府治理的协调发展。但是，“条”“块”交融也存在一些需要优化的治理问题。如地方政府的治理权限随着行政层级的降低而变小，但是相应的职责却在层层下沉，这就造成了“上面千条线、下面一根针”的现象，“条”“块”的压力都集中到基层政府层面，造成基层政府履职有效性的降低。同时，“条条专政”和“块块分割”的情况长期存在，也引发权与责的脱节，造成政府治理的负效应。因此，优化政府“条块关系”是政府关系研究及推进政府治理现代化的重要课题。

三、政府关系的影响因素

通常一个国家的政府关系受多种因素影响，如社会发展形态、政治经济体制、国内国际形势、历史文化传统、科学技术水平、自然资源分布等，但是具体到每个国家，其政府关系的形态及发展的影响因素又各不相同，要根据各国的具体国情来进一步细化分析。我国政府关系的影响因素众多，但其中最为重要的是具有中国特色的经济因素、政治因素和历史因素。

（一）经济因素

经济基础决定上层建筑，影响政府结构与体制的根本因素就是经济。因此，经济体制对政府关系有着巨大的影响作用。新中国成立后，经过短暂的过渡和社会主义改造，我国开始实行高度集中的计划经济体制。在计划经济体制下，中央政府统一掌控的计划权限在资源配置中发挥重要作用。同时，中央政府在国家财税上具有绝对的管控权，在此基础上形成地方绝对服从中央的单一线性的、纵向性的政府关系。在这种形态的政府关系中，中央政府对地方政府采用行政命令的方式进行管理，地方政府几乎没有独立性和自主性。改革开放后，我国推进经济体制改革，使政府关系的形态发生变化。中国特色社会主义市场经济体制确立后，中央政府开始逐步向地方政府下放权力，旨在提升地方政府的积极性和创新性。同时，中央政府也开始充分尊重地方政府的利益，政府关系中出现协同、合作等新的政府治理理念，且地方政府间的横向联系合作也日益加强。市场经济体制的发展改变了原来单一线性的政府关系形态，建立起双向互动形态的政府关系。在政府治理现代化的进程中，虽然“伙伴”型政府关系需要行政改革来推动，但是其也必须在特定的客观经济因素作用下展开，这也是为什么要进一步完善市场经济体制才能深化行政体制改革的原因。

（二）政治因素

政治体制决定政府结构，政府结构是政治体制的反映，因而影响政府关系的政治因素实际就是政治体制。政治体制决定行政权力的配置，如果政治体制偏向于集权，则中央政府的权威性相应较强。而如果政治体制偏向于分权，则中央与地方关系则可能会偏重协商甚至博弈。因此，政治体制决定了中央政府和地方政府、地方政府之间的关系形态，同时也决定了政府机构设置及政府运行过程。我国的政治体制具有根本性制度和基础性制度两方面，根本性制度是我国固有的国家属性，不能被改变，而基础性制度则是各类制度和规章，可以根据经济社会发展的需要来调整。不同时期政治体制中基础性制度的变化调整就成为政府关系变动的直接影响因素。我国政府体制改革实际就是政治体制中基础性制度方面的革新，也是政治发展中寻求“平衡”的体现。如果能够实现“平衡”，则政府关系就具有更强的互动性，能够既保证中央政府的权威性，又提升地方政府的积极性。

（三）历史因素

历史因素是政府关系无法忽视的影响因素，历史因素对政府关系的影响是潜移默化的，也是无法抗拒的。一个国家的产生与发展具有特定的历史背景和历史轨迹，其人民对于内嵌于历史中的文化、语言、地域、习俗等都具有不同程度的认同。这种认同是无法割裂的，也是无法规避的。因此，历史因素具有一种内聚性的作用，能够使国家这一共同体内部产生特殊的“向心力”。政府作为国家共同体中的组成部分自然也无法摆脱历史因素的影响。因而，政府关系中各主体的性质和地位，在一定程度上就是历史发展的结果。如我国历史发展轨迹使国民对于“统一”具有较高程度的认同，这是我国单一制结构形式及中央政府权威性生成的重要影响因素，也是政府关系基本形态的基础。同时，政府关系的其他影响因素，如政区名称、行政层级等也受历史因素影响。如“省”这一行政区划的名称使用及其区划范畴，就具有历史的传承性。

第二节　政府关系的演变与发展

中华人民共和国成立后，随着政府体系的建成，相应的政府关系框架也逐步形成。但是我国政府关系并不是固定不变的，而是随着不同历史时期、不同经济社会发展阶段动态调整的，因此政府关系具有其特定的演变与发展轨迹。总体来看，我国政府关系的演变与发展大致可以划分为两个阶段：一是中华人民共和国成立后至改革开放之前，这一阶段的政府关系受计划经济体制的影响，主要是围绕经济管理权限的下放与集中而变化的；二是改革开放后，特别是社会主义市场经济体制确立后，我国政府关系的发展进入到以治理权限优化为主导的阶段。因为我国国家结构形式是单一制，所以政府关系的演变与发展主要是通过中央与地方关系的变迁来体现的。而地方政府间关系则是中央与地方关系的延伸，并同中央与地方关系的调整保持一致。根据我国政府关系演变和发展的特征，其大致可以将其划分为这样五个阶段。

一、政府关系的形成与调适阶段（1949—1956 年）

1949 年 9 月，中国人民政治协商会议第一届全体会议讨论通过《中国人民政治协商会议共同纲领》，在这部具有宪法性质的文件中，明确规定“各下级人民政府均由上级人民政府加以委任并服从上级人民政府。全国各地方人民政府均服从中央人民政府”，这确立了我国政府关系的基本框架。但是我国政府关系并非是“一次成型”的，而是经过多次不同程度的调适而逐渐形成的。我国政府关系的形成受国情的客观性与治理的主观性共同影响。

中华人民共和国成立初期，各地区解放时间不同，且地区间差异较大。中央政府为尽快推进国家建设，恢复社会生产生活秩序，采用大行政区制度来代管各级地方政府。1949 年，中央政府在全国设立了六大行政区，即东北、华北、华东、中南、西北和西南行政区，代表政务院领导地方政府工作。大行政区虽然是中央政府派出的行政管理区划建制，但是其对所辖地方各级政府拥有具体的管辖权力，如人事权、预算编制及其审核权、物资调配权、地方经济管理权等，甚至可以向所辖地方各级政府直接下达行政命令。1953年，社会主义改造开始，一方面为推进国家经济社会恢复和发展，将治理权限集中于中央，同时避免大行政区权力泛化；另一方面为减少政府层级，降低行政成本，中央政府逐步撤销大行政区制度。这是对政府关系的第一次主动性调适。通过这次调适，中央政府集中了计划经济、基础建设、物资调配、财政税收、工资物价等方面的权限，将各类企业逐步收归中央政府管理，加强了“条线”上的权力。如1950年，中央实行财政统收统支的政策，即所有收入（公粮和城市收入）基本上都集中到了中央财政部门，地方收入主要是地方附加粮和有限的地方税。后来，逐步调整为“划分收支、分级管理”的政策，明确划分中央和地方的财政收支范围，全部财政收入被划分为中央财政收入、地方财政收入以及中央与地方的比例留缴收入。在此基础上，中央政府下放给地方政府一定权限，如将国营企业的部分管理权限交由地方掌握，但全国的物资分配依然由国家计划经济管理部门统一平衡调配。这一时期的政府关系调适可以看作是中华人民共和国成立后，政府关系形成过程中的一种调适。

1954年，第一届全国人大第一次会议通过《中华人民共和国宪法》和《中华人民共和国地方各级人民代表大会和地方各级人民委员会组织法》。1954年宪法明确规定“全国地方各级人民委员会都是国务院统一领导下的国家行政机关，都服从国务院”。同时，地方政府“对本级人民代表大会和上一级国家行政机关负责并报告工作”。这从法制的高度规范和稳定了政府关系，并使政府关系的调适拥有法定程序。在这一时期，政府间财税关系也进行了相应的调整，中央与地方的收支被重新划分，且逐步确定“支出包干、以支定收”的政府间财政原则。1956年，社会主义改造完成，计划经济体制确立，中央政府对全国各级政府无论从行政权限还是经济权限都具有完全的调控力。但是，随之而来出现了集中过度与生产力发展之间的矛盾，政府关系协调上也出现问题，因此新的政府关系调整即将开展。

二、政府关系的调整与反复阶段（1957—1965年）

随着社会主义改造及第一个“五年计划”的完成，为顺应经济社会发展的需要，我国于1957年开始进行了一次较大幅度的政府关系调整，通过经济管理权限与财税制度的调整优化政府关系。1956年，毛泽东主席在《论十大关系》中提出：“目前要注意的是，应当在巩固中央统一领导的前提下，扩大一点地方的权力，给地方更多的独立性，让地方办更多的事情。这对我们建设强大的社会主义国家比较有利。我们国家这样大，人口这样多，情况这样复杂，由中央和地方两个积极性，比只有一个积极性好得多。”[①] 这体现了这一时期中央已经关注到政府关系调整和向地方政府放权的重要性。1956年9月召开的党的八大，明确政府关系要遵循“统一领导、分级管理、因地制宜、因时制宜”的原则和方针进行调整，并提出进一步划分中央和地方行政管理职权，改进国家行政体制，充分发挥地方积极性。1956年10月，中共中央和国务院出台《国务院关于改进国家行政体制的决议（草案）》，再次明确“统一领导，分级管理”是中央和地方关系调整的基本原则，同时决定给予省级政府一定范围内的经济管理自主权。于是，在1957年，中央正式开始向地方下放权力，政府关系的第一次大规模调整开始启动。

1957年，中央开始层层向地方放权，放权集中在经济管理权限方面。1957年11月，国务院下发《国务院关于改进工业管理体制的规定》《国务院关于改进商业管理体制的规定》和《国务院关于改进财政体制和划分中央和地方对财政管理权限的规定》，标志着下放权限的具体化和规范化，着力解决中央“统”得过死、管得过细的情况，进一步调动地方政府的积极性。1957年至1959年，除部分特殊企业外，中央将原来集中管理的企业单位，逐步交由地方政府（主要是省级政府）管理，增强了地方经济管理权。同时，中央政府进一步扩大地方政府在人事、财政、物资方面的计划权限，通过政策调整政府间财税关系，如1958年在财政管理方面将“以支定收，一年一变”改为“以收定支，五年不变”，并简化税制，扩大地方对税收的减免权，下放物资调配权和人事管理权等。在一定程度上，可以说1958年的权限下放是改革开放前力度最大的一次，其中蕴含的改革元素对于理解政府关系的性质及其后续演进具有标志性的意义。

1958年后，由于权力下放过快，出现了一些失控和无序的现象。同时，因“大跃进”和自然灾害的影响，国民经济比例失调，经济社会发展

---

① 参见《毛泽东文集》(第7卷)，人民出版社1999年版，第31页。

遭遇困难。因此，1959 年 7 月召开的庐山会议决定对下放的权力进行适当回收，重新调整政府关系，消除经济社会发展中产生的混乱问题。基于此，中央政府于 1960 年正式开始调整政府关系，将下放给地方政府的权限逐步收回。1961 年，中共中央颁布关于调整管理体制的若干暂行规定，明确强调经济管理权限要集中到中央、中央派出的中央局和省这三级，并在今后两三年集中到中央和中央局，确立“大权独揽，小权分散”的原则。因此，1958 年下放的企业管理、计划管理、物资分配、劳动工资等方面的权限被陆续收回，政府关系出现“反复”式的调整，中央与地方关系再次回到了中央权限高度集中的形态，并延续至 1965 年。

三、政府关系的失范与修复阶段（1966—1978 年）

1966 年，党和政府的各级组织均受到“文革”的不同程度的“冲击”，政府体系被严重破坏，以中央与地方关系为核心的政府关系也陷入失范状态之中。1969 年以后，随着国内局势稍趋安定，主持政府工作的周恩来等领导人抓住时机，着手恢复各主要工业部门和其他综合经济部门的工作，加强了对经济的计划管理。[①]在此基础上，政府关系也开始进行修复。1970 年，中央开始向地方进行新一轮的权力下放，特别是将原归口于中央条线的企事业单位管理权再次下放到地方。权力下放后，中央直属企事业单位由 1965 年的 10 533 个减少到 500 多个。[②]与此同时，对于地方在计划管理方面也进一步放松，落实地方“自成体系”和“自给自足”的管理要求。在中央向地方放权的同时，各省、直辖市和自治区也向市县一级政府进行相应的权力下放，调整国家统配和部管物资的种类，扩大地方政府在物资管理方面的权限。基于此，财政收支包干制开始实行，确立“定收定支，收支包干，保证上缴（或差额补贴），结余留用，一年一定”的原则，政府间财权也进行相应调整。政府间财权的调整使地方政府在基础建设、税收管理及劳动管理方面获得更大的自主权，增加了地方的机动财力。这次调整从 1971 年一直持续到 1973 年，政府关系从“文革”时期的失范状态中得到一定程度的恢复，中央政府和地方政府及地方政府间的关系进行了一定程度的修复，地方政府的积极性提高不少。但

---

① 参见《中国共产党简史》，人民出版社 2021 年版，第 207 页。

② 张文礼主编：《当代中国地方政府》，南开大学出版社 2009 年版，第 189 页。

是，这次的政府关系调整还存在一些不科学、不合理的地方，同时放权的力度过大，且放权范畴不平衡，忽略了地方政府的承受能力，造成计划管理、财政税收和物资调配方面的失衡，使国民经济出现一定程度的比例失调。

为克服和纠正相关问题，保证国民经济的健康发展，自 1973 年开始，特别是邓小平主持工作后，我国以行政管理权限和财税政策为中心，对政府关系实行进一步的修复性调整。一方面，中央有步骤、有计划地回收了部分下放不当的权限，特别是将直接关系国计民生的企事业单位管理权改由中央直属或部委管理。同时，加强对物资调配和交通运输的统一管理，拓展物资统配的范围和种类，尊重地方的实际需求。另一方面，通过财税政策调整，修复政府关系。财政方面，1973 年至 1975 年，在华北、东北和江苏省试行“财政收入固定比例留成”办法，即地方收入按一定比例留成，作为地方机动财力，超收部分另外与中央分成，支出按指标包干。在保证地方拥有一定的机动财力的同时也激励地方超收。但由于支出与收入不挂钩，仍然不能改变地方“负盈不负亏”的问题。1976 年，在优化税制的同时，确定“定收定支，收支挂钩，总额分成，一年一定”的方针，中央核定地方的收支总额，按照支出占收入的比例作为地方分成比例，在预算执行中，地方多收就可以多支，少收就少支，自求平衡。税收方面，中央统一加强税收的管理，包括税收的开征停征、税目的增减、税率的调整等都由中央决定。这一时期的各种措施的目的是在坚持中央权威的基础上，努力修复“文革”造成的政府关系混乱的状态，同时促进国民经济的发展。

四、政府关系的恢复与重构阶段（1979—1991 年）

改革开放后，我国政府关系逐步恢复正常化，并从理论和实践两个层面进行重构。1979 年 7 月 1 日，五届全国人大二次会议审议通过《中华人民共和国地方各级人民代表大会和地方各级人民政府组织法》，明确我国地方政府关系的基本框架。1982 年 12 月 4 日，五届全国人大五次会议通过并颁布《中华人民共和国宪法》，这是中华人民共和国成立以来的第四部宪法，也是我国的现行宪法。现行宪法的颁布在一定程度上重构了我国政府关系，并使其更加具有稳定性和规范性。改革开放后，我国经济社会发展开始转轨，对原有计划经济体制逐步进行改革，因此我国政府关系的调整也更加复杂化和多元化。这一时期，我国政府关系恢复和重构的总体原则是遵循发挥中央与地方两个积极性，加强“放权让利”，在保证中央统一领导权威的基础上最大限度地调动地方的积极性，扩大地方政府的权限。

第一，系统性的权限下放。为充分调动地方积极性，中央系统性地向地方下放了包括经济、文化、社会、教育、外贸等方面的众多权限，大幅增加地方调配物资的种类及物资总量，扩大了地方政府的经济管理权和经济建设审批权，特别是在外资、外汇、外贸的管理权和审批权方面被重点赋予了更多权限。同时，物价管理权和劳务管理权也进一步下放。这些权限的系统性下放对改变高度集中的计划经济体制具有重要的意义。地方各级政府在该趋势下，也逐级进行了相应的权限下放，特别是省级政府向市县政府也下放了一定数量的管理权和审批权，为政府关系的整体性调整奠定了基础。

第二，城市管理权限扩大。改革开放后，我国城市化进程明显加快，关于城市管理权限的调整就成为政府关系重构的一个重要内容。城市管理权限的调整主要集中在经济管理方面，即使城市获得更多的经济管理权。除少数核心和重要企业外，中央将一些部署企业的管理权下放给省级政府或较大市级政府，部分省属企业的管理权也下放到企业所在城市的政府。这样使各地方承担起对企业经营的责任，并“指导和促进企业的专业化协作、改组联合、技术改造和经营管理现代化”。[①]为配合城市管理权限的扩大和政府关系重构，这一时期推行了“市管县”体制，即以经济发达城市或地区重要城市为中心，辐射并囊括周边农村地区，实行“地市合并”，凝聚城市管理权限，缩小城乡二元化差异，实现以城带乡、以工促农。与此同时，中央于1984年开始，设置了14个计划单列市，再次加强经济发达城市，特别是中心城市的影响力，使其影响力进一步辐射和扩散。城市改革使我国政府关系发生了重要变化，地方政府间关系在整体政府关系中的作用越来越明显。

第三，财税管理体制改革。1980年开始，中央在全国不同地区推行不同形式的“财政包干”。广东和福建实行“划分收支，定额上缴或定额补助”，江苏实行“固定比例包干”，四川、陕西、湖南、安徽、浙江等

① 参见《十二大以来重要文献选编》(中)，人民出版社1986年版，第574页。

15个省份实行“划分收支、分级包干”，内蒙古、新疆、西藏、宁夏、广西、云南、青海、贵州实行特殊的财政管理模式，具体核算时间有“一年一定”，也有“五年一定”等，财政分配开始从“条”逐步转向“块”，地方财力逐步增强。1983年和1985年，我国分别实行“利改税”和“划分税种，核定收支，分级包干”的预算管理体制。1988年，继续调整“财政包干”，实行“总额分成”和“递增收入包干”。上述各种财税管理体制改革，都使财力在一定程度上流向地方，地方政府的积极性得到保障。

第四，特区政策。1979年，党中央、国务院同意广东和福建试办出口特区。1980年，党中央、国务院决定将深圳、珠海、汕头、厦门这四个出口特区改称为“经济特区”。截至目前，中国共有7个经济特区。1984年，中央决定进一步开放天津、上海、大连等14个城市，尝试建设经济开发区。1985年，中央在长三角、珠三角等地区设立沿海经济开发区。1990年，中央正式成立浦东新区，拉开经济特区建设的新篇章。中央赋予各经济特区更大的经济管理权限和对外贸易特权，同时给予其较大的政策优惠，允许其尝试并探索全新的发展模式。这对于地方政府的影响和刺激是巨大的，也使地方政府在政府关系中的影响作用再次提升，为完善和优化政府关系奠定基础。

五、政府关系的完善与优化阶段（1992年至今）

1992年，党的十四大确立建设社会主义市场经济体制的改革目标。社会主义市场经济体制建设需要统一开放的市场环境，因此需要建构与之相适应的政府关系。在此之前的政府关系调整，都是以中央与地方关系为主线，注重简政放权和调动地方积极性。社会主义市场经济体制的建设与发展需要中央具有更强的宏观调控能力，消除地区间封锁分割的现象，增强政府间的协同性。之前的一些改革措施在使地方政府财力得到提升的同时却削弱了中央财力，政府关系出现了新的不平衡。因此，政府关系需要进行完善与优化。

1994年，我国开始实行分税制，在划分事权的基础上划分税种，按照比例调整中央与地方的财权分配，提升中央财政管理和宏观调控能力，这对政府关系调整具有重大的影响。分税制的实行优化了中央与地方关系，“为平衡中央集权与地方分权之间的关系提供了机制性的制度安排”。[1]分税制主要调节的是中央政府和地方政府财政收入的分配，对于具体的支出责任并没有明确的规定，造成政府间事权划分模糊化。自2006年起，中央为了优化政府关系，提升政府行政效能，多次提出建立事权与支出责任相适应的制度的设想并组织论证，但是一直未能形成正式的指导性文本。2016年8月，《国务院关于推进中央与地方财政事权和支出责任划分改革的指导意见》下发，以实现通过事权与支出责任匹配来实现政府关系优化。该指导意见提出通过建立科学合理、职责明确的财政事权和支出责任划分体系，强化中央统一领导的权威，减少不必要的微观干预，充分调动和保护地方干事创业的积极性和主动性，在政府间履行权责一致的基本原则。基于此，地方各级政府都进行了相应的事权与支出责任划分的改革。同时，中央各部委也在条线上推进相关改革。这对于政府关系的整体性优化具有重要的现实作用和长远意义。

这一时期，中央还通过行政管理体制改革优化了政府关系。在1994年分税制实行的当年，中央将计划单列市改革为副省级市，在保证其继续享有原中央赋予权限的同时，加强省级政府的统筹规划、综合管理和整体监督功能，这理顺了省级以下地方政府的关系。同时，中央部门下放给省级及省级以下政府更多权限，强化了基层政府的治理能力，进一步优化了市县和基层政府间的关系。2010年，基于政府治理现代化的现实要求，在总结“市管县”体制的利弊得失后，中央开始推行“省直管县”体制，并进行基层政府财政体制改革。2010年7月，财政部出台关于推进省直接管理县财政改革的意见，实现省财政与市、县财政直接对接。而市、县财政分别独立，又减少了市级政府的额外管理环节，这对于政府关系的进一步发展和优化具有现实影响。

第三节　纵向政府关系

纵向政府关系是依据行政层级而形成的，主要包括中央与地方关系和地方政府间的关系两大部分，其中，中央与地方关系是纵向政府关系的核心。同时，因为我国政府“条块治理”的特征，上下级政府对口部门的关系也可以被视为纵向政府关系的组成部分。

---

① 林尚立：《重构府际关系与国家治理》，《探索与争鸣》2011年第1期。

一、中央政府与地方政府关系

中央政府与地方政府关系是我国政府关系的核心，也是纵向政府关系的主体。《中华人民共和国宪法》规定："全国地方各级人民政府都是国务院领导下的国家行政机关，都服从国务院。"因此，我国中央政府与地方政府之间不存在所谓的"政治博弈"和"权力划分"，更多是一种治理权限和资源的分配关系，集中体现在经济和效益层面。所以，我国中央政府与地方政府的关系实际就是在宪法的框架下，中央政府与地方政府在权限分配方面的关系，是国家整体与部分之间结构形式的体现。中央政府与地方政府关系通常是指中央政府和省级政府及省级以下部分政府的关系，即中央政府与一般地方政府的关系。但是因为我国行政建制的特殊性，中央政府与民族自治地方和特别行政区的关系也是中央与地方关系的体现。因而，我国中央政府与地方政府关系可以分为中央政府与一般地方政府关系、中央政府与民族自治地方政府关系、中央政府和特别行政区政府关系三大方面。

（一）中央政府与一般地方政府关系

我国中央政府和一般地方政府的关系是领导与被领导的关系，全国各级地方政府都服从中央政府，各级政府逐级接受上级政府领导或直接接受中央政府领导，中央政府对地方政府具有绝对的行政领导权和决定权。具体而言体现在：一是地方政府的行政权力由中央授予。根据宪法的规定，中央政府规定地方政府的职权划分及职责行使形式。二是地方政府的产生、运行和调整均由中央政府决定。根据宪法和地方各级人民政府组织法中的相关规定，地方政府行政区划的设置与调整都必须由中央政府批准；省、直辖市政府工作部门的设立、增减或合并必须报中央政府批准；中央政府对地方政府的人事管理和财政管理具有决定权；享有立法权限的地方政府制定行政规章需要报中央政府备案，且中央政府有权撤销或变更地方政府制定的被认为不适当的行政规章。三是中央政府对地方政府的运行进行监督。中央政府可以对地方政府的行政过程和行政结果实施监督，对地方政府发布的行政命令等有权进行撤销或变更，并指导地方政府调整行政过程。同时，中央政府可以对地方政府在行政过程中违背法律和中央指示、命令的行为进行纠正，并进行相应处罚。

（二）中央政府与民族自治地方政府关系

我国的民族自治地方政府一般是指自治区、自治州、自治县等实行民族区域自治的地方政府。中央政府与民族自治地方政府的关系也是领导与被领导的关系，但是其与一般地方政府相比，存在的差别主要是自治管理层面上的。民族自治地方政府具有高于一般地方政府的自治管理权，其与中央政府的关系是统一领导与自治管理相结合的。具体而言，民族自治地方政府是在中央政府统一领导下行使自治管理权的特殊地方政府建制。相较于一般地方政府，中央政府与民族自治地方政府的特殊关系主要体现在：第一，民族自治地方政府享有自治权。根据宪法和民族区域自治法的规定，民族自治地方政府在享有一般政府的基本权限外，可以根据民族自治地方的实际情况，享有特定的自治管理权限，在一定程度内自主管理本区域的事务。依据《中华人民共和国民族区域自治法》，我国民族自治地方政府享有的自治管理权主要包括特定的政策变通权、经济建设自主权、地方财政管理自主权、人事管理自主权、民族语言文字使用权、社会事务自主管理权等。第二，中央政府对民族自治地方政府具有特殊的保障和支持政策。根据民族区域自治法中的相关规定，中央政府要对民族自治地方政府进行相应的帮助和指导，包括基础设施建设、自然资源开发与保护、经济发展、财政金融、科教文卫体建设、人才培养等各方面都要给予民族自治地方政府支持。第三，民族自治地方政府负有特殊的职责。民族自治地方政府一般都设在我国的边疆地区，且当地少数民族众多，因此民族自治地方政府负有保证国家边疆地区安全稳定与领土完整统一的职责，并保证中央政府的民族政策和边疆治理策略能够得到贯彻落实。

（三）中央政府与特别行政区政府关系

中央政府与特别行政区政府的关系主要是依据《中华人民共和国宪法》《中华人民共和国香港特别行政区基本法》《中华人民共和国澳门特别行政区基本法》所确立的。特别行政区是中华人民共和国一个特殊的地方行政建制，是享有高度自治权的地方行政区域，其直辖于中央人民政府，并在中央的监督下行使高度的自治权。

1. 中央政府层面

（1）外交事务方面，中央政府负责管理特别行政区的外交事务，由外交部在特别行政区设立的机构具体执行。中央政府也可授权特别行政区依法自行处理有关的对外事务。

（2）防务方面，中央政府负责管理特别行政区的防务，驻军费用由中央政府承担，中央政府派驻特别行政区负责防务的军队不干预特别行政区的地方事务。特别行政区政府在必要时，可向中央人民政府请求驻军协助维持社会治安和救助灾害。驻军人员须遵守特别行政区的法律。特别行政区的社会治安由特别行政区政府负责，不属于防务方面内容。

（3）人事任免方面，中央政府任免特别行政区行政长官和行政机关主要官员。特别行政区立法机关提出的对行政长官的弹劾案必须报中央政府处理决定。

（4）监督方面，中央政府拥有对特别行政区的全面监督权，包括特别行政区行政长官定期向中央政府述职，并接受中央政府的指导、质询。特别行政区立法机关通过的财政预算及决算必须报中央政府备案。除此以外，全国人大对特别行政区立法的监督也可以视为广义上中央政府层面的监督行为。如特别行政区的立法机关制定的法律须报全国人民代表大会常务委员会备案，全国人大常委会若认为特别行政区立法机关所制定的法律中有条款不符合基本法的，可以将其发回并宣布即时失效，除特别行政区的法律另有规定外，无溯及力。

（5）特殊情况方面，根据《中华人民共和国宪法》《中华人民共和国香港特别行政区基本法》《中华人民共和国澳门特别行政区基本法》的规定，全国人大常委会决定宣布战争状态或因特别行政区发生特别行政区政府不能控制的危及国家统一或安全的动乱而决定特别行政区进入紧急状态，中央政府可发布命令让有关全国性法律在特别行政区实施。

2. 特别行政区层面

（1）高度自治方面，特别行政区依法享有高度的自治权，除涉及外交和防务方面外，包括立法权、行政管理权和独立的司法权及终审权，并依照《中华人民共和国香港特别行政区基本法》《中华人民共和国澳门特别行政区基本法》自行处理特别行政区的行政事务。同时，特别行政区享有独立的地方财政权和经中央政府授予的独立的外事权，如以中国香港、中国澳门的名义参加不以国家为单位的各类外事活动。

（2）交往联络方面，中央政府所属各部门、各省、自治区、直辖市均不得干预特别行政区根据《中华人民共和国香港特别行政区基本法》《中华人民共和国澳门特别行政区基本法》自行管理的事务。中央政府各部门，各省、自治区、直辖市如需在特别行政区设立机构，须征得特别行政区政府同意，并经中央政府批准，且机构中一切工作人员都需严格遵守特别行政区的法律。我国其他地区的人员在进入特别行政区时须办理批准手续，其中进入特别行政区定居的人数由中央政府主管部门征求特别行政区政府的意见后确定。

（3）基本义务方面，特别行政区作为中华人民共和国的地方行政区域，负有维护国家统一和领土完整的责任，特别行政区应自行立法禁止任何叛国、分裂国家、煽动叛乱、颠覆中央政府及窃取国家机密的行为，禁止外国的政治性组织或团体在香港特别行政区进行政治活动，禁止香港特别行政区的政治性组织或团体与外国的政治性组织或团体建立联系，从而有效防范、制止并惩处任何意图分裂国家或颠覆国家政权的恐怖活动和违法行为。

二、地方政府间关系

地方政府间关系主要是指我国省级及省级以下地方政府之间的纵向关系。地方政府间关系是在行政层级上具有隶属关系的上下级地方政府间的各类关系的总和。地方政府间关系包括领导和被领导、监督与被监督两个方面。

在领导和被领导方面，根据宪法和地方各级人民政府组织法的规定，地方政府由本级人民代表大会选举产生，对上级政府负责并汇报工作。因此，地方政府间的关系同中央和省级政府的关系大致相同，具有行政隶属的关系，即存在领导与被领导的关系。地方政府因为有较多层级，所以一级地方政府在接受上级地方政府领导的同时，也会领导下一级的地方政府。具体而言，上级政府对下级政府的日常行政工作进行全面的领导及指导，上级地方政府可以对下级地方政府通过命令、指示及文件下达等方式领导或指导其工作。下级政府的机构设置和主要部门人员安排也需要报上级地方政府批准。同时，上级地方政府有权改变、撤销或调整下级地方政府的决定和命令。

在监督与被监督方面，上级地方政府可以根据法律法规对下级地方政府在行政管理过程中的各类活动开展监督，对认为不适当的行为可以进行纠正，这其中包括监督下级地方政府的发展规划、经济管理、社会治理、市场培育等各方面。同时，上级地方政府可以对下级地方政府的财政预算及其执行情况和决算等进行监督，并可以对下级地方政府在预算执行中出现的违法、违纪、违规等各类不适当的行为依法予以制止和纠正。在特定情况下，上级地方政府的特殊机构有权对下级地方政府的主要人员实施具体监督。

地方政府间这两方面的关系主要是通过行政任务责任制的方式实现的。上级地方政府通常会将本辖区在一定时期内的经济社会发展任务进行划分，分别下达给下级地方政府具体执行，为下级地方政府确定具体责任及指标，并依据指标考核下级地方政府的任务完成情况，进而进行奖惩，这是行政任务责任制的具体体现。行政任务责任制是根据地方政府行政层级逐级下达的，其考核结果直接关系到地方各级政府资源配置及主要负责人的晋升机会等。从现实来看，行政任务责任制产生了激励和压力的双重作用。这对于地方政府完成中央政府和上级政府的发展目标具有积极的作用，保证上级地方政府能够对下级地方政府实行切实有效的领导和监督。但是这也造成一些弊端，如下级地方政府为保证考核的排名靠前会将任务进行等级化划分，依据上级政府的导向进行排序，出现忽视地方政府发展的现实情况，引发行政成本上升及行政效率降低的情况。同时，这也会造成地方政府“层层加码”现象的发生。针对这些问题，必须对地方政府间关系的特殊情况进行相应的改革调整，以求保证政府治理的有效性。

三、对口部门间关系

我国各级政府部门间存在一定的对口关系，即上下级政府对口部门间具有领导与被领导、指导和被指导的关系。我国政府对口部门的领导关系可以分为垂直领导关系和双重领导关系，而政府对口部门的指导关系则主要是业务指导关系。我国政府对口部门间关系的范畴涉及从中央到地方各级政府，既包括中央政府部门与地方政府部门间的对口关系，也包括地方各级政府部门的对口关系，这里不做细分。

（一）垂直领导关系

垂直领导关系是指下级工作部门直接由对口的上级工作部门指挥和领导，中央政府对口部门是垂直领导的“根”，其他各级工作部门逐级向上级对口工作部门负责，并受其领导。因此，垂直领导的部门一般被称为“条管机构”，具有较强的派出属性。我国的海关、国家税务总局、中国人民银行等都是典型的垂直管理部门，其工作部门设置具有明显的垂直领导关系。垂直管理部门的人员编制、财政物资、机构设置等均由中央对口部门或具体单位决定，与所在地区的地方政府无关，地方政府仅仅能对其进行一般性监督。垂直领导关系具体可以细分为纯垂直管理、半垂直管理和混合垂直管理三种。如我国的海关就是纯垂直管理的机构，海关总署负责全国海关业务的领导和管理，全国海关建制由海关总署会同机构编制管理部门报中央政府批准，相关法律法规和政策决定均由海关总署拟定。而半垂直管理主要是指一些特殊的机构实行省以下垂直或为完成特定任务而设置具有督导性质的部门。如原工商、质检等都实行省级以下垂直管理，半垂直管理可能会根据机构改革而进行适时调整。混合垂直管理主要是指垂直领导的“条”的管理关系中掺杂了“块”的管理方式。如环境保护方面，市县环保机构中市级环保机构为市级政府的组成部门，具有“块”的特色，而一些县级环保机构则是市级环保机构的派出机构，具有垂直管理“条”的属性。还有一些纯垂直管理关系的机构也有混合垂直管理的色彩，如海关缉私部门受海关总署和公安部双重领导，但是以海关总署为主。这在一定程度上也可以理解为双重领导关系的一种特殊形态。

（二）双重领导关系

双重领导关系是指地方政府工作部门在接受本级国家权力机关、党委、政府领导的同时，也受上级对口部门或主管部门的领导。准确地说，就是地方政府工作部门接受本级政府的行政领导，同时也接受上级对口部门或主管部门的业务领导。因为涉及安全、执法和监督等职责的工作部门，其实际职责的履行范畴往往超过法定职责划定的范畴，并且专业属性较强，应急性色彩较为明显，这就不仅需要本级政府的统一领导，也需要上级对口部门在业务方面的统筹、协调和指挥。以应急管理部门为例，一方面，地方应急管理部门在本级政府领导下负责本区域内的应急管理事务，其是同级政府的组成部门，人事、财务和物资等均由本级政府负责，其财政列入本级政府预算之中。应急管理部门的负责人也由本级地方人大任免，接受本级人大的监督。另一方面，地方应急管理部门接受国家应急管理部和上级应急管理部门的业务领导。

（三）业务指导关系

业务指导关系是指地方政府工作部门作为本级政府的组成部门，接受本级政府的统一领导，上级政府对口部门或主管部门与其仅是业务上的指导关系。业务指导关系不是领导关系，上级对口部门或主管部门对下级政府工作部门不可以通过命令的方式进行指挥，对地方政府工作部门的人、财、物也无管理权限。当前我国地方政府中绝大部分的工作部门与上级对口部门或主管部门都是业务指导关系。上级政府对口部门或主管部门的业务指导体现在：指导本区域相关业务发展的规划，督促下级对口部门正确理解发展规划并有效执行；向下级政府对口工作部门解释相关法律法规和各项政策，并对其具体工作进行评估；当下级政府工作部门遇到重要业务问题时，上级对口部门或主管部门可以进行相应的协调和帮助。

第四节　横向政府关系

横向政府关系主要存在于地方政府间。横向政府关系是一个广义的概念，主要是指不具有行政隶属关系的地方政府间所发生的各类关系。横向政府关系包括同一行政级别地方政府间的关系，也包括不同行政层级地方政府及部门间的关系。横向政府间关系大致可以分为竞争关系、协作关系和帮扶关系。

一、竞争关系

政府间竞争关系本质上是一种博弈关系，具体是地方政府为了推进辖区内经济社会发展或满足上级政府绩效考核指标而寻求更多治理资源的过程中，引发不同地区地方政府相互竞争、相互促进的关系。根据地方各级人民政府组织法中的相关规定，地方政府的职责中包括执行国民经济和社会发展计划、预算，管理本行政区域内的经济、教育、科学、文化、卫生、体育事业、环境和资源保护、城乡建设事业和财政、民政、公安、民族事务、司法行政、监察、计划生育等行政工作。因此，地方政府势必尽可能地吸纳整合并充分利用治理资源，创造良好的制度环境，推进本区域内经济社会事业的发展，满足人民群众的各项需求。但是，资源的总量是有限的，分布也是不平衡的，所以势必会引起不同地区政府之间的竞争。同时，我国政府绩效考核直接关系到地方政府人员晋升、发展资源分配等，这一“压力”特征进一步提升了政府间竞争的强度，使竞争关系更加突出。

地方政府间的竞争在一定程度上可以充分调动地方政府的积极性，促进地方政府有效提升行政效率，优化治理理念，增强治理能力，更好履行地方政府职责，使地方政府能够提供更加高效、优质、便捷的公共服务。从这个角度来说，地方政府间的竞争成为地方政府治理现代化的动力。但是，如果地方政府竞争超出必要的限度，则会引发无序竞争或过度竞争现象。如个别地方政府单纯追求绩效考核的指标，造成发展规划与经济社会的现实相脱节，公共资源浪费及行政效率降低等。一些地方政府盲目“上马”各类重复性项目，出现“造桥热”“机场热”等，还发生建设所谓地标性建筑，争夺高铁站等行为，这些都是地方政府无序竞争的体现，这在政府治理中是需要被规制的行为。

二、协作关系

协作关系是指各地方政府为实现共同的目标或完成共同的任务而建立的互惠互利互助的关系。我国政府间协作关系主要呈现为三个类别：一是同一行政级别地方政府之间的协作，如相邻的省级政府之间、具有共同发展目标的县级政府之间的合作都属于这一类别。这个类别一般情况下是两两协作或多方协作。二是跨区域的地方政府间的整体性协作，如京津冀一体化、长三角一体化、宁镇扬一体化等均是这类协作关系的体现。这种协作方式一般具有较为明确的共同目标，如交通建设、经济发展或信息共享等方面的一体化建设。三是没有直接行政隶属关系且不同行政层级地方政府间的协作，如太湖流域治理协作、雄安新区发展协作等。这类协作具有较为明显特定的任务性，属于协调性较强的协作关系。我国地方政府间的协作关系是一种自愿、协商、平等、互惠的关系，虽然存在一定程度行政命令的推动，但总体上还是围绕合作互惠的目标展开的。

随着经济社会的快速发展，我国政府治理中跨区域、跨层级的协作越来越多，这主要是因为地区经济社会差异的存在、区域资源流动变化和治理外溢性等综合影响而形成的。因此，地方政府间的协作变得越来越重要，甚至很多事务的处理都需要依托政府间的横向协作。当前政府间协作的范畴逐步拓展，从最初的基础设施建设、经济合作交流、生态环境保护等逐步发展到社会治理、公共安全、应急管理、信息数据共享等更加多维度的层面。参与协作的政府也越来越多，从两两合作的同层级政府逐步发展为不同层级、不同地区的各级政府的多向度协作。而政府间协作方式也日益多样化，如举办论坛、召开洽谈会、签订合作意向书、组建专门联络机构等，这些都体现出我国政府间协作化程度的提升。但是我国政府间协作依然存在一些问题，如形式大于内容，对于公共服务的协作不太重视、制度化程度偏低等。但从总体来看，政府间协作优化了地区资源的配置，提高了公共产品和公共服务供给的质量，促进了区域协调发展并使行政成本降低，加强了地区的互惠互利和共同发展。政府间的多维度、立体化协作已经成为我国政府关系发展大趋势。

三、帮扶关系

帮扶关系是指经济发展较快或综合实力较强的地方政府对经济发展滞后或综合实力较弱的地方政府进行的一种跨区域的支援关系。而当某一地区发生突发应急事件时，其他地区的地方政府给予特定的支援也是帮扶关系的体现。帮扶关系通常被人们称为“对口支援”，这其中包括基础设施建设、工农业发展、民生物资支援、专业项目培训、特殊技术支持等多个方面。典型的政府间帮扶关系有援藏援疆、东部对口支持西部等。还有就是在发生重大突发应急事件时的专项帮扶，如 2008 年四川汶川地震发生后，国务院办共同下发《汶川地震灾后恢复重建对口支援方案》，实行“一省帮一重灾县”，这就是政府间特殊帮扶关系的体现。还有新冠肺炎疫情期间，全国各省市对于湖北省各市在医疗及相应物资方面的对口支援也是这种特殊的政府间帮扶关系的体现。

政府间帮扶关系可以使各类资源能够在短时间内快速汇集，并进行效率最大化的配置。同时，地方政府间的帮扶关系有助于加快受灾地区的灾后重建，缩小地区经济发展差距，加快欠发达地区经济社会的发展速度，进一步推进基本公共服务均等化，促进国家治理现代化的整体平衡性。政府间的帮扶关系既是中华民族同舟共济传统美德的展现，也是共同富裕的社会主义制度优越性的体现。

CHAPTER EIGHT

第八章 政府改革

政府改革的含义可以从广义和狭义两个层面理解。广义的政府改革是指包括各级党政机关、权力机关等在内的党和国家机构进行的一系列改革的总称，包括一切与国家公共行政权力的归属及其行使相联系的改革。[①] 而狭义的政府改革即行政改革，又被称为行政管理体制改革，是政府为了适应经济社会发展需要，主动对行政理念、机构体系、职责配置、人员编制等方面进行调整和优化的过程。政府改革的目的在于提升政府行政效能，降低行政成本，实现政府治理现代化。本节讨论的政府改革主要是狭义层面的。政府改革是一个动态的过程，是政府发展的具体体现。我国一直保持积极的政府改革态势，优化政府治理体系，提升政府治理能力。我国的政府改革是以机构改革为中心展开的，通过机构改革实现对政府职能、政府结构、政府体系、政府能力等方面的优化。

第一节 政府改革的发展历程

中华人民共和国成立以来的政府机构改革以改革开放为基点，划分为前后两个阶段。改革开放前，我国政府机构改革并没有固定的时间规律，主要是根据政治形势的发展进行不定期、适时的调整。改革开放之后，特别是 1982 年宪法通过之后，经济快速发展，社会结构也随之变化，这对政府的组织结构与运行程序提出了新的要求和挑战。相应地，

① 张国庆：《公共行政学》（第四版），北京大学出版社 2017 年版，第 481 页。

中国政府大约每5年进行一次政府机构改革，形成较为稳定的改革周期，以求适应经济社会发展的需要。1982年至今，我国进行了8次政府机构改革，分别在1982年、1988年、1993年、1998年、2003年、2008年、2013年和2018年，其中，2018年的改革融入整体化的党和国家机构改革之中。从发展历程来看，政府机构改革从单纯针对政府机构数量与人员的精简，逐步发展到政府职能转变与政府职责体系建设的层面，形成政府机构改革与政府现代化发展的有效联动。梳理其发展历程，为的是充分理解其内在发展规律，为新时代国家治理现代化提供理论与实践方面的助益。

一、改革开放前的机构改革

中华人民共和国成立后，社会主义政治制度的确立推动了全新政府机构体系的构建。同时，伴随着经济体制变革和社会发展，政府机构改革也随之进行。中华人民共和国成立之后到改革开放之前，政府机构改革的时间并无规律可循，主要根据不同发展时期的现实需要和政治形势变化进行非定期的调整。目前一般认为从中华人民共和国成立至改革开放前，政府机构分别于1951—1953年、1954—1956年、1957—1959年、1960—1965年、1966—1975年、1976—1981年进行了数次改革。但是通过分析总结各阶段的机构改革情况，可以将其归纳为三次系统性的政府机构改革。第一次政府机构改革主要是中华人民共和国成立初期，是为实现国家政权稳定和准备社会主义制度建设而进行的。第二次和第三次机构改革则主要是在社会主义探索与发展时期进行的政府体系调整。

（一）中华人民共和国成立初期的政府机构调整与改革

中华人民共和国成立后的第一次政府机构改革于1951年开始。1951年12月，当时的中央人民政府政务院出台《关于调整机构紧缩编制的决定（草案）》，主要推动精兵简政工作的具体落实。其主要内容为：第一，调整紧缩上层机构，合理充实下层机构组织；第二，合并分工相似和性质相近的机构，消除机构重叠；第三，精简机构，减少层次；第四，明确规定干部与勤杂人员的比例，实现机构人员结构比例的合理化；第五，要求划清企业、事业单位和行政机构的编制，建立明晰的开支方案；第六，严格编制纪律，规范机构设置。本次政府机构改革主要是为应对中华人民共和国成立以来百废待兴的局面，以加强政府的权威为核心目标，建立正常的政府行政秩序。同时，本次政府机构改革也是政府体系从革命形态向国家建设发展形态过渡的体现，主要着眼于减少革命战争时期非固定化的政策与规矩，为建立现代化国家的政府行政体系做好铺垫工作。到1953年底，根据政府行政工作分工，政务院工作部门增加到42个。

1954年，第一届全国人民代表大会召开，通过了《中华人民共和国宪法》，明确了新生国家的根本政治制度，并确立政府行政层级以及各级政府组成部门的设置规范。从1954年至1955年底，根据宪法和相关法律规定，中央和地方各级政府的机构都进行了较大规模的精简，具体内容包括：第一，细化各级政府及其相关组成部门的职责范畴，并在此基础上调整机构，优化政府内部结构；第二，根据政府机构相应职责，合理规划编制，实现编制紧缩；第三，妥善安置原革命时期的各类干部，特别是对地方机关的广大干部进行合理安排，同时对地方政府机构也进行相应的精简。不过这一时期，针对地方工作的现实需要，国家设置行政公署和区公所作为省级政府和县级政府的派出机关，负责相应的地方事务，履行一级政府行政管理职责。在这一时期，因为很多特殊的行政事务的复杂性，政府机构数量开始逐步增加，到1956年前后，中央政府机构总数达到81个，出现中华人民共和国成立以来的第一次机构数量高峰。同时，各级政府机构编制也出现“膨胀”现象，对中华人民共和国财税体制建设和社会主义改造形成一定的压力。

（二）社会主义建设探索时期的政府机构改革

1956年，党中央出台《关于改进国家行政体制的决议（草案）》，标志着中华人民共和国成立后第二次较大规模的政府机构改革的开始，改革持续到1960年左右结束。这次改革主要是以向地方下放权力为主要目标，并对国务院机构进行精简，进而实现地方政府自主权的扩大。通过改革，国务院部委减少8个，直属机构减少5个，并裁减一部分人员编制。改革后，国务院机构总数为60个，相较于改革前减少了21个。

1960年，为贯彻国民经济调整方针，中央决定进行中华人民共和国成立后的第三次机构改革。这次改革继续贯彻精简机构数量及人员编制的理念，并在中央和地方的机构中同时开展，改革持续到1964年结束。本次改革的第一阶段是1960年7月至1961年9月，主要是在中央机构层面进行精简，特别是重点精简事业单位。通过改革，中央政府的司局级机关减少15%，事业单位减少近30%。在人员编制方面，行政机关精简1.6万人左右，事业单位精简6.5万人左右。第二阶段是从1962年2月至1964年底，主要是在精简中央政府机构的基础上推动地方机构的精简。经过近两年的改革，中央机关在1961年的基础上又精简了1万余人。结合地方机构改革，全国共精简人员81万余人，中央机关精简人员多分流至基层和生产一线单位。但是在这一时期，特别是1964年之后，中央陆续收回了1956年开始逐步下放给地方政府的部分权限，这就使得原先被撤销的机构又被恢复。因此，截止到1965年底，国务院机构总数又达到了79个，机构数量及人员编制又迎来了一个高峰。

1966年"文革"开始之后，政府的日常行政工作受到了巨大影响，政府机构体系也发生重大变动。1970年，国务院原有的79个部门被整合为32个，其中13个由军队代管，达到了中华人民共和国成立以来中央政府机构数量的最低点。这并非是正常的政府机构改革，而是特殊时期机构非正常变动的体现。1975年，在邓小平主持国务院工作期间，通过对各领域的综合整顿，中央政府各部门逐步开始恢复正常工作，机构数量调整为52个。1976年"文革"结束后，为顾及国民经济恢复和发展的现实需要，中央决定采用五十年代第二次政府机构改革时期的机构设置框架，恢复政府机构体系及其运行机制。在恢复过程中，因受计划经济体制和各类行政事务增加的影响，截止到1981年，国务院组成部门增加到100个，中央机构数量自中华人民共和国成立以来达到最高峰值，全面的改革迫在眉睫。

二、改革开放后的机构改革

改革开放之后的政府机构改革可以大致分为三个阶段：机构精简导向阶段、职能转变导向阶段和职责强化导向阶段。机构精简导向阶段主要是指社会主义市场经济体制确立前的1982年和1988年政府机构改革时期，职能转变导向阶段主要为1993年、1998年、2003年的政府机构改革时期，而职责强化导向阶段则是2008年、2013年到2018年的政府机构改革时期。三个阶段的机构改革特征分明，但又互相融合、交替递进。具体而言，机构精简一直是政府机构改革的主题，虽然不能说机构精简完全等同于机构改革，但是其一直贯穿于各个阶段的改革之中，无论哪一阶段的改革都无法忽视这一环节。社会主义市场经济体制确立之后，政府职能转变成为机构改革的新主题，但是机构精简未被完全忽略，而是成为改革一以贯之的要素，与政府职能转变相互作用，共同推动政府机构体系优化。随着国家治理现代化进程的推进，政府职责从政府职能中逐步剥离出来，成为新时代政府机构改革的影响要素。同样，政府职能转变依然作为要素和机构精简一同与政府职责优化形成合力，推动符合现代政府治理要求的机构体系的建设与完善。因此，通过分类梳理改革开放以来的历次政府机构改革，可以明确不同阶段改革的重点，厘清我国政府机构改革逻辑主线从职能到职责的演变过程。

（一）机构精简导向的机构改革

1982 年政府机构改革的主要任务是解决政府机构臃肿的问题，以精简机构和人员为主要目标。但是通过一次政府机构改革并不能完全达到这一目标，所以在 1988 年又进行了一次以精简为主要目标的机构改革。因此，1982 年和 1988 年的政府机构改革可以归纳为机构精简导向的改革阶段。

1. 1982 年的机构改革

20 世纪 80 年代初期，随着改革开放的大幕逐步拉开，经济体制改革使中国政府体系也进入了全面革新的时期。一方面，中国政府需要妥善处理“文革”十年遗留的一系列问题，如遭受迫害的干部需要逐步恢复其工作或被合理安排等；另一方面，在恢复“文革”中被撤销机构的同时，为应对改革开放的现实需要又新设立了一系列机构。在这样的背景下，截止到 1981 年，国务院的组成部门达到了 100 个，地方政府的机构数量也随之增加，人员编制迅速膨胀。政府机构和人员编制的过度臃肿造成政府行政的低效甚至失灵，人浮于事现象明显。面对这样的严峻情况，政府机构的精简就成为大势所趋。就此问题，邓小平同志指出：“精简机构是一场革命。……如果不搞这场革命，让党和国家的组织继续目前这样机构臃肿重叠、职责不清，许多人员不称职、不负责，工作缺乏精力、知识和效率的状况，这是不可能得到人民赞同的……”[①] 基于此，邓小平同志提出在中央层面至少需要精简三分之一的机构。精简机构必然会涉及所在机构干部及相关工作人员、服务人员的调整，即使再单纯的精简也需要从系统性的角度来进行考量。

1981 年 12 月国务院开始机构改革前的准备工作，全面分析政府机构

---

① 参见《邓小平文选》(第 2 卷)，人民出版社 1994 年版，第 396 页。

及之前改革中存在的问题与不足，对机构改革做出整体性的规划。1982年3月，五届全国人大二次会议通过《关于国务院政府机构改革问题的决议》，正式拉开改革开放以来第一次政府机构改革的序幕。这次改革聚焦中央政府及以下各级政府机构数量精简、人员年龄与文化结构的优化等，并在机构领导干部副职设置方面也进行了改革。通过精简改革，国务院的组成部门从100个减少至61个。各省、自治区和直辖市的政府组成部门从60个左右减少至30—40个，其中直辖市政府组成部门略多于其他省级政府。地级市政府机构从原有的50—60个减少至45个左右，地区行署的办事机构从40个减少至30个左右，县级政府机构数量从40个减少至25个左右。在机构数量精简的基础上，人员编制方面也进行相应缩减，国务院各组成部门的人员数从原先的5.1万减少至3万人，各省、自治区、直辖市的机构人员从18万人减少至12万人左右。各市县机关工作人员平均减少了20%，地区行署的人员精简较各市县机关人员精简力度更大一些，精简25%—30%。同时，与之相应的是领导职务的减少，国务院各部门领导班子设置为“一正二副”或“一正四副”，领导班子的年龄上限也进行明确限制，降低了领导班子的平均年龄。

本次改革是确立以“经济建设为中心”后的第一次政府机构改革，虽然改革的主题依然集中于机构和人员的精简，但却为今后政府机构改革主题的调整及中国特色社会主义行政体制建设奠定了基础。本轮改革的具体成效主要体现在以下六个方面：一是根据宪法及相关法律法规，推动政企分开和政社分开，使政府机构的职责“回归行政”；二是通过裁撤、整合政府部门，增强机构的综合性，并尝试利用职能来划分机构；三是精简人员编制，推进干部“四化”建设，妥善安排老干部退居二线，优化干部年龄结构；四是建立政策咨询机构，加强审计部门的权限；五是探索将原有的部分经济管理部门改革为经济实体，实行企业化管理；六是推进“市管县”体制，注重城市建设与发展。

1982年政府机构改革的总体目标是精简机构和人员编制，消除机构臃肿、人浮于事的现象。从政府机构改革发展的总体进程来看，其进步性可以归纳为两个方面：一是迈出政府机构及人员精简的第一步，探索了政府机构改革路径；二是废止干部终身制，为公务员制度的建立奠定了基础。同时，值得注意的是，这次改革除了精简机构与优化人员结构外，还探索了面向经济体制改革的政府机构设置与改革的新框架，改革的重心逐步过渡到经济管理部门的设置与运行变革上，开始注重现代化经济管理组织的建设。但是这次改革存在的问题也很突出，政府行政管理依然保持着浓重的计划经济色彩，政府机构改革与经济体制改革并没有完全配套，政府职能没有出现本质性的转变，政府职责更是没有在改革中被提及，高度集中的计划经济管理体制依然在发挥着主导作用。现实的发展也证明，在本次改革中精简的一些部门和机构又很快恢复，并且更加膨胀，机构改革出现了反复性。

2. 1988 年的机构改革

1982 年的政府机构改革由于受限于计划经济体制，改革实际成效并非十分稳定，机构数量和人员编制数量出现反弹，效率低下和人浮于事的问题再次出现。与此同时，随着改革开放的推进，经济体制发展逐步开始摆脱计划经济体制的“惯性”束缚，出现以物资流动“双轨制”为形式的市场化过渡，这为以职能转变为导向的政府机构改革提供了基础。因此，为了优化政府机构体系，使其能够服务于经济体制改革发展的需要，新一轮政府机构改革被提上日程。1984 年党的十二届三中全会通过《中共中央关于经济体制改革的决定》，成为 1988 年政府机构改革的重要指导性文件。本轮政府机构改革的原则为精简、统一、效能，目标是改革组织机构、改造机关作风，消除机构重叠、人浮于事、职责不明、互相扯皮的官僚主义积弊。

1988 年 4 月，七届全国人大一次会议审议通过国务院机构改革方案，启动了改革开放后的第二次政府机构改革。本次改革首次提出“转变政府职能是机构改革的关键”的论述，突出强调理顺关系、转变职能、精简机构和提高效率的改革定位，明确政府机构要充分适应经济体制改革的要求，将政府经济管理方式从直接管理向间接管理转变，减少微观干预性管理，逐步强化宏观性管理。值得注意的是，本次政府机构改革着手进行现代公务员制度构建的准备工作，并规范人员编制管理体制。本次改革将国务院部委由 45 个减至 41 个，直属机构从 22 个减至 19 个，非常设机构从原有的 75 个减至 44 个，部委内的管理司局减少了五分之一。国务院 66 个组成部门中，有 32 个部门总计减少了 1.5 万余人，但有 30 个部门却增加了 5 300 余人，增减相抵，本次机构改革的人员编制减少了 9 700 人左右，但行政效率却明显提高。

本轮政府机构改革首次将政府职能转变融入机构改革之中，其聚焦改革专业经济管理部门，逐步消除政府对企业直接地、微观地干预，加强政府宏观调控能力，深化经济体制改革，推进市场发展。具体方面如撤销原国家计委和国家经委，组建新的国家计委；撤销原按照工业类别设置的煤炭工业部、石油工业部、核工业部等，组建能源部；将航空工业部和航天工业部整合为航空航天工业部等。在深化经济体制改革和市场化方面，相关机构也做出了调整，如撤销国家物资局，组建物资部；撤销城乡建设环境保护部，组建建设部；撤销劳动人事部，建立国家人事部，组建劳动部；撤销隶属于原国家经委的国家计量局和国家标准局以及国家经委质量局，设立国家技术监督局等。上述机构的调整体现了政府将管理模式从微观的行政性干预转变为宏观的职能性调控，并开始探索政府职责在机构中的科学界定与划分，通过机构调整改变原有经济体制下的工作方式，提高行政效率。

本轮改革虽然将“政府职能转变”作为机构改革的目标定位，但是由于我国市场经济发展还很不成熟，很多以职能转变为逻辑的改革规划无法充分落实，改革的课题多停留在“破题”阶段而并没有进一步深入探索。因此，从实际改革的效果上来看，机构数量和人员编制的精简依然是本次改革的主要内容。同时，因为1989年“政治风波”的影响，很多政府机构改革的计划和方案没有实施或完全实施，这也是本次政府机构改革没有彻底推进的原因之一。

（二）职能转变导向的政府机构改革

1992年社会主义市场经济体制确立，政府职能发生重大变化，因此政府机构也需要进行相应改革。1993年开始的政府机构改革在继续推进机构和人员精简的同时，开始注重政府职能转变，特别是通过机构改革将政府职能从管控向调控转变。1998年的机构改革更是将政府职能转变作为改革的首要目标，大力度推动机构体系变革。在此基础上，2003年的改革以职能转变优化为目标，巩固改革成果。因此，1993年至2003年期间的政府机构改革可以称之为以职能转变为导向的改革阶段。

1. 1993年的机构改革

1992年，党的十四大明确提出建立社会主义市场经济体制的目标，市场经济的发展是推动新一轮机构改革的直接动力。市场经济需要政府削减和压缩原有的专业经济管理部门，减少政府对市场的过度干预，使市场能够自主发展，充分发挥市场在资源配置中的作用。因此，形成于计划经济体制之下的政府机构体系就需要进行较大规模的调整，加快政府职能的转变，以求适应中国特色社会主义市场经济建设的需要，这是1993年政府机构改革发生的本质原因。

1993年3月，八届全国人大一次会议审议通过《关于国务院机构改革方案的决定》，社会主义市场经济体制确立后的首次政府机构改革正式开始。本次政府机构改革的目标可以归纳为三个方面：一是继续推进政府机构数量及人员编制的精简；二是在市场经济体制的要求下推动政府职能转变，将政府经济部门的工作重心转移到宏观经济调控与规制上来，突出经济部门的协调、服务与监督职能；三是理顺各级政府及部门间关系，特别是市场经济体制下经济部门与其他部门间的关系、政府间"条块"关系等，合理划分权责。根据政府机构改革的方案，改革后国务院组成部门和直属机构从86个减少至59个，机构人员减少了约20%，其中国务院组成部门41个，国务院直属机构由19个减少至13个，办事机构由9个减少至5个，国务院直属事业单位调整为8个。同时，原部委归口管理的国家局不再设置。

1995年，地方政府机构改革逐步展开，各省、自治区的党政机构平均减少了13个左右，直辖市党政机构平均减少24个左右，市县两级政府也进行了较大幅度的机构改革。地方政府机构改革呈现的特征为：一是在市场经济体制下进行政府职能转变，减少微观经济干预及行政审批项目，推动政企分开；二是理顺政府间纵向与横向关系；三是以纵向行政层级为单位，完善地方政府的"三定"（确定主要职责、内设机构、人员编制）工作，合理推动编制工作改革，同时，加强基层政府组织的建设；四是进一步精简地方政府机构，加强地方政府部门整合，规范机构设置程序和运行机制。

本轮政府机构改革首次明确转变政府职能的目标，以求适应市场经济体制发展的现实需求，因此专业经济部门是改革力度较大的部分。改革后，专业经济部门逐步改组为不具有行政属性的经济实体，或改为国家授权经营国有资产的单位，或改为行业管理组织，将原有政府专业管理职能转移给政府综合管理部门负责。总体而言，专业经济部门的改革可以分为三个方面：一是改组为具有经济实体作用的机构部门，如航空航天工业部被改组为具有经济实体作用的航空工业总公司和航天工业总公司；二是改为行业总会的机构部门，如原轻工业部和纺织工业部撤销后，重新组建中国轻工总会和中国纺织总会；三是更名保留或新设置的机构部门，如将对外经济贸易部更名为对外贸易经济合作部，将能源部、中国统配煤矿总公司撤销后组建电力工业部、煤炭工业部，撤销机械电子工业部和中国电子工业总公司，组建机械工业部和电子工业部，撤销商业部、物资部，组建国内贸易部等。而综合经济部门保留了国家计委、财政部和中国人民银行等机构部门。

但是这次改革是在市场经济体制刚刚确立后进行的，很多方面改革比较有限，甚至并未到位。建立社会主义市场经济制度，实现政府职能转变重要任务的前提就是要精简、整合和撤销专业经济部门，但是从1993年政府机构改革的现实情况来看，专业经济管理部门精简、整合和撤销得非常有限。相反，很多专业经济管理部门反而通过机构拆分增加了，如机械电子工业部是1988年政府机构改革中整合的部门，在1993年政府机构改革中又被拆分为机械工业部和电子工业部。1988年组建的能源部在1993年又被分设为电力部和煤炭部。从政府职能转变的角度来看，本次改革的很多实际做法与起初的设计理念存在很多相悖的地方，造成实际改革成效的弱化。

1993年的机构改革中也具有一些对后来改革起到奠基性作用的方面。首先，本轮改革首次提出了党委、人大、政府和政协一体化的改革方案，为党和国家机构的整体性改革起到了基础性的铺垫作用。如中纪委和监察部合署办公，进一步理顺纪律检查与行政监察的关系，实现党政机构改革的统筹。其次，在改革内容上明确职能转变、理顺关系等基本原则，并规范机构改革的方案设计流程。再次，本轮政府机构改革规范了改革的程序，由党的代表大会或中共中央全会提出改革建议，再经由中共中央全会讨论决定，进而提交全国人大进行审议批准，最后交由国务院出台机构改革方案并具体实施。这提高了我国政府机构改革的规范化和法治化程度。最后，政府职能转变的具体内容得到明确化：一是让企业切实拥有自主的经营管理权限；二是把配置资源的基础性职能逐步转移给市场；三是把经济活动中社会服务性和相当一部分监督性职能转移给社会组织。

2. 1998年的机构改革

从1982年至1998年，我国政府经历了三轮政府机构改革，特别是1993年的政府机构改革，从中央到地方都凸显出很多问题。针对机构改革中的各类问题，政界与学界都进行了广泛的探讨和研究，充分认识到政府职能转变必须成为机构改革的核心，并通过对前三轮机构改革的经验总结，得出要进一步将改革的重点转移到政府职能上，充分发挥职能转变对机构改革的引领作用，形成机构改革与职能转变互相推进的作用机制，进而实现整体性的行政体制改革。1997年，党的十五大提出要加强所有制调整，充分发挥资本在市场经济中的积极作用，进一步完善市场，全面建设公平竞争、等价交换的市场规则，加快政府职能转变，实现政府管理方式从微观到宏观、从直接到间接、从单一到多元、从过程到目标的转变，这成为我国新一轮大规模政府机构改革的基础导向。同时，在改革开放进行了近20年的1997年，市场经济体制已经逐步完善，原有计划经济体制下的部分政府机构组织不仅不能适应市场经济体制发展需要，甚至成了社会主义市场经济发展的阻碍。所以，新一轮的政府机构改革必然需要将政府职能转变作为其核心，将其完全融入机构改革的进程之中，对政府机构体系进行重构。

1998年的机构改革是改革开放以来规模较大的一次机构改革，改革具有相当的深度和广度。这次改革之所以力度空前，主要是因为这次改革具有较为特殊的背景。第一，市场经济体制的建立对政府管理理念与实践形成了挑战。市场经济体制要求市场在资源配置中起基础性作用，促使政府加快职能转变，加强依法行政，要求政府变微观管理为宏观管理，变直接管理为间接管理，变过程管理为目标管理等，在这样的要求下传统的政府管理的理念和方式就无法有效适应市场经济的发展要求。第二，国有企业管理和运营制度存在问题。随着市场经济体制的确立和发展，原国有企业管理制度缺乏基本活力，不能适应经济社会发展的变化，并且管理体制僵化，企业创新乏力，甚至存在一定的资源浪费和贪腐问题。据统计，在“八五”计划期间，国家财政对国有企业的亏损补贴约为2 000亿，相当于当年度国家财政支出的7%，但是国有企业总体依然亏损严重。在这样的情况下，不能不进行较大规模的机构改革。第三，国家财政金融体制面临较大压力。在经济转轨时期，我国财政压力较大，非生产性财政支出总量惊人，这其中很大一部分属于财政供养人员支出。这在一定程度上影响到我国正常的经济建设投资和社会保障投资。同时，我国在20世纪90年代开始逐步融入世界经济体系之中，借助国际资本推动国家现代化的发展，但是在金融政策上却缺乏一定的实践经验，造成金融体制面临一系列较大的风险和危机。综合而言，无论是从财政角度，还是金融层面，都需要通过较大规模的机构改革来实现其稳定和发展。第四，国际局势变化的挑战。20 世纪 90 年代变幻莫测的国际形势对我国劳动密集型产品的出口造成很大的冲击，同时也间接对我国国内的稳定和发展造成影响。无论是亚洲金融风暴，还是国际关系的变迁，都对我国政治和经济体制产生外在的刺激。作为对刺激回应方式之一的政府机构改革，在国际形势变化下对我国的社会主义发展具有重要的意义和作用。

1998 年 3 月，九届全国人大一次会议审议通过国务院机构改革方案，标志着改革开放后涉及面最广、改革力度最大的政府机构改革拉开帷幕。本次改革的核心目标是建立办事高效、运转协调、行为规范的政府管理体系。同时，进一步完善公务员制度，建立高素质的专业化行政管理队伍和适应社会主义市场经济体制的中国特色行政管理体制。本次改革的基本原则：一是要推动政府职能转变，使政府机构设置与改革进一步适应社会主义市场经济体制的发展要求；二是继续坚持精简、统一、效能的原则，推动政府组织结构的优化；三是加强政府行政体系的法制化建设；四是明确政府机构与部门之间的权责划分，完善部门职能分工，提升行政效率。基于机构改革的目标和原则，本次政府机构改革后，国务院组成部门由 40 个减少至 29 个，撤销了 15 个部委，新组建 4 个部委，更名 3 个部委。改革后，宏观调控部门 4 个，专业经济管理部门 8 个，科教文卫及社会保障部门 5 个。通过本轮政府机构改革，政府机构的整体数量实现大幅削减。

本次改革还有一些制度性创新。第一，实现整体性机构改革。所谓整体性机构改革就是在进行单纯机构体系改革的同时，将行政理念改革、行政体制改革、公共行政与公共政策改革等融为一体，实现机构改革的整体性。同时，将以机构改革为核心的行政改革，与经济体制改革、社会管理体制改革紧密联系，体现了更高层次的系统性改革理念。第二，建立国家局制度。本次改革在调整和改革专业经济管理部门方面采用了一个新的方法，即将原专业经济管理部门逐步改造为归属于宏观管理部门管理的国家局。这一方面推动了政企分开，理顺政府与企业的关系，实现管理和经营的双重性；另一方面保证政府在市场经济体制还不完善的情况下能够继续保持对企业进行监管的有效性。第三，加强公共服务机构的建设。本次改革明确政府职能转变的目标导向，在裁撤专业经济部门的同时也建立了一些公共服务机构，用以加强政府的公共服务理念。第四，加强行政监督和稽查特派员体制建设。本次改革加强了行政监督机构的建设，用以实现政府监督管理职能。同时，还建立稽察特派员制度，一方面，驻点大中型国有企业，加强对国有企业的监管，促进国有资产的保值和增值；另一方面，探索政府与市场、社会如何协同推进中国特色社会主义制度建设，保证国有企业的良性发展。值得注意的是，稽察特派员制度在一定程度上可以作为机构改革中人员分流的一种渠道，减轻政府机构改革中人员分流的压力。

自1998年国务院机构改革进行后，地方各级政府于1999年也逐步开始机构改革。地方政府机构改革在遵循中央统一目标与原则的基础上，体现了一些特点：一是在坚持社会主义市场经济体制的基础上尊重企业经营的自主权，实现政企分开，解除政府部门与企业之间的行政隶属关系；二是加强政府机构的职能性，撤销计划经济时期的专业经济管理部门，建立经贸、财政、执法监督等市场调控与监管部门；三是调整地方行政区划与行政建制，逐步撤销“地区”并建立地级市建制，实行“市领导县”体制；四是进一步精简地方政府人员编制。截止到2002年，经过近4年自上而下的改革，全国各级政府机构改革基本完成，在人员编制方面精简了115万人左右。

1998年的政府机构改革实现了理论目标与实践操作的高度统一，增强了政府机构设置与市场经济发展的适应性。这次改革中最大的历史进步性就是几乎撤销了所有的专业经济部门，特别是工业领域的专门性部门，如电力工业部、煤炭工业部、冶金工业部、机械工业部、电子工业部、化学工业部、地质矿产部、林业部、中国轻工业总会、中国纺织总会被全部撤销。同时，政企不分现象的组织基础基本上被消除，政府职能实现了真正转变，市场经济发展的组织障碍也得到很大程度的清理。可以说，1998年的政府机构改革奠定了后来机构改革的职能转变方向，同时也为政府职责理念的引入奠定了基础。毫不夸张地说，到目前我们都在享受着这次机构改革所带来的红利。不过1998年的机构改革依然存在一些问题，如虽然撤销了专业经济管理部门，使工业发展能够与市场经济体制相适应。但是在经济社会发展下产生了新的领域，如金融、保险等方面，相关机构还需要进一步优化。同时，在市场经济条件下国有资产的管理应该如何推进，还需要进一步分析和研究。这些问题在下一轮的机构改革中会逐步得到解决。

3. 2003年的机构改革

针对国有资产管理关系不清、机构设置阻碍政府职能转变、政府职能部门管理关系分割、专业化监管机构设置滞后等问题，新世纪的第一次政府机构改革逐步拉开序幕。2002年11月，党的十六大提出深化行政管理体制改革的目标任务，要求进一步转变政府职能，改进管理方式，推行电子政务，提高行政效率，降低行政成本，形成行为规范、运转协调、公正透明、廉洁高效的行政管理体制。基于此，2003年2月，党的十六届二中全会审议通过《关于深化行政管理体制和机构改革的意见》，再次明确行政管理体制和机构改革的重要性和必要性，按照党的十六大的总体指导方针开展政府机构改革工作。2003年3月，第十届全国人大第一次会议通过国务院机构改革方案，提出本次政府机构改革要在进一步推进政府职能转变的基础上，明确改革的目标和重点，正式启动本轮政府机构改革工作。

2003年的政府机构改革其实并不能算是一次全面性改革，其任务主要是解决1998年政府机构改革的一些遗留问题，同时为下一轮大规模“大部门体制”改革做好准备工作。从这个意义上来看，2003年的政府机构改革更加具有承上启下的过渡性质。本次改革的目标是逐步形成行为规范、运转协调、公正透明、廉洁高效的行政管理体制。而改革的重点是深化国有资产管理体制的改革，完善社会主义市场经济体制下政府宏观调控体系，健全金融监管体制，推进流通体制改革，加强食品安全和安全生产监管体制等。这次改革主要是针对社会主义市场经济体制确立以来出现的新问题进行机构改革层面的应对，同时也对1998年改革未解决的一些问题进行有效的处理。

根据改革的目标和重点，本次改革的具体内容为：一是深化市场经济体制下国有资产管理体制改革，设立国有资产监督管理委员会，将其作为国务院特设直属机构指导推进国有企业改革和重组；二是完善政府宏观调控体系，将国家发展计划委员会改组为国家发展和改革委员会，其任务是研究拟订经济和社会发展政策，保持经济总量平衡，指导总体经济体制改革；三是健全金融监管体制，设立中国银行业监督管理委员会，加强金融监管，确保金融机构安全、稳健、高效运行；四是推进流通体制改革，组建商务部；五是加强食品安全和安全生产监管体制，组建国家食品药品监督管理局；六是加强人口发展战略研究与管理，将国家计划生育委员会更名为国家人口和计划生育委员会。

本轮机构改革在处理了1998年改革遗留问题的同时，也推动中国政府机构改革从政府职能转变阶段向政府职责强化阶段发展，成为中国政府现代化发展的一个转折点，实现机构改革从量向质、从机构形式调整向机构内容建构、从改革表层向改革深度的综合性转变。2003年政府机构改革虽然不是一次全面、系统的改革，但是其抓住了市场经济体制建立以来中国政府发展中机构适应性面临的重点问题，解决了行政管理过程中一些突出性的问题，使政府机构能够根据经济社会发展需要而进行适时的调整。但是，在市场经济发展和国内外形势的作用下，还有一些问题在本次改革中也没有能够妥善地处理。造成这一情况的重要原因就是政府机构依然存在权责不清、职责重叠的问题，并且公共服务机构的改革与发展刚刚起步，同时立法和司法部门的发展不及行政部门的充分等。所以，这在一定程度上反映出在推动政府职能转变的同时，政府职责的概念需要被引入政府机构改革并使其进一步发生作用。

（三）职责强化导向的政府机构改革

2008年的“大部门体制”改革，在精简机构数量与人员编制、转变政府职能的基础上，开始将机构改革引入职责导向的轨道中。“大部门体制”改革就是尝试以政府职责为基点，整合职责相同或相近的机构，建立更加高效的行政管理体制。2013年对“大部门体制”改革进行了巩固，并深化了改革的职责导向。2018年则是在明确具体职责的基础上实现了党和国家机构的整体性改革。因此，根据职责要素在机构改革中的现实变化，这一时期可以被称为改革的职责强化阶段。

1. 2008年的机构改革

中国政府机构经过了五个轮次的改革，优化了政府机构的框架体系，提高了政府行政效率。同时，因为经济社会的快速发展，在政府机构设置及行政管理过程中也遇到了各种新问题，这就需要从全新的角度来探索政府机构改革的推进方式，2008年的政府机构改革正是在这样的背景下展开的。同时，2008年政府机构改革也开启了我国机构改革的一个新时代——以政府职责为导向的机构改革时期，即将政府职责纳入机构改革的核心逻辑中，实现机构体系的整体性改革。

2008年政府机构改革前，政府行政管理方面出现了一系列突出问题。一是政府职责理念偏弱。虽然市场经济体制在不断完善，但是政府通过行政手段干预微观经济的现象还是比较普遍。同时，还有一些应该由政府具体负责的领域，却出现了缺位的现象，如社会管理和公共服务方面就存在一定程度的治理真空现象。这些现象都表明政府行政存在一定程度的越位和缺位，政府职责界定模糊。二是机构权责配置存在问题。中国政府机构设置在纵向上具有高度“职责同构”的问题，而在横向层面则存在“政出多门”的问题。在不同层级政府之间，政府机构设置呈现出“上下对口，左右对齐”的情况，层层共管，权责不清。而同级政府机构与部门之间权责交叉、职责重叠的现象也较为突出。三是人员编制存在结构性问题。政府机构人员编制的结构性问题体现在“官多兵少”“三多三少”两个方面。“官多兵少”具体是指领导职位与业务职位的比例失衡，决策的角色过多，而执行的角色偏少。同时，设置副职和非领导性职位过多也是这一问题的体现，这在无形中也增加了隐性的行政层级，导致官僚作风滋生和办事效率低下。“三多三少”则是指人员编制结构方面存在的政工干部过多、综合管理干部较多、工勤类干部较多，而专业型干部较少、专业类干部较少、基层事务性人员较少的情况。这一系列的问题需要通过新的机构改革来解决，2008 年的政府机构改革就是在这样的背景下展开的。

2007 年，党的十七大明确提出要加大机构整合力度，探索职能有机统一的“大部门体制”改革，通过大部门体制解决机构重叠、职责交叉、政出多门的问题。2008 年 3 月 15 日，第十一届全国人大一次会议通过国务院机构改革方案，以政府职责为导向的“大部门体制”改革正式开始。改革后，国务院组成部门为 27 个（国务院办公厅除外），正部级机构减少 4 个，调整机构共 15 个。本次改革的重点在于加强政府宏观调控能力，提升政府社会管理和公共服务职能，探索职能统一的大部门体制，理顺部门职责关系。

第一，大部门机构的组建。一是组建工业和信息化部，将国家发展和改革委员会、国防科学技术工业委员会、信息产业部和国务院信息化办公室的相关职责进行整合，划入工业和信息化部。同时，组建国家国防科技工业局，与国家烟草专卖局一起由工业和信息化部管理。二是组建交通运输部，将交通部、中国民用航空总局、建设部的相关职责划入交通运输部。同时，组建国家民用航空局，和国家邮政局一起由交通运输部管理。三是组建人力资源和社会保障部，将人事部、劳动和社会保障部的职责划入人力资源和社会保障部。同时，组建国家公务员局，由人力资源和社会保障部管理。四是组建环境保护部，不再保留国家环境保护总局。五是组建住房和城乡建设部，不再保留建设部。六是国家食品药品监督管理局改由卫生部管理，明确卫生部承担食品安全综合协调、组织查处食品安全重大事故的责任。

第二，宏观调控部门的合理优化。一是对国家发展和改革委员会的职能进行转变，进一步减少其在微观管理事务方面的干预，并缩小其行政审批的事项范畴，将其主要职责集中到宏观调控上来。二是在社会主义市场经济体制下，改革财政预算和税收管理体制，实现政府财力与事权相匹配，完善公共财政体系，优化财政转移支付制度。三是推动中国人民银行货币政策体系改革，加强与金融监管部门的统筹协调，实现国家金融安全的维护与风险防控的预判。通过这三个方面的集中改革，形成更加完善的社会主义市场经济宏观调控体系。

第三，加强能源管理机构的建设。本轮改革设立高层次议事协调机构——国家能源委员会，并且组建国家能源局，由国家发展和改革委员会管理。国家发展和改革委员会、国家能源领导小组办公室、国防科学技术工业委员会的相关职责进行整合，划入国家能源局。国家能源委员会办公室的工作由国家能源局承担。不再保留国家能源领导小组及其办事机构。

2008 年的政府机构改革是“大部门体制”改革，即把政府内部相同或相近的职责加以整合，归入一个部门为主管理，其他有关部门协调配合，或是把职责相同、相近的机构归并成一个较大的部门，以最大限度地避免职责交叉、多头管理，从而提高行政效率，降低行政成本。[①] 正确理解“大部门体制”在机构改革中的内涵，应该从以下四个方面来进行。一是要将大部门体制放置于政府机构的整体结构中来理解。二是“大部门体制”追求职责角度的机构整合，在保证机构合理精简的同时，将职责相近的机构统一，实现政府机构的综合管理。三是“大部门体制”要兼顾部门内和部门外两个方面的协调，在机构整合的同时除关注职责相近机构的合并之外，还密切关注机构内部“三定”的实际情况，建构保障职责统一运行的内部结构。四是推动大部门体制下权责协调体系的建设。“大部门体制”下，对机构职责进行整合，必然会造成部门授权范畴的扩大。在这样的情况下，为保证相应职责落实的同时防止专权现象发生，就需要通过

① 南开大学周恩来政府管理学院课题组：《职能整合与机构重组：关于大部门体制改革的若干思考》，《天津社会科学》2008 年第 3 期。

“权责对应”来完成。

基于这四个方面，地方各级政府也进行了相应的改革创新，如上海市将政府机构与党委工作部门共同纳入机构改革的框架中，推动以职责为依据的党政协同的“大部门体制”改革。在市级政府中，深圳市建立了“决策—执行—监督”相分离的深圳模式，通过三方面权力的相互制约，“对政府机构进行重新整合，扩大部门的职能范围，促进部门间互相协调，以达到最大限度地减少机构重叠，避免职能交叉、权限冲突的目的”。[①]而在乡镇方面，经济发展程度不同的地区也结合本地区的实际情况进行了相应的机构改革。

通过对2008年政府机构改革实践的分析，可以归纳总结出本轮政府机构改革的主要成就。首先，在转变政府职能的基础上引入了政府职责的改革理念。本次政府机构改革，虽然从国务院组成部门的数量上看，仅仅比上一轮改革减少了1个，为27个组成部门。但是，从以职责为核心的“大部门体制”的角度来看，本轮改革通过职能整合与机构重组，建立了五个大部门，并且将职能转变与“三定”工作紧密结合，强化了政府职责在机构改革中的指向作用。其次，理顺权责关系是本轮政府机构改革的核心。“大部门体制”改革并非是简单地将几个部门进行合并，而是要通过理顺部门之间的职责关系，在消除职责重叠的情况下实现政府机构的有机整合。理顺权责的基础是在建立或重组部门的时候，坚持一类事务原则上由一个部门负责，而需要多头管理的事务需要明确牵头部门，分清主次关系。这样不仅可以有效解决“政出多门”的职责重叠问题，也可以减少专门性事务协调机构的数量。例如为了适应“大部门体制”建设和机构间事务的协调优化，在理顺权责的基础上，通过改革撤销了25个原国务院议事协调机构。这样既提高了行政效率，也精简了机构人员，降低了行政成本。再次，“大部门体制”改革要兼顾部际改革与机构内部优化。政府机构改革精简是机构改革的重要内容，但是精简机构数量并不是机构改革的全部内容，进行部门内部的职责、机构、编制的优化也是机构改革的核心问题之一。要防止出现机构改革后原有部际之间的问题转化为新组建机构的内部问题，不能让职责交叉的问题从外在显性问题转变为内在隐性问题。要针对经济社会发展的需要，适时地调整机构的职责，建立明细的职

① 陈振明等:《政府改革与治理——基于地方实践的思考》，中国人民大学出版社2013年版，第37页。

责清单，保障各级政府机构设置与运行能够符合客观发展的需求，不走简单合并的道路。

2008年政府改革的成效是突出的，但是“大部门体制”改革是一个长期的改革任务，不能奢求在短时间内完成，所以应该从更加发展的角度来审视“大部门体制”改革的推进路径和经验得失。“大部门体制”改革主要是针对“机构重叠、政出多门、权责脱节”等突出问题而提出的，其成功的推进必然首先对减少和克服上述问题发挥直接作用，并对推动行政系统内的政府横向和纵向间关系的重构与优化产生积极的影响。[①] 但是，目前的行政管理体制及其运行还留有优化完善的空间，如要解决政府间“条块”关系矛盾、政府职责模糊与职能错位等，所以“大部门体制”改革还要在坚持“职能转变、理顺关系、优化结构、提高效能”的原则上继续推进。2008年的“大部门体制”改革是我国社会主义行政体制改革的重要探索，但相关的改革任务依然艰巨，需要在坚持职能转变的基础上，通过政府职责体系的建设进一步探索和发展。

2. 2013年的机构改革

针对2008年“大部门体制”改革后尚存在的问题，2013年3月14日，十二届全国人大一次会议表决通过关于国务院机构改革和职能转变的方案，启动新一轮的政府机构改革。总的来看，本次机构改革主要是贯彻党的十八大关于建立中国特色社会主义行政体制的总体目标，以政府职能转变为核心，继续推进简政放权及机构改革，完善制度机制并提高行政效能，稳步推进“大部门体制”改革。同时，减少并下放投资和生产经营活动审批事项，减少资质资格许可和认定，降低专项转移支付和收费，改革工商登记制度，调整社会组织管理制度，加强宏观管理和基础性制度建设，提高依法行政程度等。本次机构改革是一次立足于政府机构职责细化的综合性改革。

改革后，除国务院办公厅外，国务院组成部门为25个，相较上一次政府机构改革，正部级机构减少4个，其中组成部门减少2个，副部级机构增减相抵，数量不变。根据改革方案，新组建国家卫生和计划生育委员会，不再保留铁道部、卫生部、国家人口和计划生育委员会，组建国家食品药品监督管理总局、国家新闻出版广播电影电视总局、国家铁路局，重

① 朱光磊等：《政府职能转变研究论纲》，中国社会科学出版社2018年版，第210页。

新组建国家海洋局、国家能源局。

改革具体内容为：一是铁路实行政企分开，铁道部拟定铁路发展规划和政策的行政职责划入交通运输部。组建国家铁路局，由交通运输部管理，并承担铁道部的其他行政职责。组建中国铁路总公司，承担铁道部原有的企业职责，履行市场经济体制下的各项职能。铁道部不再保留。二是组建国家卫生和计划生育委员会，将国家人口和计划生育委员会拟定人口发展战略、规划及人口政策的职责划入国家发展和改革委员会。国家中医药管理局由国家卫生和计划生育委员会管理。不再保留卫生部、国家人口和计划生育委员会。三是组建国家食品药品监督管理总局，保留国务院食品安全委员会，具体工作由国家食品药品监督管理总局承担。国家食品药品监督管理总局加挂国务院食品安全委员会办公室牌子。新组建的国家卫生和计划生育委员会负责食品安全风险评估和食品安全标准制定。农业部负责农产品质量安全监督管理，并将商务部的生猪定点屠宰监督管理职责划入农业部。不再保留国家食品药品监督管理局和单设的国务院食品安全委员会办公室。四是组建国家新闻出版广电总局。不再保留国家广播电影电视总局、国家新闻出版总署。五是重新组建国家海洋局。为加强海洋事务的统筹规划和综合协调，设立高层次议事协调机构国家海洋委员会，负责研究制定国家海洋发展战略，统筹协调海洋重大事项，国家海洋委员会的具体工作由国家海洋局承担。为推进海上统一执法，提高执法效能，国家海洋局以中国海警局名义开展海上维权执法，接受公安部业务指导。六是重新组建国家能源局，不再保留国家电力监管委员会。

2013 年政府机构改革最大的特点在于充分认识到政府职能转变的重要性，将“职能转变”写入国务院机构改革方案的名称中就是其直接的体现。本轮改革可以说是对“大部门体制”改革的职能性补充，对政府部门职能定位、机构设置、职责分工、运行机制等方面的问题进行了分析，引入政府职责的理念，深化了政府职能转变在机构改革中的作用，系统纠正了政府部门职责交叉、错位、缺位的问题。同时，本轮改革通过深化行政审批制度改革来减少政府对市场的干预，细化政府与市场的边界，对于市场经济体制的完善具有有益的促进作用。在政府间关系层面，不同层级政府之间的职责得到进一步厘清，政府间机构设置中过度“同构”现象有所缓解。但是本次改革中有不少改革规划在具体的执行上还存在不足，制度约束力也需要进一步加强。同时，地方政府机构改革方面，除框架性的部分外，改革并没有特别深入。

3. 2018年的机构改革

2018年2月，党的十九届三中全会审议通过《中共中央关于深化党和国家机构改革的决定》。2018年3月，十三届全国人大一次会议审议通过关于国务院机构改革方案的决定。2018年3月，国务院发布《国务院关于机构设置的通知》，改革开放以来的第八次政府机构改革正式拉开序幕。

2018年的政府机构改革是党和国家机构改革的重要组成部分，是面向新时代新任务而进行的一次改革。根据《中共中央关于深化党和国家机构改革的决定》中所指出的“一些政府机构设置和职责划分不够科学，职责缺位和效能不高问题凸显，政府职能转变还不到位；一些领域中央和地方机构职能上下一般粗，权责划分不尽合理；基层机构设置和权力配置有待完善，组织群众、服务群众能力需要进一步提高”①的问题，转变政府职能依然为政府机构改革的核心。本次改革的目标是“坚决破除制约使市场在资源配置中起决定性作用、更好发挥政府作用的体制机制弊端，围绕推动高质量发展，建设现代化经济体系，加强和完善政府经济调节、市场监管、社会管理、公共服务、生态环境保护职能，调整优化政府机构职能，全面提高政府效能，建设人民满意的服务型政府”。②具体而言，2018年的政府机构改革就是要实现宏观管理部门职能的合理配置，进一步推进简政放权，完善市场监督和执法体制，改革自然资源和生态环境管理体制，优化公共服务管理体制，强化事中事后监督，提高行政效率。

2018年的政府机构改革组建了自然资源部、生态环境部、农业农村部、文化和旅游部、国家卫生健康委员会、退役军人事务部、应急管理部7个新的部委；重新组建科学技术部、司法部2个部委；优化审计署1个组成部门职责；组建国家市场监督管理总局、国家广播电视总局、国家国际发展合作署、国家医疗保障局4个直属机构；组建中央广播电视总台、中国银行保险监督管理委员会2个直属事业单位；组建国家粮食和物资储备局、国家移民管理局、国家林业和草原局、国家知识产权局4个部委管理的国家局；将全国社会保障基金理事会隶属关系从国务院管理转由财政部管理；改革国税地税征管体制，省级和省级以下国税地税机构合并，并

① 参见《中共中央关于深化党和国家机构改革的决定》，人民出版社2018年版，第13—14页。
② 参见《中共中央印发〈深化党和国家机构改革方案〉》，《人民日报》2018年3月22日。

且将社会保险费交由税务部门统一征收。在此基础上，原有部委、特设直属机构、直属机构、直属事业单位和部委管理国家局的相关职责都进行相应的调整，实现了政府机构外在机构设置与内在职责协同优化。目前，国务院组成部门为 26 个，国务院直属特设机构为 1 个，国务院直属机构为 10 个，国务院办事机构为 2 个，国务院直属事业单位为 9 个，国务院部委管理的国家局为 17 个。

本次政府机构改革是一次系统性的改革，其特点主要聚焦以下几个方面。

第一，在坚持党的全面领导基础上进行党政机构的整体性改革。这首先体现在对议事协调机构的改革上，如组建中央全面依法治国委员会、中央审计委员会、中央教育工作领导小组等，强化了专项工作的职责协调。同时，推动职责与机构的匹配性，如将中央防范和处理邪教问题领导小组及其办公室划归中央政法委员会和公安部，明确职责归属。其次，通过职责归类，整合党政机构设置，充分发挥党在职能部门中的领导作用。如中央组织部加挂国家公务员局牌子，并管理中央编办；中央宣传部加挂国家新闻出版署和国家电影局牌子，并整合三大广播电视机构；中央统战部加挂国家宗教事务局以及国务院侨务办公室的牌子等。与此同时，在纪检监察方面，通过组建国家监察委员会，推动党的纪律检查体制和政府监察体制的协同改革，这些都体现了党政机构职责的整合。

第二，优化政府机构设置和职能配置，实现在职责明确的基础上推动机构整合与重组。具体而言，一是明确宏观管理部门的职责，并进行机构职责的调整。如对国家发展和改革委员会、财政部等机构的职责进行了部分调整，融入了新时代经济发展的新职责。二是完善市场监管和执法体制，组建国家市场监督管理总局，明确市场经济条件下监管执法职责。三是加强社会管理，如组建应急管理部，建立具有专门性社会应急管理职责的机构。四是强化政府公共管理职责，如组建退役军人事务部、国家移民管理局、国家医疗保障局等机构。五是突出生态环境治理职责，组建自然资源部、生态环境部等。与此同时，明确其他机构的具体职责，理顺部门间关系，减少机构数量，科学配置权力，提高行政效率。

第三，合理设置地方政府机构。根据《中共中央关于深化党和国家机构改革的决定》中的要求，地方政府机构需要确保集中统一领导，在此基础上赋予省级以下机构更多的自主权，推动地方政府根据本地区的实际情况自主设置机构，并入与上级对口的相关机构，明确“三定”方案。同时，构建精简高效的基层管理体制，整合基层审批、服务、执法等力量，统筹机构编制资源，整合职责设立综合性机构，推动地方政府“放管服”改革，实现扁平化和网格化管理。明确中央与地方职责，规范垂直管理体制和地方分级管理体制，根据职责合理划定垂直管理机构和地方管理及上级指导机构的范畴，推动垂直管理机构的规范性和地方配合的协同性。

本次政府机构改革除了实现党政机构统筹改革外，统筹党政军群机构改革也是其重要特点。本次改革将人大、政协、司法机构、群团组织和社会组织的改革融入整体性机构改革中，并推动事业单位改革，实现军地改革的协同深化。但是改革中依然出现了一些问题和难点，如何打破原有机构之间的文化和利益藩篱，如何实现人员分流，如何在整合机构的同时优化其内设机构设置，并实现真正的“大部门化”等，这些都是机构改革需要集中研究的重要问题。

第二节　政府改革的动因与特征

综观我国政府改革的过程，特别是改革开放以来的政府改革，不难发现其具有明显的规律性。通过对政府改革规律性的总结分析，可以归纳其发生动因和基本特征，并明晰不同时期改革的共同点和侧重点，这有利于提升今后政府改革的科学性与合理性，进一步推进我国政府改革的深化发展。

一、政府改革的发生动因

我国政府改革具有两个方面的发生动因：一是经济体制及市场经济发展的外部推动；二是政府行政管理体制内部革新的要求。这两个方面共同作用，推动政府改革的发生。

（一）经济体制改革与市场经济的发展是推动政府改革的外部力量

政府的行政改革是依托经济体制改革展开的。我国经济体制改革的显著特征及成效就是实现了从计划经济体制向市场经济体制的转变，建立并完善社会主义市场经济体制。“……社会主义市场经济体制的确立，则从根本上规定了我国政府与市场、社会的关系模式，进而规定了我国政府改革的方向：政府改革首先必须有利于市场经济体制的建立和完善……”[①] 因此，经济体制改革及市场经济体制的发展是我国政府改革重要的外部性推动力量。通过梳理，我国历次政府改革，特别是改革开放以来的政府改革，在发生周期和改革内容上与经济体制改革和市场经济发展的要求具有高度的契合性。如为了适应从计划经济体制向市场经济体制转轨时期发展有计划的商品经济体制的要求，1988 年的机构改革推行政企分开，调整政府经济管理职能，撤销、整合了一批专业经济管理部门，赋予企业自主管理权限。随着社会主义市场经济体制的建立，经济体制改革进一步深化，对政府改革提出了新的要求。因而，1993 年的机构改革正式提出政府职能转变，加强政府宏观调控能力，聚焦对于原计划经济体制影响较大的部门的调整，撤销依据专业设立的经济管理部门，加大财政、金融等领域的管理体制改革。同时，调整并下放行政审批权限，推进政企分开和政社分开。随着市场经济体制的进一步完善，政府机构体系需要进行较大改革，这促使 1998 年大力度政府改革和 2008 年“大部门体制”改革的发生。社会主义市场经济体制的完善在促进人民生活水平提升的同时也加大了公共服务的需求，因此 2003 年和 2013 年的机构改革更加聚焦社会管理和公共服务职能的转变及优化，保障和改善民生成为政府改革新的重点。上述都是经济体制改革与市场经济发展推动政府改革的现实例证。

经济体制改革与政府改革是相互作用、相互影响的关系。政府改革必须要契合经济体制改革的要求，若两者不能相契合，则会使滞后的政府行政体制成为市场经济发展的阻碍，影响经济社会发展中各项事务的正常运行。同时，政府行政体制本身也会出现行政成本上升，行政效率低下的情况。所以，我国政府改革从单纯的精简机构和人员编制，逐步发展到转变政府职能和强化政府职责，是经济体制改革与政府行政体制改革相互作用的现实呈现。

（二）现代化行政管理体制是促使政府改革发生的内部因素

现代化行政管理体制的建设目标就是建设提升政府行政效率，降低政府行政成本，增强政府治理能力，完善政府治理体系，实现政府行政效能的最大化。行政管理体制的现代化改革其本质就是一种政府的自我革新，

① 参见江泽民在中国共产党第十四次全国代表大会上的报告，《人民日报》1992 年 10 月 22 日。

对既有的功能职责、组织结构、行政理念、运行机制等进行全方位的变革，祛除政府治理过程中的种种弊端，不断提升政府行政管理的水平，从内部推进政府的法治化、民主化、科学化、高效化发展，实现政府治理现代化。

从本质上来说，我国历次政府改革都是以提升行政管理体制现代化程度为目标的。1982年，改革开放后的首次改革就提出要把“国务院建成机构精干、工作效能高、密切联系群众、很少官僚主义习气的政权组织”。[①] 同时，这次改革大幅推进机构数量和人员编制的精简，有效提升行政效率。1988年的改革提出“要建立一个符合现代化管理要求，具有中国特色的功能齐全、结构合理、运转协调、公正透明、廉洁高效的行政管理体制”。[②]2003年和2008年的改革都强调政府行政管理体制的高效、法治、廉洁、公开、透明、协调等，这充分体现了国家对于行政管理体制现代化的重视。2018年，党和国家机构改革明确提出要以国家治理体系和治理能力现代化为导向，构建职责明确、依法行政的政府治理体系，提高政府执行力。[③] 由此可见，我国政府改革虽然每次的重点相异，但是其提升行政管理体制现代化的目标是一致的。这也充分体现现代化行政管理体制的建设目标是我国政府改革的内生性动力。

二、政府改革的基本特征

我国政府改革在实践进程中形成了鲜明的特征，相关特征反映了我国社会主义行政管理体制的特殊性。

（一）目标化

我国政府改革的目标化特征主要从两个方面加以呈现。一是政府改革具有统一的总体目标，所有的改革措施都是围绕总体目标进行的。二是政府改革具有阶段性目标，即在不同阶段的改革都有特定的目标。因此，这种总体目标与阶段目标相融合的目标化就成为我国政府改革的重要特征。我国政府改革的总体目标是随着经济社会发展而调整的，但是其调整周期较长，一般与国家中长期发展目标保持一致。如现阶段我国政府改革的长期目标主要是以国家治理现代化为导向，以建设结构合理、运转协

---

① 国家行政学院：《中华人民共和国政府机构五十年》，党建读物出版社2000年版，第481页。

② 国家行政学院：《中华人民共和国政府机构五十年》，党建读物出版社2000年版，第484—485页。

③ 参见《关于深化党和国家机构改革决定稿和方案稿的说明》，《〈中共中央关于深化党和国家机构改革的决定〉〈深化党和国家机构改革方案〉辅导读本》，人民出版社2018年。

调、行为规范、廉洁高效的中国特色社会主义行政管理体制和人民满意的服务型政府为总体目标。

政府改革的阶段性目标是在总体目标的基础上规划的。因为总体目标的实现不仅要经过一个较长的周期，同时需要由不同的具体改革措施组合推动。改革开放以来，围绕我国行政管理体制改革的总体目标，不同阶段的改革均具有阶段目标。如 1982 年的改革以精简机构数量和人员编制为主；1988 年改革的重点聚焦政企分开，改革专业经济管理部门；1993 年的改革主要以适应市场经济体制为目标；1998 年的改革突出政府宏观调控的提升及政府职能转变，强调政府经济调节和市场监管职能的建设；2003 年以深化政府职能转变为主，开始注重社会管理及公共服务职能方面的改革；2008 年的改革在进一步增强政府社会管理与公共服务职能的基础上，探索实行职能有机统一的“大部门体制”；2013 年机构改革将重点放在行政审批制度改革上，进一步厘清政府与市场、社会的权限关系；而 2018 年的改革则更加注重整体性，实行党和国家机构的综合性改革。由此可见，不同时期的改革都有较为明显的阶段目标并逐步深化，而这些阶段目标共同推进改革总体目标的实现。

（二）规范化

我国政府改革具有较强的规范化特征，其主要从三个方面加以体现。一是政府改革具有规范的周期性规律，且与国家发展规划保持较高的一致性。我国改革开放后，政治体制进一步完善，政府改革也更加规范化。特别是 1984 年宪法颁布后，我国政府改革形成规范的周期性，即 5 年左右进行一次系统的改革。这不仅与我国党和政府的换届周期一致，更是与我国经济社会发展五年规划保持“同轨”。这样的规范化使政府改革目标性更强，能够更加契合总体改革目标，同时保持较强的有效性。二是政府改革具有规范的程序。政府改革从任务规划、方案制订、讨论修改到颁布实施都具有一套严格完整的法律规范程序。政府改革方案一般是由党中央围绕经济社会发展的现实需要集体讨论决定，经中央委员会审议通过，提交给国家行政机关及相关部门进行论证修改，进而交由全国人大及其常委会表决，使其具有合法性，再交由国家行政机关具体实施。其间会充分吸纳社会各界的意见和建议，充分体现政府改革的法治化和规范化。三是政府改革具有规范的内容。政府改革的内容要严格根据政府发展的总体目标和经济社会发展的阶段性需求来制定，不能脱离现实，也不能太过超前，要坚持循序渐进的原则。

（三）常态化

政府改革作为政府运行过程的一部分，其本身具有很强的动态性。同时，随着政治、经济、文化、社会及国内外形势的变化，政府改革也必然具有一个长期性。在政府运行过程中，往往一个旧的问题解决了，但一个新的问题又会产生，抑或在出台新政策或新规划的同时，会衍生出一系列相关性问题。因此，这就需要政府改革保持常态化。常态化不仅是政府改革动态性的体现，也是改革目标化的要求。常态化可以使政府改革依照总体目标或长远目标进行统筹规划，进而分阶段、分步骤、分层次地有序推进，最终实现政府改革总的目标的达成。我国改革开放以来系统性的政府改革正是常态化的体现。

政府改革本身也是一种探索和创新，在其过程中存在很多的未知性，因此政府改革有时很难完全根据规划进行，而要从客观实际出发，在不断深化认识和实践的过程中边改革边调整，使改革不断符合现实发展的需要。同时，政府改革在完成阶段性目标后，还需要为下一次政府改革做好准备工作，保证改革的发展性。正因为如此，政府改革才需要常态化，使改革循序渐进地推进，在长期的不懈努力和探索创新中发挥更大作用，实现政府行政管理体制改革的总体目标。

第三节　政府改革的现实成效

我国经过规范化的政府改革，使行政管理体制得到了极大优化，取得了显著的成效。具体成效体现在优化政府机构、转变政府职能、构建职责体系、理顺政府关系、建设法治政府等方面。

一、优化政府机构

政府机构的优化是政府改革最为直观的体现。优化政府机构并非单纯指对政府机构及人员编制进行数量上的精简，而是在科学精简的基础上对政府机构体系进行结构性的整体优化，使政府机构的效能显著提升，充分转变政府职能，强化政府职责。政府机构的优化主要通过四个方面体现。一是机构数量与人员编制的精简。精简是贯穿于我国政府改革全过程的核心原则，也是政府职能转变的长期任务。我国政府机构的精简具有长期性的特征，这主要是因为计划经济体制向市场经济体制转变及政府管理体制综合影响的结果。从中华人民共和国成立初期至改革开放，我国进行了数次以精简为核心目标的机构调整，但是因为计划经济体制和政府管理体制的影响都未能达到预期的效果。改革开放后，我国启动了两次以精简为核心主题的机构改革，虽然取得了一定成效，但是因为体制转轨时期的特殊性，出现了一定的反弹。在中央坚持不懈的努力下，我国政府机构经过数次规律性的改革，在机构数量和人员编制的调控上已经基本稳定。但是，作为机构改革及优化的核心要素，精简在未来依然会成为政府机构改革的主要议题。二是“大部门体制”的建设及优化。为了提升行政效率，降低行政成本，“大部门体制”改革于2008年开始推进。经过20年的努力，目前我国中央政府机构的总数被稳定控制在50个以下，其中政府职能部门在30个以下，在整合机构的同时，也对政府内设机构进行大部门化的改革调整，进一步优化政府机构的内部治理结构。“大部门体制”改革实现了一个机构原则上履行一类职责，增强机构的综合性，减少机构间的职责交叉，实现机构内外部协调性的提升。如将涉及退役、退伍军人的职责统筹到退役军人事务部中，将应急管理类的职责整合到应急管理部等，都是“大部门体制”改革深化的体现。三是在规律的周期性机构改革基础上，建立动态调整机制。机构是政府职责的载体，需要根据政府职责的调整而调整。随着经济社会的发展，政府所面对的事务与日俱增也不断变化。如网络安全维护、社区治理、生态环境保护等都是经济社会发展而产生的新职责，因此需要设置相应的机构来承担这些职责。同时，无论是传统职责还是新型职责，其都是不断变化发展的，如从脱贫攻坚到乡村振兴，都需要通过优化机构来满足相应职责的变化。因此，我国通过机构改革建立起动态的机构调整机制以适应经济社会发展的现实需要。四是进一步提升地方政府机构设置与调整的自主性。我国国土面积辽阔，不同地区之间在自然条件、经济发展及人文环境方面都存在很大差异，因此不同地区治理就会产生不同的职责。通过机构改革，地方政府在遵循中央机构设置统一规定的基础上，努力弱化“上下对口、左右对齐”的机构设置理念，根据地区特征建立起符合地方政府职责履行需求的机构，涉及大数据、人才引进、招商引资等方面，以提升我国政府机构的灵活性。

二、转变政府职能

政府职能是政府行政管理活动的核心内容，是行政管理体制的关键要素。政府职能转变是政府改革的重要内容，直接关系到政府运行的有效性。1988 年的国务院机构改革方案中首次将政府职能转变确定为机构改革的关键要素，开启我国政府职能转变的序幕。经过调整，当前我国政府职能主要体现在经济调节、市场监管、社会管理、公共服务和生态环境保护五大方面。

我国政府职能转变的核心是要充分厘清政府与市场、社会的关系，进而明确政府的角色、任务、位置和权限。具体而言，一是要明确政府经济调节和市场监管的职能，这是政府宏观调控的基础职能。具体是指导市场经济体制建设，培育和监督市场运行，保证市场在资源配置中发挥决定性作用，保证经济平稳健康发展。二是政府要强化社会管理和公共服务职能，同时持续推进生态环境保护职能的完善。政府要从国家治理现代化的顶层设计出发，加强从事社会保障、环境保护、文化教育、卫生防疫、扶贫开发等各项事业的具体职能，促进社会管理与公共服务的发展。同时，政府可以引入社会组织及私人部门，以便其在特定条件下参与到相关职能履行中来，提升社会管理和公共服务的整体质量。如通过政府购买公共服务的方式调动社会各方参与积极性，激发政府社会管理职能的潜在活力。三是进一步推进行政审批制度及“放管服”改革，优化政府职能。行政审批制度及“放管服”改革是我国政府职能转变的核心要件，通过对其进行系统性、科学化的改革，能够有效提升我国政府职能转变的效能。

三、构建职责体系

政府职责是对政府职能的细化，其本质就是明确政府应该做什么和各类事务应该由谁来做的问题。“政府的职责，是政府职能的一部分，是政府作为国家当局应当完成的主要工作任务，是政府对社会必须履行的基本义务。也就是说，这是政府职能中比较‘实’的一部分。”[①] 简而言之，政府职责就是在政府职能的基础上，进一步将政府“应该做什么”细化为“应该由谁来怎么做”，将政府行政中的原则性与政府运行过程的动态性相结合，明确不同层级政府及机构部门之间的权责关系，形成政府职责体

① 朱光磊主编:《现代政府理论》，高等教育出版社 2006 年版，第 89 页。

系。所谓政府职责体系，是指在一个国家范围内，政府和政府部门所承载的所有职责，按照服务于一定的政治、经济和社会关系的原则，遵照宪法和法律的规定，按照国家总体与部分之间的内在逻辑关系，为实现国家机构要素间的相互制约关系和便利政府运行而组成的有机整体。[①] 政府职责体系建设是我国政府改革及政府发展的重要议题，对我国行政管理体制改革与发展具有重要的现实意义。政府职责体系建设是一个综合性的工程，从总体来看，其构建可以从纵向与横向两个方面进行探究。

纵向层面主要是分层细化职责。纵向政府职责体系是依托政府行政层级而建立的。目前我国政府行政层级呈现出五级政府的基本架构，即中央政府、省级政府、市级政府、县级政府和乡镇政府五个层次。长期以来，各层级政府之间呈现出职责同构的情况，即各级政府之间均处理较为相似的职责性事务，只是事务规模大小有差别而已。因此，各级政府在机构设置时出现了每一层级政府都具有几乎相似的机构体系，这又进一步加剧了纵向政府间职责同构的现象。要逐步弱化职责同构现象，实现纵向政府职责体系的合理构建，需要根据政府层级进行相应的职责细化。纵向政府职责的分层细化就是根据不同层级政府的实际行政职责对相应行政事务进行分类管理。根据目前各层级政府职责的实际情况，可以将纵向政府层级大致分为三大类。具体而言，高层政府，即中央政府的主要职责是负责国家治理的顶层设计和国家经济社会发展的重大决策，统筹国家发展中的各类事务处理和资源调配等。同时，承担对各级地方政府行政管理的指导与监督职责。而以省级政府和大部分市级政府为代表的中层政府的主要职责是承担中央政府交付的行政任务，负责本区域内经济社会发展的总体规划和诸如生态环境、社会保障等行政事务的运行工作，并且负责对下级政府进行联系和监督等。部分市级政府、县级政府与乡镇政府为代表的基层政府则主要负责本地区的公共服务与基本行政事务，如户籍管理、社会治安、基础社会保障、义务教育、生态环境监督等。通过对不同层级政府的具体职责进行划分，可以有效减少职责同构的现象，增强地方政府机构设置自主性，形成科学合理的纵向政府职责配置，从政府层级的向度实现政府职责的分层细化，为纵向政府职责体系的构建奠定框架性基础。

---

① 朱光磊、杨智雄：《职责序构：中国政府职责体系的一种演进形态》，《学术界》2020 年第 5 期。

横向层面主要是整体协同。为了实现政府行政效率的提升和行政质量的保证，我国构建了较为系统的分工治理的机构设置机制，并基于该机制推动多部门“共治”的治理模式。这一机制使政府权力在横向配置上进行较为明确的依据职责而进行部门性划分，并且明确不同部门对具体事务的职责定位。在特定的情况下，也可以通过上级政府协调实现多部门共同治理。因此，政府部门之间的关系就成了横向政府职责体系建设的核心内容。横向政府职责的核心就在于厘清各级政府各部门之间行政事务的权责关系，推动横向政府职责体系的建设就在于整体协调。具体而言，通过厘清政府各部门之间的职责关系，解决职责重叠、政出多门、职责推诿、人浮于事等弊端。同时，从“条块”关系的角度入手，理顺政府间职责关系，突破传统“条块”矛盾的制约，建立政府间伙伴型关系，增加横向政府职责体系建设的整体性。基于此，政府横向职责整体协调主要体现在两个方面：一是政府各部门之间的职责关系整体性理顺，这主要包括各个部门职责及其相互之间职责关系的理顺。科学界定政府部门职责范围、合理设定职责层次、全面理顺权责关系，构建有效的协同与合作机制、协调机制、推进信息互联共享。二是理顺“条块”之间的职责关系，如垂直管理部门与地方政府之间关系、垂直管理部门之间的关系、中央政府机构与地方政府的关系、上级政府与垂直管理部门之间的关系等。

四、理顺政府关系

理顺政府关系是政府改革的一项重要内容，其主要依托政府机构改革和政府职责体系建设而开展的重要改革措施。具体而言，理顺政府间关系主要从三个方面展开。一是在明确职能职责的基础上实行业务归口管理。如设立并完善部委管理的国家局，负责某一方面的具体管理工作，突出管理的专业性；设立国有资产监督管理委员会，统一管理国有企业，并对国有资产进行有效监管，实现政府职能职责的落实。二是调整政府职能部门的组织结构及业务分工。厘清政府专业经济管理职能、专业业务职能和综合宏观调控职能的划分，并明确相应机构的职能职责重点，将相近的或类似的职责整合到一个部门之中，减少部门间职责交叉、互相推诿的现象。三是理顺中央与地方及地方政府间关系。中央政府与地方政府关系层面，通过分税制改革、“省直管县”改革等向地方下放更多的经济管理权限，赋予省级以下地方政府更大的自主性。同时，推进财政税收管理体制改革，调整分税制，改革税收征管体制，强化中央财权的统一。同时，充分尊重地方发展的现实，调整地方政府事权与财权的匹配程度。通过行政区划调整、区域一体化建设等促使地方政府的协同高效发展。

五、建设法治政府

法治政府建设是全面依法治国的重点任务和主体工程，也是推进国家治理体系和治理能力现代化的重要支撑。法治政府建设本质上就是要求各级政府将决策、执行到监督的整个过程都纳入法制化轨道，构建职责明确、依法行政的政府治理体系，全面建设职能科学、权责法定、执法严明、公开公正、智能高效、廉洁诚信、人民满意的法治政府。中央对于法治政府建设高度重视，通过长期的改革调整不断推进法治政府建设。

2008 年，国务院公布《国务院关于废止部分行政法规的决定》，对截至 2006 年底现行行政法规共 655 件进行了全面清理。同时，国务院在加强法规、规章备案审查的基础上，进一步健全省、市、县、乡“四级人民政府、三级备案”的规章、规范性文件备案体制，促进地方各级政府依法行政。2003 年至 2007 年，国务院对有立法权的地方和国务院部门报送备案的 8 402 件地方性法规、自治条例和单行条例、地方政府规章和中央政府（国务院）各组成部门规章进行了审查，对存在问题的 323 件法规、规章依法进行了处理。同时，国务院在常务会议上通过了《中华人民共和国行政复议法实施条例》，并积极探索行政复议体制改革，加强各级行政复议工作人员能力建设。2019 年 5 月，中央全面依法治国委员会办公室印发了《关于开展法治政府建设示范创建活动的意见》。2015 年和 2021 年，中共中央、国务院分别印发《法治政府建设实施纲要（2015—2020 年）》《法治政府建设实施纲要（2021—2025 年）》，并要求各地区各部门结合实际认真贯彻落实，这标志着我国法治政府建设成为一项规范的长期性举措，并得到充分贯彻。

结 语

S — U — M — M — A — R — Y

当代中国政府与世界上其他国家政府既有很多相似之处，但也独具特色。一方面，中国政府具有现代化的组织结构和行政规范，在民主法治的理念下运行，这与世界上很多国家的政府是相似的。另一方面，中国政府是在革命、建设与发展的大背景下产生的，是党领导下国家治理的重要主体。因而，中国政府与其他国家政府相比，具有很大的差异性。充分认识当代中国政府，不仅可以彰显中国特色社会主义制度的优越性，更能有效推进中国政府治理现代化的发展。

一、结构

结构是政府的框架，当代中国政府的结构可以归纳为区划结构、层级结构和“条块”结构。行政区划和政府层级是基础。行政区划是政府设置的基本条件，依托行政区划形成政府层级，进而衍生出政府的“条块”结构。

我国根据国家治理的现实需求和历史发展情况划分了行政区划。行政区划的划分需要基于特定的属性和要素，遵循合理的依据和规范的程序。根据我国行政区划的属性和特征，将其归纳为一般型行政区划、民族区域自治型行政区划和特殊型行政区划。

在行政区划的划分下，我国形成了五级政府层级。中央人民政府（国务院）是我国最高行政机关，即最高层级政府。而地方政府层级呈现为“三级—四级”政府混合形式，即“省级—市级（县级）—基层”或“省级—市级—县级—基层”，四级地方政府层级是主流形式。在当前政府层级体系下，省级政府包括省、自治区、直辖市，市级政府包括地级市、自治州、直辖市的市辖区等，县级政府包括县（自治县、旗、自治旗）、县级市、地级市的市辖区等，基层政府包括镇、乡、民族乡、苏木等。除此以外，我国还有派出机关，如地区行政公署、区公所和街道办事处。特别行政区作为特殊的行政区划一般不纳入常规的政府层级中。根据《中华人民共和国宪法》《中华人民共和国国务院组织法》《中华人民共和国地方各级人民代表大会和各级人民政府组织法》等法律法规的规定，我国各级政府人员都有规范的人员组成、任期和法定职权，并在政府体系中发挥各自的作用。

在行政区划和政府层级下，我国形成了特定的“条块”结构。“条”就是指不同层级政府间上下对口的部门机构和垂直管理机构，而各级地方政府就是“块”，其组成部门等为“块”的结构呈现。两者之间有着千丝万缕的联系，共同构成我国政府的“条块”结构，深刻影响着政府的运行。条块结构的生成有着特殊的背景，其当前主要呈现为多维度的网络化体系特征，并通过中央政府机构与地方政府关系、地方政府与垂直管理机构关系、上下级机构间关系和同级机构间关系等多个方面加以体现。

二、职能

职能是政府的核心要素。政府的机构设置、规模调整、人员编制、治理方式、运行活动等都是政府职能的直接反映。我国在政府职能的认识上经历了从国家职能与政府职能不区分，到国家职能与政府职能明确区分，再到政府职能细化为政府功能与政府职责的过程。当前，我国政府职能可以概括为经济调节、市场监管、社会管理、公共服务和生态环境保护五个方面。政府的职能履行则通过行政方式、计划方式、经济方式、法律方式和市场化的购买服务等多个方面来实现。

随着国家治理现代化的推进，政府职能可以被细化分解为政府功能和政府职责。政府职责是现代政府运行的重要依据。在我国，政府职责可以根据政府层级进行划分，如中央政府主要负责国家治理的顶层设计和国家经济社会发展重大决策，统筹国家发展中的各类事务与资源。同时，承担对各级地方政府，特别是省级政府的指导和监督。而省级政府和部分市级政府主要负责履行中央政府交办的任务，负责本区域内经济社会发展的规划，配合中央政府进行经济调节，承担辖区内市场监督、社会管理、公共服务和生态环境保护等责任。同时，负责对下级政府进行联系和监督。而县级政府和基层政府主要负责本地区的公共服务与基本行政事务，如户籍管理、社会治安、社会保障、义务教育等。在明细政府职责基础上，从纵向和横向两个层面建设及优化政府职责体系。

政府职能的优化和完善离不开政府职能转变。政府职能转变是国家行政机关在既有政府职能的基础上，依据特定时期经济社会发展的现实需要，对政府功能和政府职责的内容范畴、履行方式等方面进行调整的活动。政府职能转变具有动态性、渐进性的特征，完善社会主义市场经济体制、建设服务型政府、构建法治政府等都是政府职能转变的重要内容。

三、组织

政府机构体系则是政府组织的直观呈现。政府机构的设置是以政府职能的履行需求为基础的，在遵循一定的设置原则下，根据法定程序进行设置、调整和撤销。政府机构会随着经济社会的发展而不断调整。

我国政府机构可以根据其功能划分为领导性机构、办公性机构、职能性机构、直属性机构和议事协调性机构。我国各级政府的机构设置都是以中央人民政府的机构体系为“蓝本”的。因此，除乡镇基层政府、经济特区和开发区、特别行政区外，各级政府在机构设置上都呈现出较高程度的“同构”性。但是，因为我国不同地区的治理情况存在差异，因此在机构设置上地方政府有一定的自主性，在中央统一部署的基础上，经依法申报备案，其设置了适合本地区特定事务或用以履行特殊职责的机构。

四、运行

政府运行需要通过特定的制度来实现。我国政府制度是一个体系，即通过多个制度共同实现政府的有效运行和政府治理现代化的推进。当前，我国的政府制度主要包括领导制度、会议制度、公务员制度、公文制度和信息公开制度等。

领导制度是政府制度中的基础性制度，其规定了政府权力的来源、分配及归属，奠定了政府运行的基本规则。党的领导是政府领导制度的核心。会议制度是我国政府运行的方式之一。我国政府会议制度可以分为常规型会议和特殊型会议两大类。两类会议分别承担了不同的制度功能。公务员制度是我国政府人事干部管理的重要制度，其体现在党和国家对公务员进行管理的法律法规和政策等。公务员制度的完善是政府治理现代化的重要条件。公文制度是政府运行过程中信息传输的重要制度，是国家法定机关为实施领导、履行职能、处理公务等活动而按照特定体例和程序形成和使用的书面文字材料。信息公开制度是国家行政机关及其所属的工作部门（包括依据相关法律法规和行政规章授权或委托的组织）在行使国家行政管理职权过程中，依据法定程序和形式主动将政府行政信息向社会公开或根据社会组织与个人的申请而特定公开的制度。政府信息公开制度一方面体现了宪法中保障公民知情权的要求，另一方面有助于提升政府行政的透明度，增强社会对政府行政的监督，提升政府治理效能。

政府的运行还需要依赖政府法制的保障。政府法制可以从广义和狭义两个层面理解，广义的政府法制包括行政立法、行政执法和行政司法，而狭义的政府法制就是指行政立法。本书是从广义的政府法制进行探讨的，即以行政立法、行政执法和行政司法构成完整的政府法制体系。一是通过阐述行政立法的内容、原则、权限和程序，明确政府运行的前置规范。二是通过对行政执法主体、依据和方式的阐析，明确政府运行的具体方法。三是通过对行政仲裁、行政复议和行政诉讼的论述，明确政府运行的基础保障。同时，政府法制还为政府监督奠定了一定的基础。

五、监督

政府监督是政府各项政策贯彻实施和行政效能有效提升的保障。政府监督也有广义和狭义之分。从广义上看，政府监督是一个完整且全面的监督系统，它包含人大监督、司法监督、政党监督、社会监督和行政监督等。其中，前四类监督属于行政系统外部监督，旨在监督行政；最后一类监督属于行政系统内部监督。从狭义上看，我国的政府监督就是指行政系统内部的监督，即行政监督。本书所讨论的政府监督主要是指广义层面的对政府行政的监督。通过阐析政府监督的基本理论，厘清政府监督的内涵和依据、特点与功能、基本原则等，进而明确政府监督的客体及手段。在梳理我国政府监督体制建立、发展和改进的基础上，依据党的方针政策，提出进一步完善我国政府监督的思路对策。值得注意的是，政府监督也是前面各章中所阐述内容的基本保障。

六、关系

政府关系是国家治理现代化中不可忽视的重要问题。政府关系即政府间关系。本书所探讨的政府关系主要是指国内政府关系。所谓国内政府关系，就是指一个独立的主权国家内部各层级、各区域政府间的关系。这包括纵向向度上具有行政隶属关系的上下级政府间关系，也包括横向向度上无直接隶属关系的不同政府间的关系。“纵”“横”交织的政府关系决定了政府资源配置、行政决策、政策执行、行政监督、协调配合等一系列政府行为，直接影响政府治理的有效性。因为我国国家结构形式是单一制，所以政府关系的主流是纵向政府间关系，即中央政府与地方政府、地方各级政府间的关系。但是，随着政府治理现代化的推进，横向政府间关系在政府体系中也发挥越来越重要的作用。通过界定政府关系的概念，厘清政府关系的特征及影响因素，进而梳理我国政府关系的演变与发展，突出传统纵向政府关系重要性的同时，也要从竞争、协作和帮扶的角度关注不断发展并产生重要作用的横向政府关系。

七、改革

政府改革是政府发展与创新的体现。政府改革的目的在于提升政府行政效能，降低行政成本，实现政府治理现代化发展。本书论述的政府改革主要是狭义层面的，即行政管理体制改革。政府改革是一个动态的过程，是政府发展的具体体现。我国一直保持积极的政府改革态势，优化政府治理体系，提升政府治理能力。我国的政府改革是以机构改革为中心展开的，通过机构改革实现对政府职能、政府结构、政府体系、政府能力等方面的优化。

中华人民共和国成立至今，我国已经经过数次不同规模的政府改革。改革开放以来，政府改革逐步形成周期性的规律，截至目前已经进行了八次改革，最近一次为 2018 年的党和国家机构改革。本书通过梳理历次改革，归纳总结政府改革动因和特征，充分认识其在经济社会发展和国家治理现代化不同阶段的重要性。在现实分析的基础上，进一步明确政府改革的现实成效，即优化政府机构、转变政府职能、建构职责体系、理顺政府关系、建设法治政府等。在政府改革基础上，我国政府不断发展创新，治理效能也不断提升。

主要参考文献

R — E — F — E — R — E — N — C — E — S

1.《马克思恩格斯选集》，人民出版社 2012 年版。

2.《毛泽东选集》，人民出版社 1992 年版。

3.《邓小平文选》，人民出版社 1993 年版。

4.《习近平谈治国理政》（第一卷），外文出版社 2017 年版。

5.《习近平谈治国理政》（第二卷），外文出版社 2018 年版。

6.《习近平谈治国理政》（第三卷），外文出版社 2019 年版。

7.《习近平谈治国理政》（第四卷），外文出版社 2022 年版。

8.《十八大以来重要文献选编》，中央文献出版社 2016 年版。

9.《十九大以来重要文献选编》（上），中央文献出版社 2019 年版。

10.《十九大以来重要文献选编》（中），中央文献出版社 2021 年版。

11.《党的二十大报告辅导读本》，人民出版社 2022 年版。

12. 房宁：《中国政治制度》，中国社会科学出版社 2017 年版。

13. 景跃进、陈明明、肖滨主编：《当代中国政府与政治》，中国人民大学出版社 2016 年版。

14. 林尚立：《国内政府间关系》，浙江人民出版社 1998 年版。

15. 林尚立：《当代中国政治形态》，天津人民出版社 2017 年版。

16. 李瑞昌：《政府间网络治理：垂直管理部门与地方政府间关系研究》，复旦大学出版社 2012 年版。

17. 鲁敏主编：《当代中国政府概论》，天津人民出版社 2019 年版。

18. 潘小娟：《中国政府体制：结构与运行》，中国言实出版社 2021 年版。

19. 浦善新等：《中国行政区划概论》，知识出版社 1995 年版。

20. 魏娜、吴爱明：《当代中国政府与行政》（第四版），中国人民大学出版社 2017 年版。

21. 夏海：《中国政府架构》，清华大学出版社 2001 年版。

22. 王浦劬：《国家治理现代化：理论与策论》，人民出版社 2016 年版。

23. 徐勇、高秉雄主编：《地方政府学》，高等教育出版社 2013 年版。

24. 谢庆奎：《政府学概论》，中国社会科学出版社 2005 年版。

25. 谢庆奎：《当代中国政府与政治》，高等教育出版社 2016 年版。

26. 杨光斌：《中国政治认识论》，中国社会科学出版社 2018 年版。

27. 杨凤春：《中国政府概要》，北京大学出版社 2008 年版。

28. 杨冠琼：《中国政府规模、结构与行为优化研究》，经济管理出版社 2015 年版。

29. 张康之、张乾友主编：《当代中国政府》，南京大学出版社 2016 年版。

30. 张紧跟：《当代中国政府间关系导论》，社会科学文献出版社 2009 年版。

31. 张志红：《当代中国政府间纵向关系研究》，天津人民出版社 2005 年版。

32. 张志坚：《中国行政管理体制和机构改革》，中国大百科全书出版社 1994 年版。

33. 赵聚军：《中国行政区划改革研究：政府发展模式转型与研究范式转换》，天津人民出版社 2012 年版。

34. 周振超：《当代中国政府“条块关系”研究》，天津人民出版社 2009 年版。

35. 朱光磊主编：《现代政府理论》，高等教育出版社 2006 年版。

36. 朱光磊：《当代中国政府过程》，天津人民出版社 2008 年版。

37. 朱光磊等：《政府职能转变研究论纲》，中国社会科学出版社 2018 年版。

38. 竺乾威：《公共行政理论》，复旦大学出版社 2008 年版。

39. [英] 洛克:《政府论》，瞿菊农、叶启芳译，商务印书馆 1982 年版。

40. [英] 罗德 · 黑格、马丁 · 哈洛普:《比较政府与政治导论》，张小劲、丁韶彬、李姿姿译，中国人民大学出版社 2007 年版。

41. [美] 弗兰克 · 古德诺:《政治与行政：政府之研究》，丰俊功译，北京大学出版社 2012 年版。

42. [美] 李侃如:《治理中国：从革命到改革》，胡国成、赵梅译，中国社会科学出版社 2010 年版。

43. [美] 戴维 · H · 罗森布鲁姆、罗伯特 · S · 克拉夫丘克、德博拉 · 戈德曼 · 罗森布鲁姆:《公共行政学：管理、政治和法律的途径》(第五版)，张成福等译，中国人民大学出版社 2002 年版。

44. [美] 尼古拉斯 · 亨利:《公共行政与公共事务》，孙迎春译，中国人民大学出版社 2017 年版。

45. [美] 詹姆斯 · W. 费斯勒、唐纳德 · F. 凯特尔:《公共行政学新论——行政过程的政治》(第二版)，陈振明等译，中国人民大学出版社 2013 年版。